Juliane Sagebiel
unter Mitarbeit von Edda Vanhoefer

Teamberatung in Unternehmen, Verbänden und Vereinen

Niklas Luhmann und Mario Bunge: Systemtheorien für die Praxis

SYSTEMISCHE IMPULSE FÜR DIE SOZIALE ARBEIT

herausgegeben von Prof. Dr. Wolfgang Krieger

ISSN 2191-1835

1   *Wolfgang Krieger (Hrsg.)*
     Systemische Impulse
     Theorieansätze, neue Konzepte und Anwendungsfelder systemischer
     Sozialer Arbeit
     ISBN 978-3-8382-0194-8

2   *Juliane Sagebiel*
     unter Mitarbeit von Edda Vanhoefer
     Teamberatung in Unternehmen, Verbänden und Vereinen
     Niklas Luhmann und Mario Bunge: Systemtheorien für die Praxis
     ISBN 978-3-8382-0345-4

Juliane Sagebiel
unter Mitarbeit von Edda Vanhoefer

TEAMBERATUNG IN UNTERNEHMEN, VERBÄNDEN UND VEREINEN

Niklas Luhmann und Mario Bunge:
Systemtheorien für die Praxis

ibidem-Verlag
Stuttgart

Bibliografische Information der Deutschen Nationalbibliothek
Die Deutsche Nationalbibliothek verzeichnet diese Publikation in der
Deutschen Nationalbibliografie; detaillierte bibliografische Daten sind im
Internet über http://dnb.d-nb.de abrufbar.

Bibliographic information published by the Deutsche Nationalbibliothek
Die Deutsche Nationalbibliothek lists this publication in the Deutsche Nationalbibliografie;
detailed bibliographic data are available in the Internet at http://dnb.d-nb.de.

Überarbeitete, aktualisierte und erweiterte Auflage des Titels:

Sagebiel / Vanhoefer: Es könnte auch anders sein: Systemische Variationen der Teamberatung.
Carl-Auer-Verlag. 2006.

Coverbild: #17132239 © Pei Ling Hoo - Fotolia.com

∞

Gedruckt auf alterungsbeständigem, säurefreien Papier
Printed on acid-free paper

ISSN: 2191-1835

ISBN-13: 978-3-8382-0345-4

© *ibidem*-Verlag
Stuttgart 2012

Printed in Germany

Wilfried Reifarth, meinem Lehrer

Vorwort zur zweiten Auflage

Die erste Auflage dieses Buchs erschien 2006 unter dem Titel "Es könnte auch anders sein – systemische Variationen der Teamberatung". Damals hatten wir – Edda Vanhoefer und ich – die Idee, unsere praktischen Erfahrungen in einem Buch festzuhalten. Während es Edda Vanhoefer vor allem darum ging, den Nutzen für die Praxis aufzuzeigen und zu reflektieren, ging es mir darum, die komplexen Theoriegebäude der Systemtheorien für Studierende verständlich zu übersetzen. Gemeinsam ging es uns darum, den systemtheoretischen Ansatz auf die Teamberatung anzuwenden. Das ist uns auch gelungen, wie die Nachfrage gezeigt hat. Daher haben wir uns zu einer zweiten Auflage entschlossen, in der wir den Theorieteil überarbeitet, um die Begriffe Organisation, Vertrauen, Wissen und Lernen erweitert und den Praxisteil um ein weiteres Fallbeispiel ergänzt haben. Mit etwas Mut zur Lücke ist die Sache jetzt rund geworden. Was wir nicht aufgenommen haben sind z. B. im Kapitel *Macht* die Ansätze von Foucault und Bourdieu, denn das hätte den Rahmen ebenso gesprengt wie ein Kapitel zu den ungleichen Machtverhältnissen zwischen Männern und Frauen in Unternehmen – insbesondere was ihren Zugang zu höheren Positionen betrifft.

Wir möchten mit diesem Buch Berater und Beraterinnen ansprechen, die ihr eigenes Handeln im Kontext von Organisationen theoretisch vertiefen und reflektieren möchten und daraus einen praktischen Nutzen bzw. Mehrwert ziehen wollen. Und es richtet sich an Studierende der Sozialen Arbeit und der Betriebswirtschaftslehre, die sich in den Bereichen Erwachsenenbildung und Personalentwicklung qualifizieren möchten. Die Lektüre des Buches soll Lust auf Theorie machen und dazu beitragen, die Lücke zwischen Theorie und Praxis zu schließen, indem der handlungspraktische Nutzen der Theorien immer wieder anhand von Beispielen belegt wird. Denn nichts ist praktischer als eine "gute" Theorie, und keine professionelle Praxis kommt ohne theoretische Fundierung aus.

Denjenigen Lesern und Leserinnen, die primär an praktischen Fragen interessiert sind, mag der dritte Teil des Buches zusagen, in dem exemplarisch

Fälle aus der Welt der Teamberatung vorgestellt und Varianten zur Bearbeitung und Lösung beschrieben werden. Für "Theoriefreaks" bietet sich die Lektüre des zweiten Teils an, in dem versucht wird, den hohen Abstraktionsgrad der Theorievorlagen verständlich zu vereinfachen. Die Komplexität der Theorien immer im Blick, werden diese durch den Fokus der Teamberatung auf ein praktisch nutzbares Maß reduziert. Und diejenigen Leser und Leserinnen, die neugierig sind, Zeit, Interesse und Lust haben, sind natürlich herzlich eingeladen, das ganze Buch zu lesen.

Nahezu ausnahmslos wird in der Literatur zur Organisations- und Teamberatung die Systemtheorie von Niklas Luhmann herangezogen. Sie ist unzweifelhaft beschreibungs- und erklärungsstark für soziale Systeme, wie es Organisationen und Teams sind, jedoch nicht hinreichend, um den Aspekt menschlichen Erlebens wie Emotionen, Motivation und Lernen zu erklären, geschweige denn Machtverhältnisse in den Blick zunehmen. Dazu bedarf es der Ergänzung einer Systemtheorie, die den Menschen in den Mittelpunkt stellt als aktiv gestaltendes, wissens- und lernfähiges Individuum, mit all seinen Bedürfnissen und Wünschen. Diese Perspektive findet sich in der ontologischen Systemtheorie von Mario Bunge wieder. In der Kombination dieser beiden theoretischen Zugänge bezogen auf die Herausforderungen in der praktischen Beratungstätigkeit liegt die Besonderheit dieses Buches.

Die Veröffentlichung wäre nicht zustande gekommen ohne die engagierte Mitwirkung meiner geschätzten Kollegin Edda Vanhoefer, die wahrlich ein Profi in der Organisations- und Teamberatung ist. Mit ihren Fragen nach dem praktischen Nutzwert theoretischer Aussagen und ihren Aufforderungen, mich doch verständlicher auszudrücken, ist es ihr immer wieder gelungen, mich aus meinem "Flug über den Wolken" (in Anlehnung an Niklas Luhmann) auf die Erde zurückzuholen. Durch ihre Anregungen und die gemeinsamen Diskussionen erhellten sich so manche blinde Flecken, wenn auch gleich wieder neue entstanden, die es zu durchschauen galt. Für diesen inspirierenden und spannenden Lernprozess möchte ich mich an dieser Stelle herzlich bedanken.

Viele Anregungen zum Textverständnis vor allem im Theorieteil verdanke ich auch den Studierenden der Sozialen Arbeit an der Hochschule München. Ihnen gilt mein Dank, sie ließen mich lehrend lernen.

Ein lieber Dank geht auch an meine Schwester Bettina für ihr hilfreiches und kritisches Gegenlesen und an Ngan Nguyen-Meyer, die mich mit ihren Textrecherchen und fachlichen Hinweisen sehr unterstützt hat.

Danken möchte ich an dieser Stelle ebenso meinem "alten", erfahrenen und liebevollen Lehrer Wilfried Reifarth, der mich lehrte, dass man Menschen nur mit Liebe und Humor erreichen kann. Ihm ist dieses Buch gewidmet.

Juliane Sagebiel
März 2012

In der zweiten Ausgabe dieses Buches haben wir den Fokus eindeutig auf die Theorie gelegt. Dies hat zum einen damit zu tun, dass es in der Literatur zur Teamberatung etwas Besonderes ist, zwei systemische Theorien in ihrer Tauglichkeit für die Praxis zu prüfen und zu nutzen. Und zum anderen hat es mit der unstillbaren Theoriebegeisterung meiner Kollegin Prof. Dr. Juliane Sagebiel zu tun – und ich gehe immer gerne mit, wenn aus Begeisterung und Freude für ein Thema ein roter Faden entsteht.

Mein Beitrag erstreckt sich hier auf die gruppendynamische Perspektive und die pragmatischen Elemente in der Teamberatung. Auch die Praxisfälle beruhen auf meiner konkreten Erfahrung.

Mit dem richtigen Blick beim Lesen können die Fallbeispiele den interessierten Leser inspirieren und zu einer authentischen und hilfreichen Teamberatung ermutigen.

Edda Vanhoefer
März 2012

Vorwort

Einer Einladung meiner lieben Kollegin Frau Prof. Dr. Juliane Sagebiel folgend, doch mal eben ein Buch über Teamentwicklung miteinander zu schreiben, wusste ich, sehr naiv, nicht wirklich worauf ich mich eingelassen hatte. Zugegeben, wir beide beraten seit vielen Jahren Teams auf allen Hierarchieebenen, in großen Konzernen, mittelständischen Firmen und sozialen oder staatlichen Einrichtungen.

Zuerst war die Idee, doch einfach mal das, was wir sowieso tun, aufzuschreiben, um Kollegen, Kolleginnen oder Studierende an unseren Erfahrungen und einem erprobten Methodenrepertoire teilhaben zu lassen. Damals dachten wir noch, dass das doch in ein paar Monaten – neben alltäglichen beruflichen Aufgaben (Professorin an einer Fachhochschule und Geschäftsführerin einer Beratungsfirma) – zu machen sein müsste. Wir haben uns gründlich getäuscht. Mittlerweile ist einige Zeit ins Land gegangen und unser Anliegen hat sich sehr erweitert.

Es geht uns in diesem Buch nicht mehr nur darum, aufzuzeigen, wie man oder frau als externer oder interner Berater einen Prozess zur Unterstützung der weiteren Entwicklung eines Teams initiieren, theoretisch fundiert unterstützen und begleiten kann. In den Vordergrund gerückt ist vielmehr die Reflexion einer beraterischen Grundhaltung, die furchtlos, freudvoll und mit aufrichtigem frischem Mitgefühl mit Systemen arbeitet – nach dem Motto: Selber denken macht Spaß!

Wenn wir auf unser Beraterleben zurückblicken, waren wir anfangs wirklich noch der Überzeugung, durch unsere Interventionen Situationen verändern und die Dinge zum "Guten" bewegen zu können.

Nach vielen Erfolgen und einigen blauen Flecken sind diese narzisstischen Phantasien mittlerweile auf ein eher einfaches und realistisches Verständnis über unseren Einflussgrad geschmolzen. Gleichsam wie in der Parabel vom Fuchs, der am frühen Morgen die Sonne aufgehen sieht und seinen Schatten betrachtend sagt: "Heute werde ich ein Kamel verspeisen", und mittags, als die Sonne im Zenit steht und er seinen Schatten betrachtet, sagt, "ach, eine kleine Maus würde auch genügen...." sind wir mit den Jahren zurückhaltender mit unseren Erwartungen bezüglich der Wirkungen unseres Handelns geworden. Gleichzeitig erleben wir, dass uns immer größere und herausfordernde Projekte anvertraut werden und unser Beitrag offensichtlich zum Erfolg unserer Kunden beiträgt. Wie Menschen in Organisationen in der Tiefe befähigt werden, ihre eigene Exzellenz zu leben und welche Bedeutung dabei eine beraterische Grundhaltung hat, wird jedoch in einem anderen Aufsatz beschrieben werden.

Wer in diesem Buch pädagogische Ansagen erwartet, im Stil von Richtig-oder-Falsch-Rezepten, maßvoll, weniger maßvoll, wer meint, wir wüssten, was gut für andere ist oder was diese erst noch lernen müssen, den müssen wir leider enttäuschen.

Möge der Leser und die Leserin beim Durchblättern oder Lesen genügend inspiriert, irritiert, genährt und verführt werden, den eigenen Trainingsstil zu vervollkommnen und die eigene Kür in diesem wunderbaren Berufsfeld zu erfinden.

Edda Vanhoefer und Juliane Sagebiel

In den Bereichen Wirtschaft und Soziales sind sowohl Männer und als auch Frauen beschäftigt – diese sind leider in den höheren Positionen immer noch unterrepräsentiert – und ebenso sind beide Geschlechter als Berater bzw. Beraterinnen tätig. Daher haben wir uns zu einem grammatikalischen "Gendermix" entschieden: Wir wechseln zwischen der männlichen und der weiblichen Form im Text hin und her.

Teil I   Teamberatung

1. Einleitung

Im ersten Kapitel zeigen wir den Kontext auf, in dem Teamarbeit stattfindet. In einer globalisierten Welt, in der die einzige Konstante der Wandel ist, ist die Fähigkeit zur Zusammenarbeit eine Grundvoraussetzung. Einerseits wird vom Einzelnen verlangt, sich anzupassen und flexibel auf Veränderungen am Arbeitsmarkt zu reagieren, und andererseits verbindet der Einzelne damit auch die Hoffnung auf Autonomie und soziale Anerkennung.

2. Was ist Teamberatung in Organisationen

In diesem Abschnitt stecken wir den Rahmen ab, in dem wir Teamberatung in Organisationen verorten, was wir unter den gängigen Begriffen in diesem Kontext verstehen, welche Ziele mit einer Teamberatung erreicht werden können, unter welchen Bedingungen eine Teamberatung keine probate Intervention darstellt und wie Teams in Organisationen lernen.

3. Grundlagen der Gruppendynamik im Kontext einer Teamberatung

Wir fassen hier die in der Literatur ausführlich beschriebenen Phasen der Entwicklung von Gruppen und die Rollenmodelle zusammen. Wir geben einen ersten Hinweis auf die in den jeweiligen Phasen adäquaten Interventionsformen und beschreiben erste Elemente von Beraterkompetenz.

Teil II   Theoretische Grundlagen

4. Systemtheoretische Zugänge bei der Beratung von Teams im Kontext einer Organisation

Wir geben einen kurzen Überblick über die Geschichte der Systemtheorie, begründen, warum wir zwei unterschiedliche systemtheoretische Paradigmen vorstellen und skizzieren, welchen Nutzen ein Teamberater davon hat.

5. Mario Bunge: Ontologische Systemtheorie

In dieser systemtheoretischen Architektur werden Menschen als Mitglieder sozialer Systeme betrachtet, die, bedürfnisorientiert und aufeinander bezogen, handelnd Realitäten schaffen und gestalten.

6. Niklas Luhmann: Funktionale Systemtheorie

In diesem Ansatz besteht ein Team nicht aus handelnden Menschen, sondern aus Kommunikation, Funktionen und Entscheidungen. Menschen sind Personen, die die Umwelt von sozialen Systemen darstellen. Systeme reproduzieren sich autopoetisch über Kommunikation.

7. Theorievergleich und handlungstheoretischer Nutzen

Wir vergleichen die beiden systemtheoretischen Zugänge, indem wir einige zentrale Begriffe der jeweiligen Perspektive zusammenfassen und gegenüberstellen und anhand von Beispielen ihren handlungstheoretischen und praktischen Nutzen aufzeigen.

8. Der Umgang mit Machtkonstellationen in Organisationen

Wir untersuchen am Beispiel des Phänomens Macht die Reichweite der systemtheoretischen Modelle und ihres Nutzen für eine professionelle Teamberatung.

9. Professionalität und Kompetenzprofile eines Beraters / einer Beraterin

Unserem Verständnis folgend, dass Beratung von Teams eine Aufgabe für ausgebildete Profis darstellt, werden wir in diesem Kapitel unser Professionalitätsverständnis definieren und dabei sowohl einen Fokus auf die persönliche Kompetenz als auch den professionellen Umgang mit Machtkonstellationen in Organisationen legen.

10. Einführung in die Praxisbeispiele
Anhand von vier klassischen Szenarien für potenzielle Teamberatung in Organisationen zeigen wir den Transfer für beraterisches Handeln auf. Die Systematik der Beschreibung variiert je nach Aufgabenstellung und Zielsetzung. Unsere Intention ist, Varianten professioneller Beratertätigkeit aufzuzeigen und zur Reflexion anzuregen.

11. Systemische Auftragsklärung
Dieses präzise Vorgehen zu Beginn jeder Teamberatung ermöglicht die Klärung des Zieles und die Wahl geeigneter Interventionen unter Einbeziehung aller Beteiligten.

12. Kooperationsbeziehungen im Beratungsprozess
Wir beschreiben aus unserer Erfahrung zwei besonders wichtige Kooperationsformen während eines Teamberatungsprozesses, das Zusammenspiel zwischen Teamberater und Führungskraft und die Zusammenarbeit zwischen externen und internen Beratern.

13. Praxisbeispiel 1: Teambuilding
In diesem Beispiel stellen wir nach der Hypothesenbildung Varianten eines möglichen Trainingsverlaufs für ein Team vor, das sich in der Anfangsphase eines Teamprozesses befindet.

14. Praxisbeispiel 2: Konfliktbewältigung im Team
Konflikte im Team können in sehr verschiedenen Formen auftreten und vielfältige Ursachen haben. In diesem Beispiel stellen wir zwei methodisch unterschiedliche Varianten der Lösungsfindung vor.

15. Praxisbeispiel 3: Teamberatung als Event
Dieser Livebericht zeigt, dass ein Team trotz unklarer und sich ständig verändernder Auftragsformulierung lernen kann, wenn auch die Beraterin bereit ist zu lernen.

16. Praxisbeispiel 4: Kooperationsbeziehungen in Organisationen mit unterschiedlichen Wertvorstellungen

Ein Team leidet, weil die Dachorganisation Kooperation im Leitbild hat, aber die unterschiedlichen Werte der beteiligten Subsysteme Kooperation erschwert.

Inhaltsverzeichnis

I Teamberatung

1 Einleitung

(1) Der Kontext einer Teamberatung

Beim Blick in die Tagespresse, beim Verfolgen der Nachrichten, aber vielleicht auch aus persönlicher Erfahrung kann man den wirtschaftlichen Veränderungen in Europa nicht mehr ausweichen. Allerorten werden Sparpro-
gramme aufgelegt, in der Politik, im Sozialbereich und in der Wirtschaft. In
Deutschland heißen sie sozialpolitisch Hartz IV, für die Kommunen und ihre
Sozialverwaltungen ist es die Umstellung auf ein betriebswirtschaftlich aus-
gerichtetes Neues Steuerungsmodell (NSM), in Politik und Wirtschaft die Eu-
rokrise, die Länder wie Griechenland und Italien zu drastischen Haushalts-
kürzungen zwingt. Diese Veränderungen haben spürbare Konsequenzen für
Menschen, Gruppen und Organisation, bis hin zu ganzen Staaten. Sie zeigen
sich als Herausforderungen im konkreten Alltag, auf sozialer, ökonomischer,
kultureller, ökologischer und demografischer Ebene. Die Dichte von Zeit und
Raum wird enger, fest gefügte Räume entgrenzen sich, mit einer turbulenten
Dynamik werden Grenzen von scheinbar getrennten Welten überschritten.
Diesen Prozess der Globalisierung beschreibt Ulrich Beck als:

> "...das erfahrbare Grenzenloswerden alltäglichen Handelns in den verschiedenen
> Dimensionen der Wirtschaft, der Information, der Ökologie, der Technik, der
> transkulturellen Konflikte und Zivilgesellschaft, und damit im Grunde genommen
> etwas zugleich Vertrautes und Unbegriffenes, das aber mit erfahrbarer Gewalt den
> Alltag elementar verändert und alle zu Anpassungen und Antworten zwingt." (Beck 1977, S. 44)

Und wer passt sich an? An wen? Zu welchem Preis? Und welche Antworten
werden gefunden?

Unternehmen werden zu Anpassungen gezwungen. Um sich am Welt-
markt gegenüber einer immer schärfer werdenden Konkurrenz zu positionieren, müssen sie z.B. Produktionsprozesse in Billiglohnländer verlagern. Bo-
ten sich vor der Erweiterung der EU die osteuropäischen Länder als interessante Alternative für Investitionen europäischer Unternehmen an, so sind es
heute asiatische Länder wie z.B. China, Vietnam und Kambodscha, die zur

Option stehen. Für diese Favoriten bedeutet das, dass traditionelle Produktionsweisen in den Hintergrund treten, Menschen ihre abgestammten Dörfer verlassen, weil dort die Lebensbedingungen nicht mehr zur Existenzsicherung ausreichen, und sie als illegale Wanderarbeiter recht- und schutzlos der globalen Hierarchie der Arbeitsteilung zwischen armen und reichen Ländern ausgeliefert sind (vgl. Beck 2010, S. 42). Durch die Recherchen von Naomi Klein (2000) ist bekannt, dass diese für die Konzerne lukrativen Produktionsformen nicht immer menschenwürdigen Bedingungen entsprechen. Die Arbeiter und Arbeiterinnen sind, wie Beck es nennt, der Gewalt der Marktdurchdringung ausgesetzt, die ihren Alltag elementar verändert, sie müssen sich anpassen oder in solidarischen Aktionen, mit Unterstützung von NGOs, für menschengerechtere Arbeitsbedingungen kämpfen. Die Migrationsströme verlaufen kreuz und quer über den Globus und hinterlassen Regionen und Dörfer, in denen nur noch Kinder und alte Menschen leben oder die ganz verlassen sind. In der Folge wird die lokale Ökonomie, oder das, was noch von ihr übrig ist, zerstört.

Die europäischen Regierungen stehen unter dem Druck, ihre über Generationen hoch entwickelten sozialen Sicherungssysteme auf den Prüfstand stellen zu müssen. In Deutschland sind die traditionsreichen Träger und Verbände wie Gewerkschaften, Wohlfahrtsverbände und Kirchen, die soziale Dienstleistungen anbieten und sich gegen die fortschreitende Entsolidarisierung und für soziale Gerechtigkeit in der Gesellschaft einsetzen, durch die strukturelle Reform der kommunalen Verwaltung (NSM) gezwungen, ihre Leistungen nicht mehr am tatsächlichen Bedarf, sondern an betriebswirtschaftlichen Kriterien zu messen. Das hat nicht nur Konsequenzen für die Klientel, – *creaming the poor* – das rechnet sich, sondern auch für die Fachkräfte, die in prekären Arbeitsverhältnissen (Zeitverträge, niedrige Gehaltsgruppen) beschäftigt und einer hohen Arbeitsdichte durch Stellenkürzungen ausgesetzt sind (vgl. Wohlfahrt 2012).

Wohlfahrtsverbände und Kommunen stehen seit Mitte der 90iger Jahre in der Kritik, ihre Organisationsabläufe zu reorganisieren, Hierarchien abzubauen, Dienstleistungen kundenorientiert anzubieten, sich miteinander zu vernetzen und ihre Produktangebote fachlich und räumlich besser aufeinander abzustimmen. Ein schwieriger Prozess, nicht nur für die Verwaltung, die auf eine Tradition hoheitlicher, die Autorität repräsentierender Bürokratie zurückblickt, sondern auch für die privilegierten, den sozialen Markt beherrschenden Wohlfahrtsverbände.

Anpassung an die Herausforderungen der neuen Zeit bedeutet, die immer knapper werdenden finanziellen Ressourcen des Bundes, der Länder und der Kommunen an den politisch gewollten und fachlich begründeten Maximen zu orientieren: Dezentralisierung, Partizipation, Vernetzung, Qualitätssicherung. Es wird umgebaut, umorganisiert, projektiert, de facto aber reduziert.

Wenn sich Organisationsstrukturen, Leitbilder und Arbeitsaufträge verändern, hat das unmittelbare Folgen für die Menschen in Organisationen, sowohl im Profit- als auch im Non-Profit-Bereich. Von ihnen wird gefordert, dass sie flexibel und mobil sind, über soziale Kompetenzen verfügen, teamfähig sind, sich weiterbilden, in zeitlich begrenzten Projekten mitarbeiten, sich geschmeidig (schnell und problemlos) strukturellen Veränderungen anpassen, motiviert sind und gute Leistungen bringen. Dies sind Anforderungen, die heute jeden und jede in der Arbeitswelt potenziell betreffen. Auf der Ebene der Arbeitnehmer und der Führungskräfte beschreiben Veränderungsprozesse ein erweitertes Anforderungs- und Anpassungsprofil hinsichtlich sozialer Kompetenzen: Lernbereitschaft, Selbstverantwortung, Teamfähigkeit, Konfliktfähigkeit, und vor allem die Fähigkeit, mit kontinuierlich sich verändernden Rahmenbedingungen umzugehen. Diese Kompetenzen entscheiden heutzutage mehr über die Karrieremöglichkeiten als fachliche Qualifikation oder Erfahrung.

Gefragt ist nicht mehr nur der Spezialist, der über umfangreiches Wissen und Können in seinem Fach verfügt, sondern der Mitarbeiter, die Mitarbeiterin, der flexibel genug ist, sein oder ihr Fachwissen mit dem anderer Professionen zu verknüpfen. Wie gelingt aus Sicht des Individuums diese Passung zwischen Einzigartigkeit und sozialer Anerkennung, Zugehörigkeit – die Erfahrung von Authentizität (vgl. Keupp 1999, S. 269)? Denn nur Menschen, die ihr Leben als sinnerfüllt, versteh- und bewältigbar erleben, die auf ihre Fähigkeiten vertrauen können, Hoffnung in die Zukunft haben und soziale Anerkennung genießen, verfügen auch über angemessene Erkenntnis- und Handlungsmöglichkeiten.

In Anbetracht des immer schnelleren Verfalls von Wissen wird es immer mehr zur Selbstverständlichkeit, sich permanent fortzubilden, flexibel zu reagieren, sich umzustellen und neuen Bedingungen anzupassen, inhaltlich, räumlich und persönlich. Richard Sennett beschreibt diesen Typ Mensch, der kurzfristig orientiert ist, sich eher auf seine zukünftigen Möglichkeiten als auf gemachte Erfahrungen und Verdienste fokussiert und dabei fröhlich den eigenen Lebensentwurf improvisiert, allerdings als eine eher ungewöhnliche Sorte Mensch (vgl. Sennett 2005).

Der Einzelne kann diese Veränderungsdynamik als Herausforderung für seine Karriere- und Entwicklungschancen empfinden, er kann dies aber auch als Verunsicherung, ein Risiko zum Scheitern und der Resignation erleben. Welche Fähigkeiten, Haltungen und Ressourcen es braucht, um diesen Prozess einer permanenten Identitätsarbeit gelingend zu gestalten, sich anzupassen und dabei gleichsam als unverwechselbares Individuum erkennbar zu sein, also zu wissen, wer man ist und wohin man gehört, sind Themen und Fragestellungen, denen Berater in der Arbeit mit Teams, deren Arbeitswelten, aber auch in der eigenen Biografie begegnen.

Die Beratung von Teams verorten wir im Kontext der geschilderten gesellschaftlichen Veränderungen von Globalisierung und Individualisierungstendenzen.

2 Was ist Teamberatung in Organisationen?

2.1. Organisationen

Organisation als soziologischer Begriff beschreibt ganz allgemein koordiniertes menschliches Handeln, das einen rationalen Zweck verfolgt. Die Planung eines Projekts in einem Unternehmen bedarf der gemeinsamen Abstimmung, wer was wann zu tun hat, wer Entscheidungen trifft, wer über was von wem informiert wird, nach welchen Regeln gearbeitet wird und wer für die Ergebnisse verantwortlich ist. Im Alltag müssen ständig Aktivitäten organisiert werden, vom Einkauf, über die Kinderbetreuung, den Haushalt, die Freizeitgestaltung bis hin zum Urlaub. Die gelungene Organisation des Alltags verfestigt sich schnell als positive Erfahrung erfolgreicher Lösungen, und über die Zeit bildet sich eine Struktur gemeinsamen Handelns heraus mit verteilten Rollen und Zuständigkeiten.

Historisch betrachtet sind Organisationen im Zuge der immer differenzierteren Arbeitsteilung aus der Notwendigkeit heraus entstanden, für bestimmte Zwecke Regelungen zu treffen, damit Gesellschaft funktionieren kann. Für den Zweck der Erziehung bilden sich Schulen und Universitäten heraus, für den Zweck des Warentausches Betriebe und Unternehmen, für das Bedürfnis nach Sinngebung gibt es Kirchen und Vereine und für den Zweck der Ordnung und Sicherheit Parteien, Verwaltungen, die Polizei und Justiz. Diese Organisationen haben die Funktion, spezifische Aufgaben zu lösen und spezifische Ziele effektiv zu erreichen.

Ganz allgemein kann der Begriff Organisation als soziales Gebilde beschrieben werden, in dem "Menschen zu einem spezifischen Zweck bewusst zusammenwirken" (Mayntz, zitiert nach Albes 2004, S. 191). Max Weber definiert Organisationen als "Ordnung von Menschen und Dingen nach dem Prinzip von Zweck und Mittel" (Weber 1922, S. 760).

Die typischen Strukturmerkmale von Organisationen sind:

o Sie bestehen aus Mitgliedern, deren Zugehörigkeit über Qualifikationen und Einstellungen formal geregelt ist. Von ihnen wird erwartet, dass sie dem Zweck der Organisation zustimmen und motiviert sind, ihre Fähigkeiten einzusetzen. Unternehmen erwarten spezifische Qualifikationsnachweise wie Ausbildungen und Examen, konfessionelle und politische Organisationen erwarten Bekenntnisse zu ihren Zielen, Sportvereine körperliche Leistungen.

o Sie haben eine Umwelt, auf die sie sich beziehen, sie sind darauf angewiesen, dass Menschen und Mittel von außen in sie hineinkommen – z. B. Qualifikationen aus dem Bildungssystem, das Engagement der Mitarbeiterinnen, Technologien, Materialien etc.

o Sie verfolgen bestimmte Ziele und Zwecke. Während Ziele sich von innen, aus der Perspektive der Organisation ergeben, entfalten sich die Zwecke von außen über ihre Funktion, also darüber, welchen Beitrag sie für die Gesellschaft leisten.

o Sie basieren auf Rationalität. Rationalität bezieht sich nicht auf den Inhalt der Ziele – diese können auch unvernünftig und unmoralisch sein –, sondern auf die Art und Weise, wie die Ziele verfolgt werden. Und Organisationen erwarten von ihren Mitgliedern, dass sie zweckrational handeln, sich den Regeln unterordnen und ihre Aktionen koordinieren, um die Ziele schnell und effektiv zu erreichen.

o Sie weisen formalisierte Strukturen auf. Die Form einer dauerhaften, koordinierten Abfolge von Handlungen zur Erreichung eines spezifischen Ziels bildet die formalisierte Struktur in Organisationen. Sie bildet quasi die Statik der Interaktionsbeziehungen, durch Rollen, Zuständigkeiten und Regeln in Gestalt von Dienstwegen und Positionen. Strukturen können vertikal und horizontal verlaufen. Horizontale Strukturen betreffen die Form der Zusammenarbeit, vertikale die Hierarchie. Sie steuern das Verhalten der Mitglieder, die Aufgabenverteilung, die Zuständigkeiten und Entscheidungsbefugnisse (vgl. Abels 2004, S. 199).

o Sie zeichnen sich durch eine hohe Zielspezifität aus, in dem Sinne, dass alle Aktivitäten der Mitglieder auf den besonderen Zweck hin koordiniert sind. In Organisationen gibt es in der Regel eine Vision oder ein Leitbild, das für alle Beteiligten verbindlich ist bzw. sein sollte. Diese Ziele sind formale Ziele, konditioniert in Regeln, Satzungen und Statuten. Daneben existieren informelle Regeln. So ist nicht selten zu beobachten, dass die Geschäftsführung andere Ziele verfolgt als die Mitarbeiter, z. B. das Betriebsklima zu verbessern oder bestimmte Kooperationsformen wie Teamarbeit durchzusetzen. "Je weniger einer Mitgliedergruppe an dem Organisationsziel liegt, je weniger sie sich damit identifiziert, um so weniger wird sie auch dafür eintreten." (Mayntz 1963, S. 64) Wenn es zu Konflikten zwischen formellen und informellen Zielen kommt, ist dies nicht selten ein Anlass für Teamberatung oder Coaching der Führungsebene.

o In jeder Organisation existiert eine doppelte Sozialstruktur: eine offizielle Ordnung und eine inoffizielle Verhaltensstruktur. Über die normative Struktur werden die an die jeweilige Position geknüpften Rollenerwartungen geregelt, in Form eines "relativ konsistenten Systems von Überzeugungen und Vorschriften zur Steuerung des Verhaltens aller Beteiligten" (Scott 1981, S. 36, zitiert nach Abels 2004, S. 202). Die tatsächliche Verhaltensstruktur hingegen wird durch Gefühle und Stimmungen geprägt. In Teams oder Projekten kann sich aufgrund von gleichen Qualifikationen oder einer gemeinsamen Geschichte im Unternehmen ein starkes Zusammengehörigkeitsgefühl entwickeln. Diese Stimmungen und Identifikationen können sowohl förderlich als auch hinderlich sein für den Zweck der Organisation.

Wie wichtig es im Hinblick auf die Unternehmensziele ist, eine Balance zwischen den Bedürfnissen der Mitglieder und dem Zweck des sozialen Systems Organisation zu finden, werden wir in den Praxisbeispielen anschaulich schildern.

Neben dem klassischen soziologischen Verständnis des Begriffs Organisation zeigt die systemtheoretische Perspektive, die wir im Teil II in den Kapiteln 5 und 6 ausführen, noch weitere Hinweise, die für eine systemische Beratung hilfreich sind. Im Folgenden soll das Team "zu Wort kommen".

2.2 Mythos Team

Wir sehen das Team nicht als Selbstzweck, losgelöst von der Organisation. Ein Team ist Teil der Organisation, Teil der Organisations- und Personalentwicklung, der Visions- und Strategieentwicklung eines Unternehmens. Es lebt die Kultur des Unternehmens (später werden wir sagen: "es spielt das Unternehmen"), es arbeitet an der Lösung unternehmensspezifischer Ziele und Aufgaben.

Die Idee des Teams wird in der Managementliteratur mit großen Hoffnungen verfolgt und Szenarien gelungener Teamarbeit aufmerksam registriert. Liest man die Stellenanzeigen, wird Teamfähigkeit als soziale Kompetenz bei den Bewerbern vorausgesetzt. In der Literatur wird von Spitzenleistungsteams und Dream-Team (vgl. Sprenger 2000, S. 126ff.) gesprochen, davon, dass nur Teams die komplexen Herausforderungen, denen Unternehmen gegenüberstehen, meistern könnten. Der Tenor lautet: Mit Teams lassen sich nahezu alle Probleme und Krisen in Organisationen meistern, denn Teams haben das Potenzial, die Summe ihrer Einzelleitungen zu optimieren und Synergien zu erzeugen. Auch soziale Organisationen und Projekte entdecken Teamarbeit als die Lösung in Zeiten knapper Ressourcen. Es wird behauptet, es gehe nur darum, sie optimal zusammenzustellen, den passenden Teamleiter einzusetzen, Ziele vorzugeben, Lern- und Kreativitätspotenziale der Mitglieder zu aktivieren, Konfliktabläufe zu erkennen und zu lösen. Das macht Hoffnung – doch tut es das wirklich?

Andere, kritische Stimmen sprechen von der Teamlüge, wenn das Team als ein Instrument zur Ausbeutung von Humanressourcen oder der Missachtung von Individualität und Einzelleistung missbraucht wird. In der Betonung auf Teamarbeit läge immer auch die Gefahr des Identitätsverlustes des Einzelnen. Auch der renommierte Soziologe Richard Sennett äußert sich kritisch über die Teamarbeit, auf die sich das moderne Arbeitsethos des neuen Kapitalismus konzentriere. "Teamarbeit führt uns in die Sphäre erniedrigender Oberflächlichkeit, welche die moderne Arbeitswelt überschattet […] und behandelt menschliche Beziehungen als Farce." (Sennett 1998, S. 155) Die Autorität verschwinde, stattdessen übernehmen die Kollegen in Teams die Arbeit des Managers und konkurrieren untereinander. Was bleibt, so Sennett, sei die Macht der Organisation, verkörpert durch den Manager, dem die Kunst gelingt, "Macht auszuüben, ohne Verantwortung zu übernehmen". (ebd.)

Die Verbindung zwischen funktionaler Macht in einer Organisation, Verantwortung und Führung und ihre positiven wie negativen Auswirkungen für das Team werden sowohl theoretisch als auch anhand eines Praxisbeispiels ausführlich erörtert werden.

Das Team als Medium zur Leistungssteigerung? Ein Mythos?

Zu Beginn eines Teamentwicklungsprozesses begegnen wir manchmal Aussagen wie: "wir sind gar kein Team" oder "wenn wir ein Team wären, dann …".

Die mentalen Konzepte hinter solchen oder ähnlichen Aussagen verbergen eine sehnsuchtsvolle Illusion, dass Menschen, die intuitiv aufeinander eingespielt sind, Höchstleistungen vollbringen könnten, dass es magische Momente gäbe, in denen sich der Einzelne in der Gruppe auflöst, sich selbst vergessend zum gemeinsamen Ganzen beiträgt und eine Kraft spürbar wird, die weit über die individuellen Grenzen hinausgeht und die individuelle Leistung wertgeschätzt und gewürdigt wird.

Welche Glaubenssätze nähren diese Illusion, und welche Hoffnungen werden enttäuscht? Die Hoffnung, Teil eines größeren Ganzen zu sein, Anteil zu haben an einer überpersönlichen Sinnhaftigkeit, Verbundenheit und Aktivität? Sie impliziert die Aufhebung der Spannung zwischen Einzigartigkeit und Kollektiv. Würden solche Illusionen als Verhaltens- und Glaubensnormen systematisch entfaltet werden (vgl. Sennett 1990, S. 232), entstünde ein Boden für fundamentalistisches Gedankengut. Es entspricht unserem humanistischen, demokratischen Selbstverständnis, dass solche Hoffnungen und Illusionen in der Arbeit mit Teams enttäuscht werden müssen.

Während die Risiken in der Arbeit mit Teams in der Überschätzung desselben liegen, liegen die Chancen genau in der Betonung der Differenz zwischen Individualität und Gruppe. Es geht deshalb bei jedem Teamentwicklungsprozess zum einen um die Entwicklung und Förderung der individuellen Möglichkeiten und Kompetenzen der Teammitglieder. Gleichzeitig geht es aber auch darum, das Zusammenspiel und die Dynamik eines Teams in seiner Ganzheit zu erfassen und seine Bedeutung im Kontext der Organisation zu berücksichtigen.

Teamberatung positioniert sich und agiert in der Wechselwirkung zwischen Individuum, Gruppe und Organisation.

2.3 Begriffsklärung – Vorschläge zur begrifflichen Eingrenzung

Den Begriff **Team** verwenden wir ausschließlich als Bezeichnung für eine Gruppe mit einer offiziellen Leitungsrolle bzw. Führung. Mithin sprechen wir von **hierarchisch strukturierten Gruppen** in einem Organisationskontext.

Jedes Team in einer Organisation erfüllt folgende Kriterien:

o Es dient einem bestimmten Zweck der Organisation

o Es verfolgt dazu spezifische Ziele, Aufgaben

o Es verfügt deshalb über unterschiedliche Rollen und Kompetenzen

o Es ist meistens in seiner Zusammensetzung eine vorübergehende Erscheinung.

Beim Blick in die Literatur fällt auf, dass es keine einheitliche Definition des Begriffes "Team" gibt. Je nach wissenschaftlicher Provenienz der Autoren fällt die Bestimmung recht unterschiedlich aus oder sie wird gar nicht vorgenommen. Wir standen vor dem Problem, aus den verfügbaren Definitionen und unseren Praxiserfahrungen eine Beschreibung zu finden, die unserem systemtheoretischen Verständnis von Team am nächsten kommt.

Der Begriff Team entwickelte sich aus der Gruppendynamik, deren Beginn im deutschsprachigen Raum Anfang der 60iger Jahre angesetzt wird. Seit 1970 setzte dann eine Differenzierung ein: Aus dem Sensivity-Training bildete sich das Organisationsentwicklungs-Laboratorium (Sbandi, 1971) heraus, aus dem sich schließlich Methoden der Arbeitsprozessberatung in Institutionen von Teams entwickelten (Antons, 1976). In dieser Phase wurden die sozialpsychologischen Merkmale und prozessbedingten Eigenschaften von Gruppen analysiert, die die Vorstellung von Gruppe als dynamisches, soziales Gebilde einleiteten. Basierend vor allem auf den ganzheits- und gestaltpsychologischen Annahmen von Kurt Lewin, dass auf Individuen Kräfte wirken und sich darüber Kraftfelder aufbauen, welche die Handlungen der Beteiligten beeinflussen.

Ein **Team** ist nach Lewin eine Gruppe von Individuen, die einen Interaktionszusammenhang bilden, der durch die Beziehungen der Mitglieder zueinander und zu einem Themenbereich bestimmt ist. Diese Beziehungen bleiben nicht konstant, sondern sie verändern sich im Verlauf der Zeit. Diese Veränderungen werden durch innere, individuums- und gruppenbezogene und äußere, organisationsbezogene Kräfte ausgelöst.

Diese Beschreibung impliziert drei zentrale Aspekte von Team
a) die des Individuums,
b) die der Gruppe / des Teams,
c) den Veränderungs- bzw. Lernprozess im Kontext der Organisation, in dem   Lernen / Veränderung stattfindet, der hierarchisch strukturierte Organisationskontext wird dabei jedoch vernachlässigt.

Wir unterscheiden folgende Begriffe im Zusammenhang der Beratung eines Teams:

Teamentwicklung bezeichnet den gesamten Prozess, den eine Arbeitsgruppe im Laufe ihrer Existenz durchläuft, sowohl die Phasen mit externer Beratung als auch die Phasen ohne.

Das **Team** bildet den Raum und die Struktur in einer Organisation ab, während der Prozess einer **Teamentwicklung** den zeitlichen Horizont seiner Existenz markiert, in dem Veränderungen des Teams stattfinden oder auch nicht.

Teamberatung ist der absichtsvolle Versuch von externer oder interner Seite, einen Lernprozess im Team anzuregen, zu unterstützen und zu beschleunigen: Wenn wir von **Teamberatung** sprechen, meinen wir einen Prozess des bewussten Lernens von Gruppen im Arbeitskontext einer Organisation, der organisiert, begleitet und absichtsvoll von neutraler Seite gesteuert wird, mit der Chance, dass die Mitglieder des Teams Fähigkeiten ausbilden, die es ihnen erlauben, ihre Arbeitsfähigkeit zu optimieren und auf Veränderungen und Herausforderungen produktiv zu reagieren.

Wir werden im Folgenden nur den Begriff der Teamberatung benutzen, wenn wir von teamexternem professionellem Handeln sprechen. Handelnde Berater und Beraterinnen können sowohl in der Organisation als auch außerhalb der Organisation verortet sein.

Am Anfang eines Teamberatungsprozesses steht immer eine **Bestandsaufnahme** und **Auftragsklärung**. Wie werden diesen Prozess in Kapitel 11 ausführlich behandeln.

Mit einem **Teambuilding** kann der Beginn einer Zusammenarbeit unterstützt werden: wenn ein Vorgesetzter oder eine Vorgesetzte Unterstützung beim Aufbau eines Arbeitsteams möchte, nach personellen Veränderungen oder einer Neuausrichtung im Unternehmen (vgl. Kapitel 13, erstes Praxisbeispiel).

Team-Training bezeichnet den thematisch ausgerichteten komprimierten Lernprozess des gesamten Teams, wenn ein Team zum Beispiel Arbeits- und Kommunikationsinstrumente erlernt, wie Moderation, Konfliktfähigkeit, Entscheidungsfindung etc.

Ca. sechs bis neun Monate nach einem Team-Training oder Teambuildingsprozess erfolgt ein **Nachfolgetermin (follow up)**, damit die während des Team-Trainings gesetzten Ziele und Maßnahmen überprüft und gegebenenfalls nächste Schritte eingeleitet werden können.

Alle anderen Formen von zeitlich und räumlich komprimierten Auszeiten, die ein Team sich nimmt, um sich speziellen Themen mit oder ohne externer Beratung zuzuwenden, nennen wir **Workshop.**

Supervision eines Teams ist die Reflexion des teameigenen Arbeitsstils. In den meisten Fällen ist es eine methodisch angeleitete Beratungsform zur Reflexion beruflichen Handelns mit Fokus auf Person, Rolle und Organisation. Supervisionen finden regelmäßig statt und gehören heute vor allem in sozialen Organisationen zum Standardrepertoire professioneller Qualitätssicherung und Qualitätsentwicklung.

Coaching meint in diesem Kontext eine Einzelberatung der Führungskraft des Teams oder anderer beteiligter Führungskräfte (Chef vom Chef). Ziel ist die Unterstützung und Entwicklung der Führungsfähigkeiten des Chefs, bezogen auf dieses konkrete Team.

2.4 Möglichkeiten und Grenzen einer Teamberatung

Unter welchen Umständen kann eine externe Teamberatung aus professioneller Sicht sinnvoll sein und die Entwicklung der Arbeitsfähigkeit eines Teams unterstützen?

o Im normalen Tagesgeschäft, wenn die Leistungsfähigkeit eines Teams optimiert werden kann oder soll.

o Im Konfliktfall, wenn Reibungsverluste dem Team notwendige Energie rauben.

o Nach Reorganisationen, wenn es gilt, die Arbeitsfähigkeit im Team wiederherzustellen, neue Arbeitsabläufe und neue Kooperationsformen zu vereinbaren.

o Wenn Teams neu gegründet werden, um deren Arbeitsfähigkeit zu beschleunigen.

o Wenn mehrere Teams aus einem Bereich oder aus verschiedenen Bereichen zusammenarbeiten und die unterschiedlichen Perspektiven ein wertvolles Potenzial bieten.

o Wenn das Unternehmen sich einer Herausforderung gegenübersieht, die eine innovative und kreative Herangehensweise verlangt, damit das Unternehmen am Markt weiterhin bestehen oder seine Position zu verbessern kann.

- o Wenn ein kontinuierlicher Lernprozess in einem Team angestrebt wird.

Unter welchen Umständen ist eine externe Teamberatung **nicht** das Mittel der Wahl?

- o Wenn Mitarbeiter, Mitarbeiterinnen im Team entlassen werden und ein Auswahlprozess unterstützt werden soll.
- o Wenn finanzielle Kürzungen anzukündigen sind.
- o Wenn die Führungsposition im Team neu besetzt wird.
- o Wenn die Führungskraft Probleme mit ihrer Rolle hat.
- o Wenn es der Führungskraft an Fachkompetenz und/oder Sozialkompetenz mangelt.
- o Wenn das Team aufgelöst wird.
- o Wenn die Führungskraft mit einer Teamberatung nicht einverstanden ist.
- o Wenn die externen Berater für Einzelinteressen instrumentalisiert werden sollen (vgl. Kapitel 14, zweites Praxisbeispiel).
- o Wenn Teamberatung in der Unternehmenskultur unüblich ist und nicht als das Mittel der Wahl angesehen wird.

Welche Fähigkeiten lassen sich im Team durch eine externe Teamberatung entwickeln und optimieren?

- o Die Fähigkeit, effizient und effektiv zu kooperieren
- o Die Fähigkeit, Visionen zu entwickeln und zu realisieren
- o Innovationen zu denken und umzusetzen
- o Selbstverantwortlich zu handeln und mitzudenken.
- o Sich mit aktuellen, relevanten Themen auseinanderzusetzen und diese ins Team zu adaptieren.
- o Die individuelle und die gemeinsame Haltung, Einsicht und Handlung an die Unternehmensziele anzupassen.
- o Die Logik des Systems zu verstehen und sie in der Planung und in den Interventionen umzusetzen.

o Die Fähigkeit, die Leistungen im Team bei organisatorischen Ver-
änderungsprozessen zu stabilisieren und mit Hindernissen und
Widerständen konstruktiv umzugehen

o Die Fähigkeit, in Matrixorganisationen, Projektorganisationen o-
der anderen bereichsübergreifenden Szenarien erfolgreich zu agieren.

Wann ist eine Team-übergreifende Maßnahme sinnvoll?

o Wenn die Zusammenarbeit mit anderen Bereichen der Organisation den Teamerfolg mit bestimmt.

o Wenn es bei Misserfolgen regelmäßig darum geht, Verantwortliche dafür auszumachen – Schuldige, Sündenböcke zu finden.

o Wenn die Zusammenarbeit zwischen Abteilungen eher von gegenseitigen Vorwürfen geprägt ist und "Lösungen" darin bestehen,
Verantwortliche zu definieren,

o Wenn sich die Kooperation so eingespielt hat, dass man sich auf
dem kleinsten gemeinsamen Nenner begegnet.

o Wenn Menschen an Schnittstellen das Gefühl haben, trotz großer
Anstrengungen unter ihren Möglichkeiten zu bleiben.

o Wenn sich Lösungswege wiederholen und dennoch nicht zu
nachhaltigem Erfolg führen.

o Wenn es in der Kultur des Unternehmens keine Feedbackkultur
gibt und die Beschreibung der Realität eine beschönigende Sprache braucht.

o Wenn es keine gemeinsame Identität und Verantwortung im Unternehmen gibt.

o Wenn sich meistens die gleichen Meinungen durchsetzen.

o Wenn die Organisation sehr erfolgreich ist.

Um zu entscheiden, welche Maßnahmen in einer Situation erforderlich und
sinnvoll sind, empfehlen wir eine sorgsame, differenzierte Auftragsklärung.
Unsere Erfahrung zeigt, dass es sich lohnt, hier Zeit zu investieren und Rück-

sprache mit Kollegen zu halten, um auch die Aufträge hinter dem offiziellen Auftrag zu erkennen und eine Idee davon zu bekommen, auf welchem Spielfeld sich alle Beteiligten (auch die Beraterinnen) befinden.

2.5 Lernen in Teams aus Sicht der Organisation

Ziele einer Teamberatung

Der Fokus des Lernprozesses im Team liegt, aus der Perspektive der Organisation, in der Anpassung an Umwelteinflüsse, die es notwendig machen, Veränderungen einzuleiten. Aus Sicht des Teams kann Teamberatung als ein gemeinsamer Lernprozess verstanden werden, in dem alle Mitglieder angemessener als vorher ihre Bedürfnisse befriedigen können, indem sie ihre Fähigkeiten gezielter einbringen und als Gruppe mit besserem Erfolg reibungsloser zusammenarbeiten und damit ihre Anschlussfähigkeit an die Organisation optimieren.

Teamlernen ist ein Lernprozess, der nur dann möglich ist, wenn in der Organisation entsprechende Strukturen angeboten werden oder entstehen sollen, die selbstverantwortliches Lernen erlauben und unterstützen – wenn Visionen erwünscht sind und sich die Organisation selbst als eine lernende Organisation begreift. Königswieser (2003) entwirft in ihrem Artikel "Wie lernen Organisationen" folgende Definition: "Für mich ist ein System dann ein lernendes, wenn es an einer kontinuierlichen Weiterentwicklung der eigenen Problemlösungskompetenz arbeitet, damit es intelligenter, lebensfähiger und erfolgreicher wird."

Dabei wird im Moment, in vielen Branchen aus der Not geboren, die Erfahrung gemacht, dass trotz oder gerade wegen knapper Ressourcen innovative Lernräume im Unternehmen erfunden und gestaltet werden (müssen). Zum Beispiel lernen Abteilungen miteinander zu kooperieren, die vorher nicht miteinander kooperiert haben. Senge (1996, S. 287) beschreibt das Teamlernen als "einen Prozess, durch den ein Team seine Fähigkeiten, die angestrebten Ziele zu erreichen, kontinuierlich ausrichtet und erweitert. Es stützt sich auf die Disziplin der Personal Mastery, weil talentierte Teams aus talentierten Einzelpersonen bestehen".

Aus der systemtheoretischen Perspektive (vgl. Theorieteil, Kapitel 5) begreifen wir Lernen im Kontext von Teamberatung als einen Prozess, in dem Menschen auf der Basis ihrer kognitiven und affektiven Fähigkeiten, ihrer Erfahrungen und Vorstellungen, auf Herausforderungen der Umwelt antworten, indem sie nach angemessenen Lösungen suchen, ihre Bedürfnisse und Wünsche nachhaltiger zu befriedigen.

Aus soziologischer Perspektive (vgl. Theorieteil, Kapitel 6) begreifen wir Lernen als einen Prozess, im dem ein soziales System seine Differenzkriterien erweitert, um mehr Informationen aus der Umwelt als Mitteilungen zu verstehen, um eine erhöhte, kommunikative Anschlussfähigkeit an die Umwelt zu erreichen.

Wir verstehen **Teamberatung als einen kontinuierlichen Lernprozess** und den Berater und die Beraterin als Initiatoren, Lernprozesse anzuregen, die eine Sensibilität im Umgang mit Unterscheidungen ermöglicht.

Lernen aus der Sicht von Organisationen findet immer in der Spannung zwischen zwei Polen statt:

o Zum einen in dem Spannungsfeld zur Organisation – wie erfolgreich oder wie angepasst bzw. wie offen oder wie geschlossen darf ein Team sein, um erfolgreich zu agieren?

o Und zum anderen in dem Spannungsfeld zwischen der Funktion, dem Auftrag, den ein Team hat, und den potenziellen Möglichkeiten und Bedürfnissen der Teammitglieder.

Folglich findet Lernen immer in der Auseinandersetzung mit Widersprüchen statt und umgekehrt wird Lernen verhindert, wenn sich Lösungen oder Entwicklungsschritte nur auf einen Pol dieser Widersprüche reduzieren.

Basiselemente für effektives Teamlernen sind daher:

o Zeit, unabhängig vom Tagesgeschäft, um den aktuellen Stand zu reflektieren und die nächsten Schritte deutlich werden zu lassen.

o Feedback von außen, um sich nicht nur die eigene Sicht zu bestätigen, sondern auch um den Blick auf andere Perspektiven zu eröffnen.

- Ausreichende Wertschätzung bei gleichzeitiger Irritation, um die Veränderungsbereitschaft und die Veränderungsfähigkeit auszuloten.
- Eine Verbindung von "hard facts" und "soft facts", um anhand der aktuellen Themen vorhandene Potenziale zu erschließen.
- Aktuelle Themen, deren Bewältigung einen Unterschied in der Leistung des Teams machen.

3 Grundlagen der Gruppendynamik im Kontext einer Teamberatung

(1) Unterscheidung Gruppe - Team

Die Grundannahmen der Gruppendynamik sind in Organisations- und Managementkonzepte eingeflossen und stellen heute in vielen Unternehmen und Organisationen ein Instrument in der Organisations- und Personalentwicklung dar.

In der Literatur wird der Begriff "Gruppe" vom Begriff "Team" unterschieden. Die Differenzkriterien verlaufen entlang des Ausmaßes der Identifikation mit

o der Zielsetzung: Gruppen können, müssen aber nicht bindend eine gemeinsame Zielsetzung haben, während für Teams klare, gemeinsam definierte und akzeptierte Ziele Voraussetzung sind. Mit der Zielsetzung erhöht sich der Druck in Teams, das Arbeitsergebnis im gesetzten Zeitrahmen zu erreichen.

o den Interessen: in Gruppen können die Mitglieder unterschiedliche Interessen verfolgen, während Teams sich gemeinsamen Interessen verpflichtet fühlen.

o der Verbindlichkeit: Gruppen können Verbindlichkeit als Belastung erleben, da sie anderen Aufgaben, die nicht von der Gruppe erledigt werden, eine höhere Priorität einräumen. In Teams hat Verbindlichkeit hinsichtlich der Termin- und Aufgabenabsprachen hohe Priorität, und die Selbstverantwortung für gemeinsame Ergebnisse liegt deutlich höher.

o dem Zusammenhalt und der Sinnorientierung: In Gruppen kann eine gemeinsame Sinnorientierung geteilt werden, muss es aber nicht, während sie für Teams konstituierend ist.

o der Kommunikation: die Interaktionsdichte und -qualität in Teams ist deutlich höher als in Gruppen, denn Teams sind darauf angewiesen, ihre interne Kommunikation möglichst störungsfrei zu gestalten, um ihr Ziel zeitgerecht zu erreichen.

o dem Wettbewerb untereinander: Mitglieder von Gruppen und Teams konkurrieren untereinander, doch in Teams können interne Konkurrenzen nachhaltig negative Wirkungen auf das gesamte Arbeitsergebnis haben, wenn sie die Motivation und die Leistung Einzelner reduzieren. In Anbetracht des Zeitdrucks, unter dem sich Teams befinden, müssen diese schneller und lösungsorientierter ihre Konkurrenzkämpfe beilegen als Gruppen, die keine hohe Verbindlichkeit miteinander eingegangen sind.

Wie bereits erwähnt, sind Teams in unserem Verständnis hierarchisch strukturierte und in organisationale Zusammenhänge eingebundene Gruppen mit gewöhnlich einer Person in der Führungsrolle.

(2) Die Entdeckung des Teams

Teams als aufgaben- und leistungsbezogene Gruppen stellen eine Errungenschaft der Evolution dar. Schon in der Frühgeschichte bildeten sich Gruppen heraus, die für bestimmte Aufgaben in der Sippe oder im Clan zuständig waren, der Notwendigkeit geschuldet, einer unbändigen Natur die Existenz abzutrotzen. Mehrere Menschen bündelten ihre Fähigkeiten, um stärker zu sein und strategisch geschickter Beute jagen zu können oder Anbau zu betreiben als es ein Einzelner könnte. Die Erkenntnis der Leistungsvorteile von Gruppen in der Gestaltung von Arbeitsprozessen differenzierte sich im Zuge der sozioökonomischen Entwicklung. Die klassischen Industriemärkte zu Beginn des 20sten Jahrhunderts waren geprägt durch eine hohe Nachfrage an Massenprodukten. In den USA entwickelte F. W. Taylor (1856-1915) ein Modell der wissenschaftlichen Betriebsführung: Durch Zerlegung der Arbeitsaufgaben in kleinste, wiederholbare Einzelschritte (Fließbandarbeit) sollte die Leistungsquote erhöht werden. Erst in den 70er Jahren, als die europäische Wirtschaft in eine Rezession geriet, die sowohl durch die Ölkrise, als auch durch das expansive Drängen asiatischer Konkurrenten ("japanische Herausforderung") auf die westlichen Märkte ausgelöst wurde, entstanden Konzepte zur Arbeitsgestaltung, die den Faktor Motivation der Mitarbeiterinnen berücksichtigten. Automobilhersteller wie Volvo und VW waren die ersten, die Gruppenarbeit im Produktionsbereich einführten. Die Arbeitsbedingungen waren vielseitig und abwechslungsreich, den Mitarbeiterinnen wurde mehr

Handlungsspielraum und Verantwortung übertragen, persönliche Fähigkeiten konnten stärker eingebracht werden. Die Leistungsvoraussetzungen der Mitarbeiterinnen konnten durch die Umgestaltung der Arbeitsabläufe besser genutzt werden, um auf diese Weise einen effektiveren Einsatz und ein optimales Arbeitsergebnis zu erzielen (vgl. Kleinbeck 1996, S. 13). Das Team als Potenzial zur Erreichung von Organisationszielen wurde Bestandteil in Organisationen, Unternehmen und Verwaltungen. Um die Bedingungsfaktoren für den Teamerfolg zu gewährleisten, wurden Personal- und Weiterbildungsabteilungen eingeführt. Führungskräfte mussten jetzt über soziale Kompetenzen verfügen, um die Motivation, Bereitschaft, Freude und Engagement der Mitarbeiterinnen zu fördern. Teams avancierten zu Hoffnungsträgern, die garantierten, die Herausforderungen der Zukunft bestmöglich zu meistern (vgl. Katzenbach u.a. 1998; Bergmann 1998).

(3) Phasen der Entwicklung von Gruppen

Die sozialpsychologische Gruppenforschung hat bei Beobachtung und Erforschung von Gruppenprozessen das Konzept der Entwicklungsphasen von Gruppen in Anlehnung an die Entwicklungsphasen von Individuen (Säugling, Kleinkind, Schulkind, Erwachsener, Alter) entwickelt.

In der Literatur finden sich verschiedene Modelle, die **Entwicklungsphasen von Gruppen** beschreiben und benennen.

Je nach Autor differieren sie zwischen drei und fünf Phasen:

o Forming, Storming, Norming, Performing (nach Tuckmann).

o Unfreezing, Change, Refreezing (nach Gassmann).

o Orientierung und Exploration, Auseinandersetzung und Machtkampf, Bindung und Vertrautheit, Differenzierung und Festigung, Abschluss und Neuorientierung (nach Wellhöfer).

o Orientierungsphase, Positions- und Rollenklärungsphase, Vertrautheitsphase, Differenzierungsphase, Ablösungsphase (nach Bernstein, Lowy).

Die Grundidee ist bei allen Modellen die gleiche: Gruppen durchlaufen – analog der menschlichen Entwicklung – verschiedene Phasen.

Teamberatung bedeutet, die Verhaltensmuster und Erlebensformen in den einzelnen Phasen zu unterscheiden, zu reflektieren und dem Team als Lernmöglichkeit zur Verfügung zu stellen.

Bei der folgenden Beschreibung orientieren wir uns an den fünf Phasen von Bernstein und Lowy (1969).

Die erste Phase: Sich kennenlernen, sich orientieren

Auch Gruppen, die schon lange zusammenarbeiten, müssen nicht notwendigerweise diese Phase bereits durchlaufen haben.

In dieser Phase braucht die Beschäftigung mit untenstehenden Fragen einen offiziellen Raum:

o Wie ist meine Einstellung zu dieser Arbeit, zu diesem Team?

o Was sind meine Perspektiven, welche Stufe in der Entwicklung meiner Karriere hat mein momentaner Arbeitsplatz?

o Bei welchen Themen, Aufgabenstellungen bin ich souverän, welche sind für mich herausfordernd, und welche interessieren mich oder auch nicht?

o Was motiviert mich, was demotiviert mich?

o Welche Arbeitsstile sind für mich passend?

o Wie möchte ich Aufgaben bezogen geführt werden?

o Wofür will ich selbst Verantwortung übernehmen?

o Welchen Umgang brauche ich mit den Kollegen?

o Welche Rollen kann ich hier einnehmen?

o Wen könnte ich beeinflussen?

o Von wem lasse ich mich eventuell beeinflussen?

o Welche meiner Bedürfnisse können in diesem Team befriedigt werden, wie trage ich durch mein Lassen dazu bei, dass andere ihre Bedürfnisse befriedigen können?

Über die Beantwortung dieser Fragen lernen sich Teammitglieder und Führungskraft kennen, entwickeln Vertrauen und finden gemeinsam Orientierung.

Die zweite Phase: Positions- und Rollenklärungsphase, Machtkampf, auch Autoritätskrise genannt

Hier findet das Team passende Normen und Werte, lernt, sich über unterschiedliche Rollen zu verständigen, und klärt gegenseitige Erwartungen auch mit der Führungskraft ab.

o Welche ungeschriebenen Gesetze prägen die Teamarbeit?

o Kommt Leistung vor Betriebszugehörigkeit oder danach?

o Welche Rollen der Opposition (Kritiker, Gegner, Außenseiter, Sündenbock) sind möglich, haben sich etabliert, und wie werden diese Rollen bewertet?

o Gibt es Rollenflexibilität?

o Wer erhält von wem welche Art von Unterstützung, Sanktion, Förderung, Aufmerksamkeit?

o Wer nimmt für sich welche Rechte wie in Anspruch, mit welchem Nutzen und auf wessen Kosten?

o Welche Rolle spielt dabei die Führungskraft?

o Gibt es neben der offiziellen auch eine inoffizielle Führung im Team?

Eine angemessene, offene und wertschätzende Auseinandersetzung mit diesen Fragen führt zu einer Klärung und ermöglicht Teams das Erreichen des nächsten Entwicklungsstandes:

Die dritte Phase: Vertrautheit

In dieser dritten Phase der Gruppenentwicklung erleben Menschen sehr oft das, was sie sich unter einem "Dream-Team" vorstellen. Es gibt eine gemeinsame Basis, interne Konflikte sind ausgestanden und das Arbeiten im Team ist geprägt von Verständnis, Wertschätzung und hoher Motivation. "Selbstbeschäftigung" und Befindlichkeitsanalysen haben ihre Faszination verloren und das Team fokussiert sich auf das Erreichen der gemeinsam gesteckten Ziele. In der Literatur wird dieses Stadium mit einem ausgeprägten "Wir- Gefühl" i. S. von "Gemeinsam sind wir stark!" bezeichnet.

Die Teammitglieder verstehen sich und beginnen, ihre individuellen Fähigkeiten und Unterschiedlichkeiten zu schätzen und voneinander zu profitieren. Dieser Prozess führt dann auch zur nächsten Phase.

Die vierte Phase: Differenzierung
Individuelle Fähigkeiten und Stärken werden deutlicher, ein "das kann ich besser als Du" darf gezeigt und ausgelebt werden. Experten- oder Spezialistentum wird geschätzt und nicht mehr als Bedrohung der eigenen Kompetenz oder des Gruppenzusammenhalts erlebt, wie noch in der zweiten Phase.

Die fünfte Phase: Auflösung
In dieser Phase setzt sich das Team entweder neu zusammen oder es gibt neue Themen, Aufgaben und Herausforderungen (oder die nächste Reorganisation) und der Prozess beginnt von vorne.

Soweit die Theorie. In der Praxis werden die wenigstens Arbeitsteams alle Phasen in der gleichen personellen Besetzung durchlaufen. Gerade deshalb aber sind diese Erkenntnisse aus der Frühzeit der Gruppenforschung zur Entwicklung von "Teamfähigkeit" von aktueller Bedeutung. Denn:

o Keine Phase kann vermieden oder übersprungen werden, aber jedes Team entscheidet, wie lange es sich in einem Stadium aufhalten will.
o In jeder Phase geht es um das Lernen von speziellen Aspekten der Teamfähigkeit.
o Jeder Einzelne im Team hat Einfluss, Gestaltungsmacht und Verantwortung für den gesamten Gruppenprozess.

(4) Die Bedeutung von Rollen in der Entwicklung eines Teams

Analog zu den Entwicklungsphasen entwickeln oder verändern sich die Mitglieder, reifen mit dem Team oder verhärten und verschließen sich gegen den Einfluss des Teams. Dies ist unabhängig von der Funktion und der Einzelleistung in jedem Team zu beobachten.

So kann z.B. die Assistentin in einem Team, deren Funktion die Unterstützung des Teams in administrativen Aufgaben ist, sehr verschiedene **Rollen** im Teamprozess einnehmen:

o Sie könnte eine fürsorgliche, das Team bemutternde Rolle einnehmen, indem sie dafür sorgt, dass jeder sich im Team wohl fühlt (**Erhaltungsrolle**).

o Sie könnte eine Führungsrolle im Team für ein spezifisches Thema einnehmen, indem sie z.B. Qualitätskriterien für einen Einkaufsprozess generiert (**Aufgabenrolle**).

o Sie könnte eine kritische Rolle einnehmen, wenn sie immer wieder darauf aufmerksam macht, was bei den beabsichtigten Planungen alles schief läuft (**Kritikerin**).

o Und sie könnte sich in eine **Außenseiterrolle** begeben, wenn sie z.B. nur den notwendigsten Kontakt mit den Teammitgliedern pflegt und ihre Ansichten etc. für sich behält.

o Steigerungsfähig wäre diese Rolle noch, wenn die Art und Weise ihrer Administration Probleme für das Team kreieren würde, es darüber keinen konstruktiven Austausch gäbe und man sie für verschiedene Engpässe verantwortlich machen könnte. Würde man weiterhin Kontakt darüber vermeiden, könnte sie im Lauf der Zeit die Rolle eines **Sündenbocks** besetzen.

Alle diese theoretisch denkbaren Rollen müssen kurzfristig nicht unbedingt Einfluss auf die Qualität der Einzelleistung sowie der Teamleistung haben. Über eine gewisse Dauer haben sie es auf jeden Fall. Letztendlich ist es immer die Frage danach, ob und wie lange sich ein Team ein bestimmtes Rollenverhalten leisten kann und will.

Neben den fachlichen Fähigkeiten und Kompetenzen, eine Funktion auszufüllen, verfügt jede Person über ein spezifisches Verhaltensrepertoire, das in jeder Gruppe mehr oder weniger aktiviert wird. So können manche z.B. einfach für gute Laune sorgen, oder dafür, dass alles schnell erledigt wird, oder andere dafür, dass ausreichend über wichtige Dinge diskutiert werden kann usw. Und umgekehrt wissen andere in Gruppen oft schon vorher, wer wieder für gute Stimmung sorgen wird, wer der Bedenkenträger sein wird, wer die Zusammenfassung macht und wer dafür sorgt, dass die

Agenda eingehalten wird. Es sind die Rollen im Team, die für die Leistungsfähigkeit der Gruppe sorgen. **Allgemein gilt:** Je flexibler die Rollen desto höher die Leistungs- und Innovationsfähigkeit in einem Team.

Wenn z.B. die Rolle des Moderators routiert, kann mit der Zeit jeder Be-
sprechungen moderieren, nicht nur in diesem Team, sondern auch in anderen, und die Qualität der Moderation wird, wenn gleichzeitig auch noch
Feedback geübt wird, im Laufe der Zeit zunehmen und weiterentwickelt
werden. **Und umgekehrt:** Je starrer Rollen in einer Gruppe festgeschrieben
sind, desto geringer ist die Leistungs- und Innovationsfähigkeit dieses
Teams.

Wenn, um im Beispiel zu bleiben, immer die gleiche Person die Moderation im Team übernimmt, werden sich Moderator und die Teammitglieder an
diesen Modus gewöhnen, und es besteht die Gefahr, dass sich Rollen verfes-
tigen, die über die Zeit das Team in seiner Kreativität behindern können.

Das bedeutet für den Berater, die Beraterin:
1. Erklären zu können, was Rollen im Team sind.
2. Herauszuarbeiten, welche spezifischen Rollen es in diesem Team gibt.
3. Ideen zu streuen, Anregungen anzubieten, wie Rollenwechsel, Rollentausch stattfinden und von den Teammitgliedern realisiert werden könnte.
4. Mit den daraus resultierenden Unsicherheiten umzugehen.

Ein methodisches Beispiel zur Aufdeckung von Rollenmustern[1]
Eine alltägliche Situation im Team, bei der alle beteiligt sind, dient als Gelegenheit, die üblichen Rollenmuster zu erkunden:

1. Schritt: Stellen Sie sich vor, das Team wäre eine Schiffsmannschaft – (jede
andere Metapher, die horizontal und vertikal eine Fülle von Rollen anbietet,
funktioniert genauso, z.B. Zirkus, Sportverein). Auf einem Schiff gibt es eine
Fülle von Rollen – vom Kapitän, über die Offiziersmannschaft hin zu dem
Servicepersonal, den Stewarts, dem Koch, dem Schiffspfarrer, den Musikern,

---

[1] Methode von Rainer Flacke, Alois Summerer, Edda Vanhoefer, 1992, Bad Zwi-
schenahn.

den Passagieren, manchmal sogar blinden Passagieren, den Matrosen, den Arbeitern im Heizungskeller, einem Lotsen etc.

2. Schritt: Jeder Einzelne im Team überlegt davon ausgehend, das Team sei eine Schiffsmannschaft, welche Rolle er / sie hätte. Und schreibt diese Rollenbezeichnung verdeckt auf eine Moderationskarte.

3. Schritt: Gemeinsam werden die Karten aufgedeckt und gelesen

4. Schritt: Gemeinsam wird phantasiert, was das für eine Art von Schiff ist (z.b. mit 3 Kapitänen und 4 Offizieren, aber keinen Matrosen etc.), wie fahrtüchtig es wohl ist ... und was diese Metapher über die Realität, die das Team sonst erlebt, aussagt.

5. Schritt: Jeder hat die Möglichkeit, zu erklären, was er unter seiner jeweiligen Rollenbeschreibung versteht und wie sich das in anderen Situationen zeigt. "Ich habe mich als Passagier bezeichnet, weil ich meistens hier nur zuschaue und oft das mache, was man mir sagt ..."

6. Schritt: Hier schließt sich ein ausführlicher Feedbackprozess an, ein Austausch über Selbst- und Fremdwahrnehmung mit den Zielen:

o Erkenntnisse über Gewohnheitsmuster im eigenen Verhalten zu gewinnen.

o Eventuell Variationen dazu zu generieren (Wünsche der Kollegen deuten u.U. darauf hin).

o Gewohnheitsmuster im Teamgeschehen zu identifizieren

o Alternativen zu finden und so Potenziale zu erschließen.

(5) Beraterkompetenz in den einzelnen Entwicklungsphasen

Teamberatung aus der Perspektive der Gruppendynamik gesehen verlangt vom Berater die Fähigkeit, nichts persönlich zu nehmen und gleichzeitig alles persönlich zu nehmen. Eine stimmige Balance zwischen Authentizität und professioneller Distanz erfordert in den jeweiligen Phasen der Gruppenentwicklung unterschiedliches professionelles Rollenverhalten: In der Anfangsphase braucht es echte Neugierde, die innere Erlaubnis, auch "dumme" Fragen stellen zu können (was macht ihr denn, wenn ...), Staunen und Phantasie.

In der Machtkampfphase wird auch die Macht des Beraters getestet. Mit ihm oder ihr ist am leichtesten zu kämpfen, einen externen Berater kann man einfach loswerden. Das heißt, in dieser Phase bietet sich der Berater dem Team als Modell an, an dem die Chancen und Risiken von Konfrontation und Offenheit erprobt und geübt werden können. In der Vertrautheitsphase nimmt sich der Berater besser zurück, freut sich mit und für andere, unterstützt Begegnungen, ist offen und herzlich und sich sehr bewusst, dass er nicht dazu gehört. In der Phase der Differenzierung ermutigt der Berater die Teammitglieder, Unterschiede wahrzunehmen und zu betonen, Individualität zu zeigen, Spezialist, Experte zu sein. In der Phase der Auflösung geht es um die Fähigkeit, so Abschied nehmen zu können, dass Vergangenes gewürdigt und Neues begonnen werden kann.

Diese permanente innere Übung für den Berater, sich als Person ganz auf die Menschen in einem Team einzulassen, selbst offen zu sein, sichtbar mit Gefühlen, Gedanken etc. umzugehen und gleichzeitig distanziert zu sein und unterscheiden zu können, welche der erlebten Gefühlszustände mit der Situation im Team zu tun haben und angesprochen werden könnten und welche nicht – diese Übung ist es, die diese Profession so einzigartig macht. Sie fördert freundliche Gelassenheit und eine gesunde Balance zwischen der eigenen Idealisierung und etwaigen Versagensängsten.

II Theoretische Grundlagen

4 Systemtheoretische Zugänge bei der Beratung von Teams im Kontext einer Organisation

(1) Einführung in die Systemtheorien

Nach der Frage des Gegenstandes, mit dem sich dieses Buch beschäftigt – Was ist Teamberatung? – bedarf es der Erläuterung des theoretischen Zusammenhangs, in dem wir Teamberatung verorten und erklären werden, als den wissenschaftlich fundierten Hintergrund für kompetentes, lösungsorientiertes und kreatives praktisches Handlungswissen eines Teamberaters. Unser Verständnis von Teamberatung geht über eine einseitige, pragmatische, technokratische Sichtweise hinaus, in der Teamberatung auf ein Instrumentarium von Interventionstechniken beschränkt wird, das nach dem Ursache-Wirkungsprinzip funktioniert. Ein solches lineares Kausalitätsprinzip vernachlässigt die Komplexität von Teams in Organisationen und Umwelt – es greift schlicht zu kurz. Eine professionelle, systemtheoretisch fundierte Teamberatung setzt ein ganzheitliches Verständnis derjenigen Wirkungsfaktoren in Organisationen voraus, die dazu beitragen, dass die Situation im Team so ist, wie sie ist.

Zu diesen Faktoren zählen:

o Die Organisation, in der das Team verortet ist, deren Ziele, Philosophie, Auftrag, Funktion, Werte und Leitbilder, die dort vorherrschenden mentalen Konzepte;

o die Sozialstruktur, die normative, formelle Aufbau- und Ablaufstruktur, die Rollenstruktur und die formelle wie informelle Kommunikations- und Verhaltensstruktur;

o die Technologie, die konkreten Strategien, Methoden und Prozessabläufe der Arbeit;

o die Beteiligten auf allen Ebenen, Vorstände, Betriebsräte, Geschäftsleitungen, Projekt- und Abteilungsleitungen, Stäbe, operative und administrative Einheiten;

- die Austauschbeziehungen mit relevanten Umweltakteuren (vgl. Engelhardt u.a. 1996, S. 66), Kunden, Kooperationspartner;
- Wissen über aktuelle gesellschaftliche und ökonomische Entwicklungen.

Obgleich jeder dieser Bereiche über eine gewisse Autonomie verfügt, stehen sie doch in enger Wechselwirkung zueinander. D.h. jede Veränderung auf einer Ebene zieht Veränderungen auf anderen Ebenen unweigerlich nach sich. So kann z. B. ein Team, in dem sich weder im Kompetenzbereich noch in der personellen Zusammensetzung etwas ändert, von einer potenziellen Änderung am Markt, die für die Unternehmung einen Rückgang des Geschäftes erwarten lässt, sehr direkt betroffen sein. Die Arbeitsbelastung kann zunehmen, psychischen Stress erzeugen, Existenzängste und Phantasien über mögliche unerwünschte Veränderungen auslösen und sich negativ auf die Motivation und die Arbeitsleistung auswirken.

Ein systemisches Verständnis von Teamberatung, wie wir es verfolgen, bedarf einer theoretischen Annäherung an den Systembegriff. Vorab möchten wir drei sprachverwandte Begriffe voneinander unterscheiden: "systemtheoretisch", "systemisch" und "systematisch"(Wimmer u.a. 2009, S. 10).

- Systemtheoretisch bzw. Systemtheorie ist der Begriff für den theoretischen Bezugsrahmen der soziologischen Theorien von Niklas Luhmann und der Wissenschaftsphilosophie von Mario Bunge, über die sich Funktionen, Eigenschaften und Prozesse von Systemen und deren Umwelt beschreiben und erklären lassen. Er ist hilfreich zur Beschreibung und Erklärung von Prozessen.
- Systemisches Vorgehen als konkretes Handlungswissen bezeichnet die Anwendung systemtheoretischer Kenntnisse in konkreten Beratungssituationen wie z. B. Familientherapie, Teamberatung oder Coaching.
- Systematisch meint die geordnete Aufbereitung eines Sachverhaltes, wie die Zusammenstellung von Informationen, das Führen regelmäßiger Mitarbeitergespräche oder die Planung eines Teamberatungsprozesses.

(2) Entwicklung der Systemtheorie

Ein wissenschaftliches Paradigma (eine bestimmte Art, ein Muster des Erkennens, Denkens und Handelns), das den Anspruch erhebt, Wirklichkeit in ihrer zeitlichen und räumlichen Entwicklung ganzheitlich zu betrachten, ist die Systemtheorie. Sie verdrängte im Zuge des ökologischen Risiko- und Krisenbewusstseins das analytisch, lineare, monokausale Denken in vielen Wissenschaftsbereichen, das nicht mehr ausreichte, um die aus den Wechselwirkungen entstehenden Ungewissheiten und Risiken zu erklären. Die Welt und die Ereignisse in ihr verlangten eine umfassende Perspektive, vor allem um Wirkungen einschätzen und vorhersagen zu können, z.B. ökologische, ökonomische und soziale Risiken in einer globalisierten Welt, wie Ulrich Beck sie in seinem zum Klassiker avancierten Werk "Die Risikogesellschaft" (Beck 1986) beschreibt. Die Systemtheorie hat mittlerweile ihren Siegeszug auch in Managementtheorien (ganzheitliches Management), in Organisationstheorien und in der Organisationsberatung (systemische Organisationsberatung) angetreten. Systemtheoretische Grundlagen bilden immer häufiger die Basis zur Erklärung und Beschreibung sozialer Phänomene in Wirtschaft, Gesellschaft und im sozialen Bereich.

Die Entdeckung der Systemtheorie ist jedoch nicht neu. Sie hat z.B. in der Sozialen Arbeit eine 120jährige Tradition. Vorläufer des Systembegriffs finden sich in der Philosophie der Antike. Ihre Ursprünge als neues wissenschaftliches Paradigma gehen auf zentrale Erkenntnisse in den Naturwissenschaften, insbesondere der Neuen Physik von Albert Einstein (Relativitätstheorie) sowie jenen des dänischen Physikers und Nobelpreisträgers Niels Bohr (Stabilität von Atomen) und von Werner Heisenberg (Unschärfenrelation) zurück. In den 20iger Jahren des letzten Jahrhunderts entsteht auf der Grundlage eines naturalistisch verstandenen Systembegriffs (Bertalanffy) das Konstrukt einer allgemeinen Systemlehre mit dem Anspruch auf interdisziplinäre Universalität. In Verbindung mit kybernetischen und informationstheoretischen Konzepten wird Systemtheorie als Theorie komplexer Systeme, als ein Synonym für Grundlagenforschung ausgewiesen. Für die Anwendung des Systembegriffs auf soziale Phänomene stehen in der Soziologie Talcott

Parsons und Niklas Luhmann. Luhmann nutzte die kognitionswissenschaftlichen Forschungsergebnisse von Maturana und Varela bezüglich lebendiger Systeme und generalisierte sie für die Beschreibung und Erklärung sozialer Systeme. Er entwickelte die aktuell meist diskutierte systemtheoretische Variante selbstrefrenzieller, geschlossen operierender Systeme zu einer Autopoiese der Gesellschaft.

Ein weiterer Typus von Systemtheorien ist der von Mario Bunge entwickelte, in der deutschsprachigen Fachliteratur bislang wenig rezipierte ontologisch-emergenetische Systemismus, der paradigmatisch konträr zum funktionalen Systemverständnis von Luhmann steht. Während bei Luhmann Funktionssysteme und deren Subsysteme (Organisationen) im Blickfeld der Beobachtung stehen und das Subjekt im Off der Umwelt zur Bedeutungslosigkeit verdammt scheint, steht in der ontologischen Perspektive der Mensch als selbstwissensfähiges Biosystem und als Mitglied von sozialen Systemen im Mittelpunkt. Wir werden beide systemtheoretischen Varianten vorstellen und sie auf unser Thema, die Begleitung von Lernprozessen in Organisationen, beziehen.

Allein dieser sehr kurze historische Abriss zeigt, dass es ein Missverständnis wäre anzunehmen, es gäbe *die* Systemtheorie oder *die* Definition des Systembegriffs. Denn die verschiedenen wissenschaftlichen Disziplinen haben zahlreiche interdisziplinäre systemtheoretische Ansätze hervorgebracht, die sich in ihren jeweiligen Analyseebenen und theoretischen Aussagen sehr wohl unterscheiden (vgl. Miller 2001, S. 3). Für einen historischen Abriss der Entwicklung von Systemtheorien empfehlen wir die Ausführungen von Luhmann (1984), Willke (1991), Klassen (2004), Wimmer u.a. (2009) und für die Soziale Arbeit Krieger (2010).

Zur Entwicklung einer professionellen systemischen Handlungskompetenz im Rahmen einer Teamberatung haben wir zwei systemtheoretische Zugänge ausgewählt und sie nach der jeweiligen Art des 'systemischen Denkens' unterschieden, um begriffliche Klarheit und argumentative Schlüssigkeit zu erreichen (vgl. Krieger 2010, S. 26):

o die ontologische Systemtheorie von Mario Bunge

o und die soziologische Systemtheorie von Niklas Luhmann

Diese Auswahl erscheint insbesondere deshalb interessant, weil die beiden Theorievorlagen von sehr unterschiedlichen *Wirklichkeitsannahmen* ausgehen:

o in den Fragen, was Wirklichkeit ist – eine kognitive, aus der Beobachterperspektive unterschiedene Konstruktion oder eine real existierende Welt – und

o aus welchen Objekten die jeweiligen Systeme gebildet werden – aus Kommunikation oder aus handelnden Menschen

Sie lösen im Wissenschaftsdiskurs höchst kontroverse Diskussionen aus. Angesichts systemisch konzipierter Organisationsberatung, deren Grundidee darauf beruht, soziale Systeme anzuregen, sich unter Anleitung selbstgesteuerten Lernprozessen zu unterziehen, wirkt der Streit um ein Entweder-Oder von Handlungssystemen – Systeme werden von Menschen gebildet – oder Sozialsystemen, die sich über Kommunikation reproduzieren, verwirrend.

In der praktischen Beratertätigkeit machen wir immer wieder die Erfahrung, dass beide Zugänge unverzichtbar für die Analyse, Erklärung und Begründung von lösungsorientierten Interventionen sind und dass die beiden Vorstellungen sich konstruktiv im Sinne von Professionalität ergänzen.

Warum und wie diese Theorievorlagen in ihrer Verknüpfung Beraterinnen, Prozessbegleitern und Trainern bei konkreten Handlungsproblemen und Entscheidungen nützlich sein können, möchten wir im Folgenden zeigen.

(1) Der ontologisch-emergentische Systembegriff – Der Mensch in der Gesellschaft

"Erfreue Dich des Lebens und verhilf anderen, sich des Lebens zu erfreuen"

Mario Bunge (2004)

Da Sozialisationserfahrungen Menschen in ihren Wirklichkeitsauffassungen, Menschen- und Gesellschaftsbildern prägen – so auch Wissenschaftler – und sich in der Theoriebildung niederschlagen, möchten wir kurz den biografischen Hintergrund Mario Bunges vorstellen. Bunge wurde 1919 in Buenos Aires, Argentinien geboren. Sein Interesse galt der Philosophie, das ihn zum Studium der Mathematik und Physik führte. Er publizierte zu politischen Themen, wie der sozioökonomischen Entwicklung der Weltgesellschaft, zu Problemen des Bevölkerungswachstums und der Ökologie, und engagierte sich aktiv im politischen Untergrund. Aufgrund der politischen Unruhen in Argentinien emigrierte er 1963 zuerst in die USA, später nach Kanada. In den letzten Jahren thematisierte Mario Bunge verstärkt sozialwissenschaftliche Fragen, insbesondere das Verhältnis zwischen Sozialwissenschaft und Philosophie.

In der dritten Welt geboren und mit sozialen Problemen der Ungleichheit, Unterdrückung und Armut konfrontiert, ist für Bunge die Wirklichkeit real vorhanden und man kann sie explorieren, erforschen und im Sinne einer gerechten Gesellschaft verändern.

Entsprechend ist die ontologische Grundannahme (*was es gibt, und wie es sich wandelt*) des Wirklichkeitskonzeptes von Bunge, dass die Wirklichkeit real existiert, und alles was ist, sich unabhängig davon entwickelt, ob es in unserer Erfahrung vorhanden ist, und unabhängig davon, ob die Wirklichkeit von unserem Bewusstsein wahrgenommen wird. So wissen wir, dass es Unternehmenskonzentrationen gibt, dass nach wie vor Hunger und Armut in der Welt existieren, auch wenn wir die Zustände nicht unmittelbar wahrnehmen. Die menschliche Wahrnehmung der Realität ist unvollständig und abhängig von der komplexen Gehirnstruktur des Menschen. Sie ist unvollständig, weil Wahrnehmung immer selektiv ist und Teile ausblendet, und sie ist aus Interesse geleiteten Gründen verzerrt. Modelle, Theorien und Deutungssysteme sind theoretische Interpretationen und Konstruktionen von Realität, die die Wirklichkeit aber nur annähernd und unzureichend abbilden können.

Bezogen auf unseren Fokus bedeutet diese Grundannahme, dass Menschen in Organisationen niemals die gesamte Realität wahrnehmen, sondern nur die für sie relevanten Aspekte, und nur die Ausschnitte beobachten, die für sie interessant sind, andere jedoch ausblenden. Unabhängig von der selektiven Wahrnehmung auf den verschiedenen Systemniveaus (Gesellschaft, Organisation, Teams, Individuen) entwickeln sich die Systeme weiter und bilden neue Eigenschaften heraus.

Alles, was existiert, konkret ist, ist entweder ein System oder eine Komponente eines Systems (vgl. Staub-Bernasconi 1995, S. 120). Komponenten sind physikalischer, chemischer, biologischer, psychischer, sozialer und begrifflicher Art. Im Zuge der Evolution haben Systeme und ihre Komponenten Eigenschaften ausgebildet, die im Zusammenspiel als emergent zu bezeichnen sind. Systeme als konkrete Dinge in der Welt verändern sich, einige wandeln sich schnell, andere langsam. Die Wirklichkeit – die existierende Welt – wird von bestimmten Gesetzmäßigkeiten determiniert, die sich auch erforschen lassen. Diese Annahme unterscheidet sich von mentalen Systemvorstellungen, bspw. des radikalen Konstruktivismus, der besagt, dass Bilder über die Wirklichkeit Erzeugnisse des Gehirns sind und es keine "objektive" Wirklichkeit gebe. Folglich könne die Existenz der Realität nicht empirisch überprüft werden.

Die Gesellschaft ist das Ergebnis des emergenten Prozesses der Menschheit, und Menschen sind Komponenten von sozialen Systemen, die über ein Netz von konkreten Beziehungen miteinander verknüpft sind und sich als Ganzes von anderen, von der Umwelt abgrenzen. Beispielsweise kann das Ergebnis emergenter Prozesse die Entwicklung vom Familienunternehmen zum Mittelständler, zur Aktiengesellschaft hin zum multinationalen Konzern sein.

(2) Was ist ein System im ontologischen Paradigma?

Ein System ist "Etwas", das aus einer Anzahl von Komponenten besteht (Zusammensetzung), die untereinander eine Menge von konkreten Beziehungen unterhalten (innere Struktur), die sie untereinander mehr binden als gegenüber anderen "Dingen", so dass sie sich gegenüber dem Rest der Welt als Umwelt abgrenzen (externe Struktur) (Staub-Bernasconi 1995, S. 127; Obrecht 1996; 1999; 2002; 2005).

Die Systemtheorie von Mario Bunge wird in der Literatur (Obrecht, Staub-Bernasconi, Geiser) als emergentischer Systemismus bezeichnet. Diese Begriffswahl folgt zum einen dem Systemverständnis Bunges, System und Emergenz als Einheit zu konzipieren, und zum anderen dient sie im Wissenschaftsdiskurs der Abgrenzung gegenüber anderen Systemtheorien.

Die Anzahl der existierenden Dinge in der Welt sind das Ergebnis eines prozessualen, räumlichen und zeitlich ausgedehnten Differenzierungsprozesses. Im Verlauf der Evolution haben sich aus einfachen Systemen durch Zusammenschlüsse komplexe Systeme herausgebildet, indem die einzelnen Systeme zu Komponenten von komplexen Systemen wurden. All diese Systeme unterscheiden sich voneinander durch ihre spezifischen "emergenten" Eigenschaften und Gesetzmäßigkeiten. Das Resultat dieses Prozesses sind emergente Eigenschaften der Systeme, die auf ihrer Fähigkeit zur Selbstvereinigung und zur Selbstorganisation beruhen.

Ein Beispiel: Aus der Struktur der Großfamilie vorindustrieller Gesellschaften mit ihrer Funktion zur Reproduktion und Existenzsicherung entwickelte sich im Zuge der Arbeitsteilung schließlich die Kernfamilie, ein differenzierter, mittlerweile instabiler Arbeitsmarkt, hoch differenzierte Bildungssysteme und ein soziales Sicherungssystem zur Abfederung von Daseinsrisiken. Alle Systemarten – es gibt physikalische, chemische, biologische, psychische, soziale und kulturelle Systeme – sind genetisch-historisch auseinander hervorgegangen, sie stehen als Subsysteme miteinander in Beziehung und verändern und wandeln sich. D.h. jedes System ist ein evolutionäres Glied in einer Kette von Systemen, einschließlich menschlicher Individuen, die als selbstwissens- und lernfähige Biosysteme gedacht werden (vgl. Staub-Bernasconi 1995, S. 128).

(3) Organisation und Team als soziale Systeme

"Soziale Systeme sind eigenständige Dinge mit sozialisierten menschlichen Individuen als Komponenten und sie umfassen neben diesen noch alle ihre physischen (z. B. Werkzeuge, Gebäude, ...) und symbolischen Artefakte (Texte)." (Obrecht 2002a, S. 6) Sie sind konkrete soziale Gebilde mit Menschen als lern- und selbstwissensfähigen Biosystemen (vgl. Staub-Bernasconi 1995, S. 131). Ein System wird durch die Aktivitäten und Bindungen der einzelnen Komponenten untereinander zusammengehalten. "Diese können energetischer, stofflicher, informeller oder emotionaler Art sein oder eine Kombination davon." (Geiser 2004, S. 44)

Ein Team als soziales System besteht aus Menschen, die über bestimmte fachliche und soziale Eigenschaften verfügen, die sich in einer bestimmten räumlichen Nähe (zumindest zeitweise) aufhalten, die spezifische Arbeitsmittel, Methoden einsetzen und die sich über ausgewiesene Wissensformen, Deutungen, Werte, Ziele und Regeln miteinander verständigen. "Jedes komplexe Ding oder System verfügt dabei über eigene Eigenschaften, die nur ihm, nicht aber seinen Komponenten zukommen und die im Zuge der Integration seiner Komponenten zu einem System entstanden sind." (Obrecht 2000, S. 210) Das Zusammenwirken aller Akteure und ihrer Artefakte, wie Sprache, Texte, Normen und Werte, bilden die Eigenschaft von Systemen, die als Emergenz bezeichnet wird. Jedes Team hat emergente Eigenschaften, so ist die Veränderung, die ein Team durch eine Beratung entwickelt, die Folge seiner emergenten Eigenschaften. "Emergenz (ist, Anm. d. V.) eine konkrete Folge der Interaktion der Komponente(n)." (ebd. S. 209) Systemstrukturen sind ebenfalls das Resultat von Handlungen der beteiligten Akteure eines Systems, die darüber ihre biologischen, psychischen und sozialen Bedürfnisse befriedigen. Teams als soziale Systeme bieten den räumlichen und zeitlichen

Rahmen innerhalb dessen sich menschliche Bedürfnisse bezogen auf die berufliche Tätigkeit, z. B. nach sozialer Anerkennung, Zugehörigkeit, Identität und Sinnorientierung erfüllen können. Im Umkehrschluss bildet die soziale Struktur der Organisation den Raum, innerhalb dessen die Individuen, abhängig von ihrer Position, ihre Handlungsziele wählen und erreichen können. (vgl. Obrecht 2002, S. 6)

Organisationen und deren Subsysteme haben im Gegensatz zu Menschen keine Bedürfnisse, denn sie sind als soziale Systeme nichts funktional Abstraktes (wie wir es in der Theorie Luhmanns finden werden), sondern konkrete, von Menschen gestaltete Sozialstrukturen. Die Struktur menschlicher Sozialsysteme bildet sich über Formen der

- o Interaktionsstruktur zwischen den Mitgliedern der Organisation
- o und der in sich differenzierten Positionsstruktur wie Hierarchien oder Matrixorganisationen und deren impliziten Machtpositionen.

Beide Strukturformen bedingen sich wechselseitig in der Weise, dass sie einerseits die Stabilität und das Überleben der Organisation sicherstellen, andererseits kann ihre Veränderung den Wandel der Organisation bewirken. Wer mit wem worüber in einem Unternehmen offiziell kommunizieren darf, hängt von der Position und der internen Zuschreibung ab, die Menschen auf den jeweiligen Hierarchiestufen einnehmen. Verändern oder verflachen sich im Zuge von Reorganisationsprozessen die Hierarchieebenen, z. B. in Netzwerkstrukturen, verschiebt sich auch die Interaktionsstruktur. Die Mitarbeiterinnen erhalten mehr Handlungs- und Entscheidungsspielräume und manche Führungskräfte verlieren ihre Position, weil das Referat aufgelöst wird. Strukturelle Wandlungsprozesse sind ohne Kulturveränderungen der Organisation langfristig nicht möglich, denn der Wandel muss sinnhaft begründet werden, damit alle Mitarbeiter und Mitarbeiterinnen den Prozess tragen und umsetzen. Im Unterschied zur Sozialstruktur, die konkrete menschliche Bindungen betrifft, ist Kultur alles, was Menschen in Unternehmen an gemeinsamen, verbindenden Vorstellungen, Bildern und Werten produzieren. Armin Wöhrle (2002) beschreibt Prozesse des Kulturwandels im Rahmen von Organisationsentwicklung sehr anschaulich.

(4) Eigenschaften sozialer Systeme

Soziale Systeme entstehen durch Prozesse von sozialen Interaktionen zwischen Individuen, sie beruhen auf Bindungen, die durch menschliche Bedürfnisse in Verbindung mit Selbstbewusstsein und Wissen über andere motiviert sind. Die Gesamtheit sozialer Interaktionen wird als Interaktionsstruktur beschrieben. Die Positionsstruktur manifestiert das Ergebnis der Interaktionsstruktur in Form von Rollen, Rechten und Pflichten (vgl. Geiser 2004, S. 50). Um dem System und seinen Subsystemen Stabilität zu verleihen, bedarf es leitender Wertvorstellungen mit entsprechenden Regulierungsnormen. Das können Verfahrensvorschriften oder Kompetenzregelungen sein. Der Wertekanon, die Ziele und notwendigen Normen und Standards zu ihrer Realisierung, drücken sich in den kulturellen Eigenschaften des sozialen Systems Organisation/Team aus. Die Akzeptanz der kulturellen Eigenschaften durch ihre Mitglieder ist dann gegeben, wenn sie der Befriedigung ihrer Bedürfnisse dienen, wie auch den Zielen des sozialen Systems, dessen Mitglieder sie sind. Denn je eher die Individuen die an sie gerichteten Rollenerwartungen aus den jeweiligen sozialen Positionen heraus erfüllen, desto dichter gerinnt der Zusammenhang zwischen Interaktions- und Positionsstruktur und trägt zur Stabilisierung des Systems bei.

Es gibt systeminterne als auch systemexterne Anlässe für Veränderungen in einem sozialen System. So können intern Rollenfixierungen oder nicht rollenkonforme Prozesse die Interaktions- und Positionsstruktur verändern (Teamarbeit, Matrixorganisation, interprofessionelle Arbeitsteams, Projektmanagement) (vgl. Geiser 2004, S. 50). Wandel kann durch sozioökonomische oder politische Veränderungen ausgelöst werde. Der Sparzwang der öffentlichen Haushalte seit Mitte der 1990er Jahre führte zur Modernisierung der kommunalen Verwaltungen durch das betriebswirtschaftlich ausgerichtete Neue Steuerungsmodell (vgl. Hagn et al. 2012).

Soziale Systeme als ein ökologischer und sozialer Handlungsraum, wie es Organisationen, Unternehmen und Verwaltungen sind, unterscheiden sich hinsichtlich ihrer o kulturellen Eigenschaften: gemeinsamer Wertehorizont, Sprache, kodifiziertes und zugängliches Wissen. Sie haben die Funktion der Identitätsbildung und -wahrung nach innen und außen, sie begründen die Legitimität der Organisation und sie tragen zu ihrer Verbreitung bei (Marktauftritt, Werbung, Publizität ...)

o strukturellen Eigenschaften, der funktionalen Differenzierung[2] von Rollen- und Arbeitsteilung und Hierarchie, der niveaunalen Schichtung der Güter- und Ressourcenverteilung und den daraus erwachsenden sozialen Positionen mit ihren jeweiligen Interaktions- und Karrierechancen in der Organisation. Die Differenzierungskriterien können auch nach Alter, Geschlecht, Religionszugehörigkeit, Ethnie etc. verlaufen.

(5) Menschen als wissens-und lernfähige Biosysteme

Wenn in dieser ontologischen Perspektive Individuen Komponenten von sozialen Systemen sind und sie durch ihr bedürfnisdeterminiertes, aufeinander bezogenes Handeln die erklärbaren (vgl. Obrecht 2002, S. 6, Anm. 13 und 7) Eigenschaften, Struktur, Gesetzmäßigkeiten und die Kultur der Systeme prägen, dann bedarf es einer bedürfnistheoretischen Begriffsbestimmung des Individuums.

Eine grundlegende emergente Eigenschaft des Menschen als psychobiologisches System (Zusammenspiel der biologischen, chemischen und biochemischen Subsysteme) ist das "Lebendig-Sein" (Bunge 1979). Das Gehirn (vgl. aktuelle Gehirnforschung) bildet die materielle, biologische Basis der psychischen Funktionen. Im Gehirn sind die allgemeinen biologischen, psychischen und sozialen Bedürfnisse verankert, die Individuen dazu motivieren, Bilder und Modelle über sich und ihre Umwelt zu entwerfen, und eine der Struktur des Kortex basierende Handlungssteuerung, die auf die Befriedigung ihrer Bedürfnisse ausgerichtet ist.

---

[2] Hier wird absichtsvoll die Luhmannsche Terminologie "funktionale Differenzierung" verwandt, so hat Obrecht, der entschieden Position gegen die funktionale Systemtheorie bezogen, mündlich eingestanden, dass er Luhmanns Feststellung teilt, soziale Systeme nach Funktionen zu differenzieren.

Menschen sind sozial lebende Wesen, sie sind neugierig, aktiv, beziehungs- und mitgliedschaftsorientiert, sie sind lern- und sprachfähig und sie sind fähig, ein Bild von sich selbst zu entwerfen. Obrecht bezeichnet diese Eigenschaft als selbstwissensfähig. "Diese Dispositionen verdanken sie nicht der Gesellschaft, sondern der Konstitution ihrer Nervensysteme." (Obrecht 2001, S. 62) Das Gehirn ist der Ort, in dem alle psychischen Prozesse stattfinden, seien es Empfindungen, Aufmerksamkeit, Gefühle, Erinnerung, Lernen, Wahrnehmung, Denken, Motivation, Planen und Entscheidungen. Es übernimmt die Steuerungs- und Orientierungsfunktion, die über Rückkopplungsmechanismen das Handeln eines Menschen in einer bestimmten Situation steuert. Zu unterscheiden sind drei funktionale Bereiche; die Motivation, die Kognition und das Handeln. Motivation wird erzeugt über Bedürfnisse, indem das Nervensystem ein Ungleichgewicht zwischen neuronal repräsentierten Ist- und Sollwerten registriert, z. B., dass ein biologisches Bedürfnis wie Hunger gespürt wird, oder das Bedürfnis nach Anerkennung und Zugehörigkeit. Kognition oder Erkennen bildet den Zustand des aktuellen Wissens ab (vgl. Obrecht 2005, S. 103), Selbst- und Umweltbilder zu entwerfen, zu planen und zu entscheiden. Dieser Funktion dient auch der Prozess des Lernens als die Fähigkeit des Organismus, sich in Raum und Zeit zu orientieren und Möglichkeiten zu identifizieren, Bedürfnisse kontextbezogen zu befriedigen oder zu modifizieren. In einer Prüfungssituation oder während einer Präsentation muss das Bedürfnis nach sozialer Anerkennung anders artikuliert werden als z. B. beim wöchentlichen Stammtischtreffen. Die Erfahrungen als Kombination von Wissen, Lernen und Können münden in zielorientiertem Handeln, ermöglichen individuelle Lebensplanung, Karriere aber auch Scheitern.

Fassen wir zusammen: Menschen sind sprach- und selbstwissensfähige Biosysteme, mit Bedürfnissen, die ihre innere Struktur fortlaufend über einen materiellen, energetischen und informellen Austausch mit ihrer physikalisch-biologischen, sozialen und kulturellen Umwelt aufrechterhalten (Obrecht 2002, S. 8). Durch das Gehirn (ein psychobiologisches Subsystem) sind Menschen fähig,

- o Emotionen und moralische Empfindungen zu erzeugen,
- o ihre Umwelt wahrzunehmen,
- o sich zu erinnern,
- o zu lernen,
- o zu denken,
- o Erlebtes zu bewerten, zu verknüpfen,
- o Ziele zu formulieren und
- o Motivation zu entwickeln
- o Triebe zu steuern,
- o Wissen zu produzieren,
- o Dinge zu verändern
- o und vor allem ein Bewusstsein über sich selbst zu entwerfen – ein Selbstbewusstsein zu entwickeln.

Bedürfnisse und Wunscherfüllung

Menschen haben Bedürfnisse. Bunge (1989) unterscheidet Grundbedürfnisse, die physikalisch, mental oder sozial sein können:

- o Biologische Bedürfnisse: Alles, was ein Individuum zum Überleben benötigt, saubere Luft, sauberes Wasser, Nahrung, Schutz vor Hitze und Kälte, physische Unversehrtheit und sexuelle Aktivität, Regeneration.
- o Psychische Bedürfnisse: Stimulation, Abwechslung, Ästhetik, Orientierung, Sinn, Spiritualität.
- o Soziale Bedürfnisse: Lieben und geliebt werden, anderen helfen, Zugehörigkeit und Einzigartigkeit, Autonomie und Sicherheit, soziale Anerkennung, Gerechtigkeit (vgl. dazu auch: Staub-Bernasconi 2002b; Obrecht 2002; Geiser 2004).

Bedürfnisse werden im emergentischen Systemismus als Soll-Wert definiert, im Sinne eines wünschenswerten, bevorzugten Zustandes, der, falls er nicht erreicht oder bedroht ist, im Individuum einen Spannungszustand auslöst. "Bedürfnisse sind mit anderen Worten der dynamische Ausdruck der Existenz organismischer Werte." (Obrecht 1996, S. 142)

Merkmale von Bedürfnissen

Manche Bedürfnisse sind unelastisch, sie sind zeitlich nur in sehr begrenztem Umfang aufschiebbar, wie das Bedürfnis nach Sauerstoff, Wasser und Nahrung. Andere Bedürfnisse, wie psychische und soziale, sind elastischer, jedoch auf mittlere oder längere Sicht ist ihre Befriedigung für das gesundheitliche Wohlbefinden des Menschen unerlässlich.

Man denke nur an die psychischen Folgen, unter denen Menschen leiden, die von z. B. Mobbing betroffen sind. In diesen Fällen wurden grundlegende soziale Bedürfnisse wie Anerkennung, Kontakt, Teilhabe etc. verletzt, während andere ihre "Bedürfnisse" erfüllt haben. Doch sind das wirklich Bedürfnisse, andere auszugrenzen, ihnen etwas vorzuenthalten, was vorhanden ist, und/oder sie über die Maßen zu kontrollieren? Um diese Frage zu beantworten, bedarf es einer Unterscheidung zwischen Bedürfnissen und Wünschen.

Elastische Bedürfnisse, die zu Wünschen und Begehren werden, können grenzenlos sein, wie in dem o.g. Beispiel eventuell ein übersteigertes Macht- und Kontrollbedürfnis, das auf Kosten der Bedürfnisbefriedigung anderer befriedigt wird. Obrecht unterscheidet negative, illegitime Wünsche von legitimen Wünschen. "Negative Wünsche sind Wünsche, die auf die Kontrolle von bestimmten Bedürfnissen gerichtet sind" (Obrecht 1999c, S. 51 ff., zitiert nach Klassen 2004, S. 91), die auf andere Menschen behindernd wirken. Sie sind keine Bedürfnisse, sondern bewusste Ziele in Bezug auf Bedürfnisse. "In diesem Sinne sind die Menschen fähig, Bedürfnisse und Wünsche im Lichte von sozialen Strukturen und umgekehrt, soziale Strukturen im Lichte von Bedürfnissen und Wünschen zu bewerten und entsprechende Ethiken als Systeme von Normen über ökologische, psychische, sozial und kulturell wünschbare Handlungsfolgen zu konzipieren." (Staub-Bernasconi 1995, S. 131)

(6) Bedürfnisbefriedigung und Wunscherfüllung

Jedes menschliche Handeln dient der Aufrechterhaltung des Organismus und tendiert dahin, einen Zustand zu erreichen, der die Bedürfnisbefriedigung auf Dauer sicherstellt. Das biopsychische System "Mensch" erlebt dann einen Spannungszustand, wenn der Organismus eine Abweichung seiner bevorzugten Zustände (Biowerte) feststellt. Liegt eine Abweichung vor, wie Hunger, Langeweile, Stress o.a., ist das Individuum motiviert, diesen Zustand durch zielgerichtetes Handeln zu kompensieren. Biologische, psychische, soziale und kulturelle Bedürfnisse sind aufgrund der Struktur des Organismus allen Menschen gemeinsam, unabhängig von Geschlecht, Alter, Hautfarbe, Religion und Geografie. Was zu unterscheiden ist, abgesehen von existenziellen biologischen Bedürfnissen (Nahrung, Luft, Wasser ...), ist die Verfügbarkeit bedürfnisrelevanter Güter, die Verteilungsmodi von Ressourcen, die Situationen, in denen sie erreichbar sind. Und sie sind auch abhängig von den Handlungsfähigkeiten des Individuums, vorhandene Chancen zu nutzen oder neue Möglichkeiten zu schaffen.

Fassen wir zusammen:
Bedürfnisse sind systemisch betrachtet
o von unterschiedlicher Elastizität
o Nur Menschen sind sich ihrer Bedürfnisse bewusst, da sie organisch bedingte Biowerte darstellen
o Bedürfnisse sind universell, unabhängig vom Alter, Geschlecht, Ethnie oder geografischer Verortung des Menschen
o Eine Abweichung von den Biowerten erzeugt Spannungszustände
o Handeln ist ein Mittel zur Bedürfnisbefriedigung

Wünsche sind
o strukturell und kulturell abhängige Begehrlichkeiten, die in einer Kultur – je nach Vorhandensein und Verfügbarkeit von Ressourcen einen Bedürfnisstatus annehmen können (der Besitz eines Fernsehers hat mittlerweile Bedürfnisstatus angenommen).
o Wünsche können legitim sein, wenn ihre Erfüllung andere nicht an deren Bedürfniserfüllung hindert.
o Wünsche sind illegitim wenn sie andere behindern, indem sie ihnen die Ressourcen zur Bedürfnisbefriedigung vorenthalten.

Die Befriedigung von primären Bedürfnissen ist eine Frage von Leben und Tod, die Befriedigung von sekundären Bedürfnissen eine von Wohlbefinden und Gesundheit, und die Befriedigung von legitimen Wünschen bedingt den Zustand von glücklich sein oder unglücklich sein (vgl. Bunge 1989, S. 44ff, zitiert nach Klaasen 2004, S. 130). Glücklich sein ist dann die Entscheidung, sich in dem aktuellen Zustand seiner Bedürfnisbefriedigung glücklich zu fühlen.

Aufgrund seiner biopsychischen Ausstattung lernt der Mensch im Laufe seiner Entwicklung Wissen anzuhäufen, das ihn befähigt, zielgerichtet zu handeln, um seine Bedürfnisspannungen zu reduzieren. Jede Form des Handelns besteht in der Anwendung von mehr oder weniger bewusstem Wissen. Drei Wissensformen sind zu unterscheiden:

o Erleben im Sinne von Denk- und Handlungsroutinen als nicht bewusst reflektiertes Wissen,

o Erfahrung, im Sinne von Technik, als bewusstes, jedoch nicht kritisch-systematisches Wissen und

o die Wissenschaft als selbstbewusstes und kritisch-systematisches Denken und Wissen (vgl. Klassen 2004, S. 93).

"Menschliche Individuen sind Lust-, Regel-, Erklärungs- und 'Sinnsucher' und all das suchen sie im Rahmen von sozialen Beziehungen mit anderen Menschen." (Obrecht 1996, S. 149)

Aus Sicht dieser systemischen Erkenntnis- und Bedürfnistheorie besteht menschliches Leben darin, Probleme der Bedürfnisbefriedigung und Wunscherfüllung gegenüberzustellen und zu lernen, diese innerhalb von sozialen Systemen mit anderen Menschen auszuhandeln (vgl. Staub-Bernasconi 1995, S. 131).

Menschen als soziale Wesen können ihre Bedürfnisse und Wünsche, ihr Wohlbefinden nur in einer Gesellschaft realisieren, die ihren ökonomischen und kulturellen Reichtum für alle (möglichst) gerecht verteilt.

(7) Spannungen als Auslöser für Veränderung

Folgt man dem Ansatz, dann wäre auch das Handeln von Teammitgliedern ausschließlich bedürfnismotiviert zu interpretieren und auf im System mögliche Wunscherfüllung gerichtet. Werden Bedürfnisse und Wünsche auf Kosten anderer Teammitglieder realisiert, verschieben sich horizontale Interaktionsstrukturen in vertikale. Informelle Machtstrukturen entstehen, um sich den Zugang zu künstlich verknappten Ressourcen zu sichern. Sind Teammitglieder nicht in der Lage, ihre individuellen Bedürfnisse nach Karriere, Zeiteinteilung, Anerkennung, Autonomie etc. zu befriedigen, könnte dies auf Dauer im Team zu Konflikten führen. In dieser Lesart würde das bedeuten, die Strukturregeln des Teams dahingehend zu verändern, allen Teammitgliedern die Chance zu eröffnen, ihre Bedürfnisse und Ziele bezogen auf den konkreten Arbeitszusammenhang zu befriedigen.

Ist das realistisch?

Oft werden Konflikte von Mitarbeitern und Führungskräften als belastend und unangenehm erlebt und bezogen auf die Struktur und die Arbeitsleistung als destabilisierend gewertet. Als Beraterinnen wissen wir, dass derartige Ereignisse im Unternehmen einen Anstoß für Beratung bieten können. Veränderungsbedarf und/oder Beratungsbedarf in Organisationen oder Teams kündigen sich bspw. an, wenn

o dysfunktionale Interaktionsregeln verändert werden sollen ("wir wollen einen besseren Umgang miteinander finden");

o Rollen und Positionen sich verändern ("meine Vorgesetzte hat weniger Berufserfahrung und eine kürzere Betriebszugehörigkeit als ich");

o durch interne Umstrukturierung neue Machtansprüche legitimiert und durchgesetzt werden ("ich bin von der Führungskraft zum normalen Mitarbeiter degradiert worden, mein Chef ist viel jünger als ich");

o durch Aufheben bestehender Abhängigkeiten (das Team will mehr Autonomie und Entscheidungskompetenz).

Kommentar:

Versteht man diesen Ansatz nur in seiner Bedürfnis- und Wunschdimension, ohne die systemisch-prozessuale Komponente ausreichend zu denken, kommt man leicht in die Falle, Bedürfnisbefriedigung von Einzelnen oder Gruppen als Handlungsmaxime zu nehmen. Schwierigkeiten treten dann auf, wenn "die Bedürfnistheorie zur Identifizierung konkreter sozialer Probleme und ... zur Legitimierung ihrer Lösung verwendet wird" (Obrecht 1999, S. 69). Keine Organisation kann es sich auf Dauer leisten, die Bedürfnisse von Einzelnen oder Gruppen als Maßstab für unternehmerisches Handeln zu nehmen. Das stimmt und stimmt zugleich nicht.

Nachdem heute ganze Industrien davon leben, Bedürfnisse bei uns allen zu generieren, wäre zu fragen, welche Bedürfnisse in Unternehmen, Verwaltungen und Konzernen heute befriedigt werden, und wohin das führt?

Je nach Firmenkultur entdecken Unternehmen immer mehr die Notwendigkeit, Kompetenzträger und andere wichtige Mitarbeiter mit der Erfüllung von Wünschen an sich zu binden. Damit wird das Bedürfnis nach weiteren Vergünstigungen und Statussymbolen immer mehr gesteigert. Z.B. können Mitarbeiterinnen in großen Konzernen von einem breiten Angebot zur Lebensgestaltung (Fitnessstudio, Wellness, Partner/Kontaktbörse, Tauschbörsen, Weiterbildung, Reisen etc. bis hin zur Kinderbetreuung und gemeinnütziger Betätigung – social, cultural sponsoring) Gebrauch machen.

Mitarbeiter empfinden dann leicht die Wunscherfüllung als Bedürfnisbefriedigung. Man könnte sagen, es wird als "normal" im Sinne von "ein Recht darauf zu haben" erlebt. Je mehr die Arbeitgeber Bedürfnisse befriedigen, die nicht originär im Zusammenhang mit Arbeitsleistung stehen, aber den Effekt der Mitarbeiterbindung, der Identifizierung mit der Firma haben, desto mehr gewinnen Wünsche einen Bedürfnisstatus. Wird diese sich ständig weiter drehende Spirale aus irgendwelchen Gründen angehalten oder sogar zurück geschraubt (die Getränke werden nicht mehr von der Firma finanziert, Flugmeilen von Geschäftsreisen dürfen nicht mehr privat genutzt werden usw.) kommt es zu Spannungen, und ein Wertewandel wird gefordert. Offensichtlich können hinter Bedürfnissen und Wünschen einfach Werte stehen, die je nach Situation die Richtung einer Handlung oder die Ziele für Veränderung dominieren.

Das Wort "Wertewandel" genießt schon seit längerer Zeit große Publizität. Was dabei eigentlich zur Diskussion steht, ist zum einen die Frage nach der Legitimation tief greifender struktureller und personeller Veränderungen und zum anderen die Frage nach den bleibenden Werten in unserer globalisierten Gesellschaft, unabhängig von ökonomischen, sozialen, politischen und geografischen Veränderungen. Denken wir die bedürfnistheoretische Perspektive, dann sind Werte definiert als Biowerte und für alle Menschen zu jederzeit an jedem Ort der Welt die gleichen und unveränderbar, so wie es in der Charta der Menschenrechte formuliert ist. Wünsche hingegen, als strukturell und kulturell abhängiges Begehren, können sich verändern, je nach Verfügbarkeit vorhandener Ressourcen. Wertewandel ist dann eher ein Wunschwandel, sofern es sich denn um Wünsche handelt und nicht um eine Dekonstruktion von Werten, wie sie in neoliberal geprägten Debatten zu finden ist.

(8) Soziale Kompetenzen im Team

In arbeitsfähigen, entwickelten Teams verfügen die Mitglieder (lern- und selbstwissensfähige Biosysteme) über kooperative und konfliktfähige Verhaltensweisen, um Probleme zu erkennen, zu bewerten und sie selbst zu lösen. Brändle-Ströh (2001, S. 33ff.) beschreibt diese Eigenschaften als soziale Kompetenzen. Sie beziehen sich auf die Fähigkeit, den sozialen Handlungsraum – hier das Team – zu gestalten und möglicherweise zu erweitern. Nach Geiser (2004) zählen zur Kategorie sozialer Kompetenzen:

o Handlungskompetenzen;
o situativ angemessene Artikulationsfähigkeit;
o mimische und gestische Formen der Kommunikation;
o Dauer und Häufigkeit von sozialen Interaktionen (bezogen auf die Mitglieder des eigenen Systems/Teams und Mitglieder externer Systeme innerhalb und außerhalb der Organisation);
o Eine möglichst hohe deckungsgleiche Einschätzung der subjektiven und objektiven Handlungsgrundlage;
o Erkennen der potenziellen Gestaltungsmöglichkeiten und deren Nutzung;
o Eine kognitive, emotionale und normative Analyse und Bewertung der Aufgabenstellung und/oder des Auftrags;
o Wahrnehmung vorhandener Ressourcen bei den Teammitgliedern und Wertschätzung und Anerkennung ihrer Fähigkeiten und Leistungen.

Und für die Führungskraft von Teams gilt nach Brändle-Ströh (2001, S. 37), dass sie "über rollenbezogenes, flexibel einsetzbares Handlungswissen zur Erschließung (Animation), zum Austausch (Moderation), zur Organisation und zum Einsatz (Management) von individuellen Ressourcen und über die dazugehörigen Belohnungs- und Informationsformen (Moderation, Präsentation und Promotion) verfügt".

(9) Zur Abhängigkeit von Teams

Teammitglieder können die Strukturen ihres Teams im Rahmen organisationsspezifischer Vorgaben dahingehend verändern, ihre bevorzugten Zustände für alle angemessen zu erreichen. Hingegen haben Teams nur begrenzten Einfluss auf übergeordnete Systeme, von denen sie abhängig sind. Systemisch betrachtet liegt eine abhängige Austauschbeziehung zwischen dem sozialen System Team, den Teammitgliedern als Biosystem und anderen Systemen im Unternehmen vor. Konsequenterweise müssen bei der Analyse und Bearbeitung von Problemen und Anforderungen an das Team sowohl die Struktur des Teams, die Struktur der Gesamtorganisation als auch die Ressourcen und Fähigkeiten der einzelnen Individuen im Blickfeld stehen, mit der Frage, wie ein angemessenes Passungsverhältnis bezogen auf den Arbeitsauftrag des Teams gefunden werden kann. Dabei ist zum einen die Struktur des Systems Team zu hinterfragen, welche Handlungs- und Entscheidungsspielräume für eine optimale Aufgabenbewältigung zur Verfügung stehen, ob es z.B. behindernde Interaktionsregeln und Machtstrukturen gibt, die verändert werden sollten. Zum anderen, welche Fähigkeiten und Ressourcen die Teammitglieder haben, wie diese erschlossen und aktiviert und aufgabenbezogen ausgetauscht und wie individuelle Beiträge auf der Teamebene verknüpft werden (vgl. Brändle-Ströh 2001, S. 36).

Teamberatung kann in dieser Konzeption als ein an praktischen Fragen (Problemen) orientiertes, veränderungsorientiertes, wertebegründetes professionelles Handeln verstanden werden.

Ganz allgemein formuliert: Die Aufgabe der Berater besteht darin, Interaktionsbeziehungen in Organisationen zu ermöglichen, zu unterstützen, das Repertoire dafür zu erweitern, ggf. zu verändern oder auch aufzulösen. Das setzt ein prozessual-systemisches Verständnis von Individuen, sozialen Systemen und von sozialen Beziehungen voraus. Organisationen sind in dieser Lesart das vorläufige Ergebnis einer Gesamtheit an von Menschen gestalteten und begründeten Sozialstrukturen.

Die präsentierte Bedürfnistheorie vor dem Hintergrund einer ontologischen Perspektive bietet die Chance, Beziehungen zwischen Menschen in Organisationen (besser) zu verstehen und ein Wissen über Machtstrukturen in sozialen Systemen zu gewinnen. Organisationen, Unternehmen und Verwaltungen bieten eine hohe Dichte an Machtkonstellationen an, in denen sich ein Berater bewegt.

(10) Handlungsrelevanter Nutzen für die Beratung

Zum Abschluss der Darstellung des ersten systemtheoretischen Zugangs möchten wir den Nutzen dieser ontologisch-bedürfnistheoretischen Perspektive für den Berater und die Beraterin anhand von drei handlungstheoretischen Wissensebenen aufzeigen. Was diese Theorievorlage auszeichnet, sie im hohen Maße nutzbar macht für das Professionswissen, ist die Betonung eines lernfähigen Individuums, das die Fähigkeit besitzt, motiviert über Bedürfnisse, die Umwelt absichtsvoll zu gestalten, sie zu verändern und Handeln an Werten zu orientieren. Über die Beschreibung und Bewertung von Machtstrukturen in sozialen Beziehungen (vgl. Kapitel 8) gewinnt dieser Ansatz eine hohe Attraktivität, die ihn vom funktionalen Systemverständnis deutlich unterscheidet.

Zur Beschreibung und Analyse von Teams und zur Erklärung der Ergebnisse von Teamarbeit in Organisationen eignen sich nach dem ontologisch-systemischen Paradigma folgende Fragen:

1. **In welcher Situation befinden sich die beteiligten Akteure? Über welche Ressourcen verfügen die Teammitglieder und welche fehlen für die Erledigung des Teamauftrages?**

   Welche Erfahrungen liegen vor, welche Vorstellungen existieren, über sich selbst und die Umwelt?

   Welche Handlungskompetenzen, Verfahrenswissen, soziale Kompetenzen haben sich etabliert?

   Wie ist die Anzahl der Mitglieder, Geschlechterverteilung, Alter, Gesundheit?

   Wie ist die Organisationsstruktur, Interaktionsstruktur, teamintern und mit Schnittstellenpartnern des Teams?

   Welche informellen und formellen Beziehungen gibt es, welche Bedeutung haben Status und Hierarchie?

2. **Wie ist die Struktur und Qualität der Beziehungen beschaffen? Welche Beziehungen sind hierarchisch, welche symmetrisch?**

   Wer verfügt auf welcher Ebene (im Team und außerhalb des Teams) über Ressourcen?

   Wie werden diese eingesetzt, was will wer erreichen?

   Wer verfügt über Modell- und Artikulationsmacht im Team?

   Wer verfügt über Positions- bzw. soziale Organisationsmacht?

   Wer verfügt über physische Macht Attraktivität, Körperkraft ...?

   Wie ist die Arbeitsteilung geregelt, und welche <u>Hierarchien</u> verlaufen im Team?

   Nach welchen Normen werden Entscheidungen <u>legitimiert</u> und von allen anerkannt?

   Wie werden Entscheidungen durchgesetzt und <u>kontrolliert</u>? (vgl. Geiser 2004, S. 220)

3. **Welche Wertesysteme und Standards begründen den Sinn der Organisation und des Teams?**

   An welchen Werten orientiert sich das Team? Was wird als gut bewertet, was sollte man tun, und was wird als schlecht bewertet, was darf man nicht tun?

Sind die Werte für alle Teammitglieder verbindlich?

Werden sie von allen Teammitgliedern geteilt, und korrespondieren sie mit den subjektiven Wertvorstellungen jedes einzelnen?

Sind die Werte für die Aufgabenstellung hilfreich oder eher hinderlich?

Wir verstehen Beratungshandeln als ein zielgerichtetes Einflussnehmen von Menschen (Beraterinnen) auf Menschen (Teammitglieder und beteiligte Akteure), auf Ressourcen und soziale Systeme. Welche Interventions- und Einflussmöglichkeiten dem Berater zur Veränderung zur Verfügung stehen, wird je nach Kenntnisstand der Systemtheorien sehr unterschiedlich ausfallen. Nach Luhmann ist kein direkter Einfluss auf Menschen und soziale Systeme möglich, während nach der Konzeption von Bunge externer Einfluss durchaus möglich ist, denn Systeme und ihre Komponenten besitzen emergente Eigenschaften, die sich verändern. Die Einflussmöglichkeiten der Berater richten sich auf Aktivitäten, die die Bedürfnis- und Wunscherfüllung steuern, bspw. über Gefühle, Bilder, Pläne, Verfahren, über Sprache und Kommunikation, Ideen etc.

Und in der Organisation kann das Denken und Handeln der Mitarbeiter und Mitarbeiterinnen von den Entscheidungsträgern darüber hinaus über Belohnung und Strafe, Macht, Regeln (Gesetze) und Gewalt gesteuert werden. Aus dieser Perspektive macht es Sinn, über Formen von Macht, Machtbeziehungen und Wirkungen von Macht nachzudenken. Dies werden wir in Kapitel 8 beispielhaft erläutern.

6 Niklas Luhmann: Funktionale Systemtheorie

"Wir müssen hinzu lernen: Worte wie Mensch, Seele, Person, Subjekt, Individuum sind nichts anderes als das, was sie in der Kommunikation bewirken."

Niklas Luhmann

(1) Der Nutzen einer zweiten Theorie für professionelle Teamberatung

Warum gerade diese beiden Theorien? Während die erste, ontologische, Systemtheorie von der Annahme ausgeht, dass Menschen absichtsvoll handelnd Welt gestalten und verändern können, geht die zweite, funktional ausgerichtete, Systemtheorie davon aus, dass Systeme Welt gestalten und Menschen darin "nur" als Umwelt vorkommen.

Aus ontologischer Perspektive gewinnt die Beraterin einen vertieften Blick auf die handelnden Personen, auf ihre Beziehungen, die sie untereinander haben und auf die Machtverhältnisse im Umgang mit Themen und deren gestalterischen Möglichkeiten. Die funktionale Sichtweise hilft zu erkennen, dass es in der Tiefe eines Systems von Menschen unabhängige Regeln, Dynamiken, Entscheidungs- und Sinnlogiken gibt, die das Handeln der Personen prägen und beeinflussen.

Mit diesem Wissen kann der Berater Muster erkennen und beobachten, die den Mitgliedern des Systems nicht bewusst sind, und unterscheiden, welche hilfreich und welche hinderlich für den Lernprozess sind. Denn sein Handeln wird nur dann Erfolge zeitigen, wenn es mit Bezug auf die Systemlogik stattfindet und im Wissen, dass Systeme nur begrenzt steuerbar sind. "Die Einsicht in die Möglichkeiten und Grenzen der Wirksamkeit eigener Interventionen ist einer der Vorteile, die die systemtheoretische Brille für Manager (Berater, Anm. d. V.) bereithält." (Wolf/Hilse 2009, S. 129)

Die Systemtheorie von Niklas Luhmann nimmt Abschied von dem seit der Aufklärung existierenden Glauben, dass Menschen aufgrund ihrer Vernunft eine bessere Welt gestalten können, und rückt stattdessen die Dynamik sich selbst organisierender Systeme als gestaltendes Element in den Vordergrund.

Beraterinnen können mit der soziologischen Systemtheorie einen strukturellen Blick hinsichtlich des Funktionssystems Wirtschaft, der konkreten Organisation, in der sie sich bewegen, und deren Subsysteme (Team) entwickeln. Beraterinnen erhalten die Möglichkeit, Beobachtungswissen anzuwenden, zu beschreiben, wie ein System "tickt", das heißt wie das System kommuniziert, wie es zu Regeln kommt, wie Entscheidungen entstehen und welche Informationen verstanden werden.

(2) Zur Person Niklas Luhmann

Theorien werden durch die Person und die Biografie ihrer Autoren beeinflusst, sie haben, wie Ernst Engelke es formuliert, "ihren Sitz im Leben" (Engelke 2003, S. 2). Es lohnt sich daher, einen kurzen Blick auf Luhmanns Biografie zu werfen, um zu verstehen, welcher Gegenstand im Blickpunkt seines Interesses stand und zu welchen zentralen Aussagen er kommt.

Niklas Luhmann studierte Jura in Lüneburg. Er arbeitete sechs Jahre in der öffentlichen Verwaltung als Jurist und studierte in Harvard bei Talcott Parsons Soziologie, mit dem Schwerpunkt Systemtheorie. Dann lehrte er an der Hochschule für Verwaltungswissenschaft in Speyer und erhielt 1968 eine Professur für Soziologie an der neu gegründeten Bielefelder Universität. Luhmann hatte aufgrund seiner Biografie immer ein großes Interesse an organisationssoziologischen Fragen. "Wie ist soziale Ordnung überhaupt möglich?" steht im Mittelpunkt seines Forschungsinteresses. In Abgrenzung zu Parsons, der einen struktur-funktionalen Systembegriff vertrat, dessen Fokus auf der Bedeutung von Strukturen für den Erhalt eines Systems liegt, verfolgt Luhmann die Perspektive der Funktionalität von Systemen. Nicht die Frage, was ein System zusammenhält, sondern wie ein System funktioniert steht bei ihm im Vordergrund. Gerade die Frage, wie sich Systeme bilden, was sie kennzeichnet, wie sie sich von anderen Systemen unterscheiden, welche Funktion sie übernehmen und wie sie mit anderen Systemen in Kontakt treten, enthält für unseren Kontext Teamberatung in Organisationen überaus interessante Hinweise, und zwar was die Analyse von Teams betrifft als auch die Wahl möglicher Interventionen. Es verwundert daher nicht, dass seine

Theorie in der Organisations-, Management- und Beratungsliteratur große Resonanz findet.

(3) Einführung in die soziologische Systemtheorie

"Ein durchgehender Zug ist sicher mein Versuch, Distanz zu halten gegenüber solchen Phäno-
menen, bei denen andere sich aufregen oder gewöhnlich normatives oder emotionales Engage-
ment gefragt ist. Mein Hauptziel als Wissenschaftler ist die Verbesserung der soziologischen
Beschreibung der Gesellschaft und nicht die Verbesserung der Gesellschaft."
(Niklas Luhmann 1996, S. 169)

Luhmann versteht seine Theorie der Gesellschaft als einen Beitrag zur Selbstbeschreibung der Gesellschaft. Da Gesellschaft unmöglich von außen zu beobachten und zu beschreiben ist, denn alles ist Teil der Gesellschaft, muss eine Theorie über die Gesellschaft ein Beitrag zur Selbstbeschreibung der Gesellschaft sein, "eine Beschreibung über die Gesellschaft in der Gesellschaft" (Berghaus 2003, S. 16). In der Theorie findet sich der gesamte Bereich des Sozialen wieder, von Personen, über Gruppen, Organisationen, Unternehmen, großen Funktionssystemen wie Wirtschaft, Recht, Politik, Wissenschaft etc. und schließlich die Weltgesellschaft als die Gesamtheit der sozialen Beziehungen, Prozesse, Kommunikation in der Welt, die real vorhanden sind und die möglich wären. So unterschiedlich diese Systemarten auch sind, so vergleichbar sind sie doch hinsichtlich ihrer Strukturen und Eigenschaften.

Jede Theorie lässt sich auf ein Paradigma, eine spezifische Sichtweise des Erkennens zurückführen. Luhmann steht in der Tradition der Systemtheoretiker, wie wir es schon in Kapitel 4 kurz erläutert haben. Für ihn steht fest, dass es Systeme gibt, die in einer wirklichen Welt existieren (vgl. Luhmann 1984, S. 30). Das soziale System Gesellschaft existiert ebenso wie das Funktionssystem Wirtschaft mit seinen verschiedenen Organisationssystemen und Interaktionssystemen wie Personen mit ihren Bewusstseinssystemen. Und auch die Systemtheorie ist eine Realität, weil in der Realität Systeme wirklich vorhanden sind. D.h.:

→ Es gibt eine Realität
→ In der Realität gibt es Systeme.

Luhmanns Systemtheorie korrespondiert mit konstruktivistischen Ansätzen, die davon ausgehen, dass Realität nichts Objektives ist, was außerhalb von uns existiert, sondern immer eine kognitive Konstruktion beruhend auf unserer Wahrnehmung. Wie lässt sich das mit den Realitätsaussagen vereinbaren? Für Luhmann besteht kein Zweifel an der Existenz einer Außenwelt, doch die Realitätsbilder, die Systeme produzieren, beziehen sich immer auf ihre eigene Systemlogik, und das führt zu unterschiedlichen Bildern über die Wirklichkeit. Denn Erkenntnisse sind lediglich Beobachtungen der Realität und deshalb Konstruktionen. Ein simples Beispiel dazu: Ein interdisziplinär zusammengesetztes Team steht vor einer neuen Aufgabe. Vermutlich werden die Teammitglieder entsprechend ihrer disziplinären Perspektive die Aufgabe verschieden beobachten und unterschiedliche Erwartungen und Vorstellungen darüber entwickeln, wie die Anforderungen zu bewältigen sind.

Eine weitere zentrale Annahme ist, dass alle Beschreibungen der Realität auf Unterscheidungen durch Beobachtungen beruhen. Bei der Wahl der beraterischen Interventionen geht es um die Frage, nach welchen Kriterien – also wie – Unterscheidungen im Team getroffen werden, und wie diese zu Bildern über die Wirklichkeit gerinnen. Wie beobachtet das Team die Führungskraft, und wie beobachtet die Führungskraft das Team, und zu welchen Annahmen und Urteilen kommen sie? Sind diese Bilder voneinander deckungsgleich, oder unterscheiden sie sich? Zu welchen Konsequenzen können solche Differenzen im Unternehmen führen? All das sind Fragen, mit denen sich der Berater vor allem in der Phase der Auftragsklärung konfrontiert sieht. Und natürlich schließt es die Frage ein, nach welchen Kriterien der Berater beobachtet, mit welchen Wirklichkeitsbildern er operiert.

> "Realität lässt sich nur durch Unterscheidungen erkennen und beschreiben, die nicht in der Realität liegen, sondern vom Beobachter kommen." (Berghaus 2003, S. 29)

(4) Sechs Grundbegriffe der Theorie

Wir könnten diese sehr kurze Vorstellung der Systemtheorie von Niklas Luhmann auch anders vornehmen – egal durch welche Tür man in dieses

Gedankengebäude eintritt, man findet gleichzeitig alle darin beschriebenen Phänomene vor. Denn eigentlich erklärt sich diese Theorie durch sich selbst: Sie generiert kontinuierlich quasi spinnenförmig Komplexität, ruft z.b. solche wie uns auf den Plan, die diese Komplexität zu reduzieren versuchen, um sie nutzbar zu machen. Gleichzeitig differenziert sich das System durch jede Intervention weiter aus, es gewinnt an Komplexität.

Niklas Luhmann beschreibt Systeme, in dem er eine Unterscheidung trifft zwischen technischen, biologischen, psychischen und sozialen Systemen. Soziale Systeme differenzieren sich in Interaktionssysteme (Gruppen, Teams), Organisationssysteme (Unternehmen, Institutionen, Parteien), Funktionssysteme (Wirtschaft, Politik) und Weltgesellschaft (die Gesamtheit alles Sozialen). Folgende sechs Grundannahmen führen Luhmann zu seinem Fokus auf soziale Systeme, die wir im Weiteren in ihrer Anwendbarkeit vorstellen wollen.

Moderne Gesellschaften sind charakterisiert durch:

1. **Komplexität**, das bedeutet Vielschichtigkeit im Sinne der Existenz einer Überfülle an Möglichem. Um handeln zu können, Orientierung und Sinn zu finden, muss diese Fülle bzw. Unüberschaubarkeit auf ein überschaubares Maß reduziert werden. Systeme haben die Funktion, Komplexität zu reduzieren.

2. **Kontingenz** meint die Ungewissheit, die Unbestimmtheit. Der Begriff verweist auf die Unmöglichkeit, alles zu erfassen, in Wenn-Dann Kategorien zu denken und zu handeln. Die Komplexität, die Vielfalt an Möglichem erzeugt Kontingenz.

> "Kontingent ist etwas, was weder notwendig ist noch unmöglich ist; was also so, wie es ist (war, sein wird), sein kann, aber auch anders möglich ist." (Luhmann 1984, S. 152)

Komplexität und Kontingenz bedingen einander in der Weise, dass Komplexität Kontingenz erzeugt. Je differenzierter sich die Gesellschaft im Zuge des Prozesses der Arbeitsteilung entwickelt hat, desto größer sind auch die Handlungs- und Entscheidungsmöglichkeiten für Einzelne, Gruppen und Organisationen geworden – bei gleichzeitig steigendem Risiko, die Konsequenzen der Entscheidung noch abschätzen zu können. Moderne Gesellschaften erzeugen eine unendliche Fülle an Möglichkeiten, Dinge zu tun oder zu lassen, und bei jeder Entscheidung eröffnet sich ein neues Spektrum an Möglichkeiten. Damit Gesellschaft überhaupt handlungsfähig und überlebensfähig sein kann, ist es für die Existenz der Systeme notwendig, die Komplexität, ihrer Sinnlogik folgend, zu reduzieren und somit Unterscheidungen und schließlich Entscheidungen treffen zu können. Komplexität und Kontingenz sind zentrale Begriffe in dieser Systemtheorie. Sie verweisen sowohl auf die tatsächlichen Handlungen und Entscheidungen eines Systems als auch auf die, die möglich wären.

3. **Funktionale Differenzierung** bedeutet, dass eine Gesellschaft verschiedene Teilsysteme (Funktionssysteme) wie z. B. Politik, Recht, Wissenschaft, Wirtschaft, Religion, Erziehung etc. ausbildet, die sich nach innen hin fortwährend arbeitsteilig differenzieren. Systeme fächern sich entsprechend ihrer Funktionen auf und reagieren damit auf die komplexen Umweltanforderungen. Z. B. bildet das Wirtschaftssystem immer verzweigtere Teilsysteme als Reaktion auf die Globalisierung der Märkte aus. Und diese einzelnen Bereiche wiederum differenzieren sich wieder arbeitsteilig nach innen aus. Dadurch erweisen sie sich als hochleistungsfähig und autonom. Z. B. haben sich innerhalb der Automobilbranche Einzelunternehmen wie VW, Mercedes zu komplex verzweigten internationalen Konzernen entwickelt, sind hochleistungsfähig und erweitern kontinuierlich ihre Geschäftsfelder und Produktivität durch Fusionen oder neue Produktentwicklungen. Dies führt unweigerlich zur Notwendigkeit einer inneren Differenzierung, wie z.B. den verschiedenen Länderorganisationen, der Hauptverwaltung, der verschiedenen Händlersysteme etc. Darüber erzeugen sie eine ständig wachsende Komplexität, mit der Notwendigkeit, diese ständig zu reduzieren.

4. **Kommunikation:** Auch die Art der Kommunikation hat sich im Evolutionsprozess kontinuierlich fortentwickelt. Über Sprache und Gesten, bei der die Anwesenheit der kommunizierenden Personen erforderlich ist, über Schrift, eine Form der Kommunikation, die auch die Abwesenheit der kommunizierenden Systeme erlaubt, über elektronische Medien, die unabhängig von zeitlicher, räumlicher und sozialer Be-

grenzung eine breite Masse erreicht. Die am höchsten entwickeltsten Formen der Kommunikation hinsichtlich ihrer Wirkung sind symbolisch generalisierte Kommunikationsmedien, die die funktionalen Teilsysteme der Gesellschaft ausgebildet haben. Es sind Erfolgsmedien wie Geld für das Wirtschaftssystem, Wahrheit für das Wissenschaftssystem, Recht und Unrecht für das Rechtssystem etc., die von anderen Systemen unmissverständlich als Kommunikationsangebote verstanden werden und dadurch für jedes Funktionssystem ein Höchstmaß an Anschlussfähigkeit darstellen. Aus diesem Stoff der Kommunikation entstehen Systeme.

5. **Autopoiesis und Selbstreferenzialität**: Systeme entstehen im Prozess der Ausdifferenzierung von anderen Systemen, indem sie sich auf sich selbst beziehen und sich selbst organisieren. Soziale und psychische Systeme werden von Luhmann, analog dem Autopoiesekonzept von Maturana und Varela, auf soziale Systeme transferiert als selbstreferenzielle Systeme beschrieben. Alle Zustände, die ein System annimmt, alle Operationen, die ein System durchführt (Beobachtungen, Unterscheidungen, Beschreibungen, Kommunikationen, Handlungen), sind nur durch das System selbst bestimmt, denn sie referieren nur auf das eigene System. Wenn eine Behörde neue Abteilungen und Strukturen aufbaut, wie z. B. bei der Zusammenführung von Sozialhilfe und Arbeitslosenhilfe, dann referiert diese Entscheidung immer auf die eigene Systemlogik und auf die Beobachtung der Umwelt. Das Ergebnis der ersten Umstrukturierung wird zur Grundlage der zweiten Operation – Ausbildung neuer Abteilungen – und die dritte Operation zieht die vierte nach sich usw. Systeme organisieren sich selbst. Indem sie sich selbst beobachten, generieren sie sich aus sich selbst heraus, sie reorganisieren und reproduzieren sich selbst. So werden durch interne Prozesse diejenigen Eigenschaften und Strukturen erzeugt, die dem Zweck dienen und damit für die Erhaltung des Systems notwendig sind (vgl. Miller 1999, S. 53). Das Merkmal von Systemen ist operative Geschlossenheit. Doch alle selbstreferenziellen Systeme müssen sich auch gegenüber der Umwelt öffnen, um existieren zu können. Sie besitzen bei operativer Geschlossenheit gleichzeitig eine Umweltoffenheit, über die

sie den Kontakt zur Umwelt, quasi als Energieaustausch, steuern, denn Systeme existieren nur, wie wir bereits oben beschrieben haben, weil es eine Umwelt gibt, von der sie sich unterscheiden.

"Die Theorie selbstreferenzieller Systeme behauptet, dass eine Ausdifferenzierung von Systemen nur durch Selbstreferenz zustande kommen kann, das heißt dadurch, dass die Systeme in der Konstitution ihrer Elemente und ihrer elementaren Operationen auf sich selbst (...) Bezug nehmen" (Luhmann 1984, S. 25).

Wir dürfen festhalten: Alle Aktivitäten eines Systems finden in den Grenzen und der Sinnlogik des Systems statt. Sie ziehen damit ihre jeweils spezifischen Grenzen zur Umwelt. Systeme sind also nicht autark, sondern sie operieren, indem sie sich auf die Umwelt beziehen, und damit auf sich selbst.

Nehmen wir noch einmal das Beispiel der Sozialverwaltung. Sie steht vor den Umweltanforderungen, den politischen Willen umzusetzen, ihre Dienstleistungsangebote mit denen der Arbeitsverwaltung zu koordinieren. Ihre Autonomie besteht darin, sich von anderen Verwaltungen wie der Finanzverwaltung zu unterscheiden und die Umstrukturierung nach ihrer eigener Systemlogik und ihren strukturellen Möglichkeiten und Strategien zu gestalten. Ihre Abhängigkeit besteht in der Notwendigkeit, auf diese relevanten Umwelteinflüsse reagieren zu müssen.

6. "**Sinn** ist ein Operationsmodus spezifischer Systeme, nämlich des Bewusstseins und des Gesellschaftssystems, und kommt außerhalb dieser Systeme ... nicht vor." (Luhmann 1987, S. 306) Luhmann grenzt Sinn als zentrale Kategorie zur Erfassung und Reproduktion von Komplexität auf die Sinn konstruierenden psychischen (Personen) und sozialen Systeme (z.B. Organisationen) ein. Beide kommunizieren und beobachten sich selbst und die Umwelt bezogen auf ihren jeweils spezifischen Sinn. Das meint, Systeme unterscheiden sich hinsichtlich ihrer Sinnkonstruktion – das System Wirtschaft hat den Sinn materieller Reproduktion, und Unternehmen haben den Sinn, Geld zu verdienen und wettbewerbsfähig zu bleiben, das System Politik hat den Sinn kollektiv bindende Entscheidungen herbeizuführen und eine Partei, möglichst viele Wähler zu binden.

(5) Was sind Systeme?

Die soziologische Systemtheorie unterscheidet zwischen psychischen Systemen, Menschen mit Bewusstseinssystemen, die sich über Gedanken reproduzieren, und sozialen Systeme, die sich über Kommunikation generieren. Letzte unterscheiden sich in Interaktionssysteme, Organisationssysteme, Funktionssysteme und in Weltgesellschaft. Interaktionssysteme bilden Personen, die über ein spezifisches Thema kommunizieren und körperlich anwesend sind, z. B. eine Seminargruppe, ein Team oder eine Betriebsversammlung. Die Kommunikationsmedien sind Gesten, Sprache und Schrift, und sie sind zeitlich begrenzt – wenn die Personen auseinander gehen, löst sich das Interaktionssystem auf. Organisationssysteme sind formale Organisationen, die sich durch ausgewiesene Mitgliedschaften, besondere Rollen- und Verhaltenserwartungen auszeichnen. Hier werden Entscheidungen über Sprache, Schrift und digitale Medien kommuniziert. Ihre Existenz ist zeitlich unbegrenzt und nicht an die körperliche Anwesenheit bestimmter Personen geknüpft, sondern an Handlungsmuster. Im Gegensatz zu Interaktions- und Organisationssystemen sind Funktionssysteme komplexe Einheiten, die bestimmte Probleme in der Gesellschaft bearbeiten können, für die nur sie unverwechselbar zuständig sind. So ist die Wirtschaft für materielle Reproduktion, das Rechtssystem für Sicherheit und Ordnung, das Erziehungssystem für die Bildung, die Massenmedien für Information und Unterhaltung zuständig etc. Sie kommunizieren über symbolisch generalisierte Medien wie Geld, Recht, Bildung, Macht, Wahrheit etc., die, weil generalisiert, ein Höchstmaß an kommunikativer Anschlussfähigkeit versprechen. Alles in der Gesellschaft über Kommunikation erreichbare nennt Luhmann Weltgesellschaft.

Organisation als formal organisiertes System

Teamberatung findet immer in Organisationen statt, daher ist es notwendig, wie in der Einführung angekündigt, den Begriff Organisation unter funktionaler Perspektive zu beleuchten. Was sind Organisationssysteme, wie unterscheiden sie sich von Interaktionssystemen, und welche Strukturmerkmale zeichnen sie aus?

> "Organisationen entstehen ... und reproduzieren (sich), wenn es zur Kommunikation von Entscheidungen kommt und das System auf dieser Operationsbasis operativ geschlossen wird. Alles andere – Ziele, Hierarchien, Rationalitätschancen, weisungsgebundene Mitglieder ... – ist demgegenüber sekundär und kann als Resultat der Entscheidungsoperation des Systems angesehen werden." (Luhmann 2006, S. 63)

Das heißt, Kommunikation in Organisationen ist immer Entscheidungshandeln – ob und welche Mitarbeiterinnen eingestellt werden, welche Aufgaben von welchem Team bearbeitet werden und welche Regeln gelten. Das Zentrale sind Entscheidungen, die sich personenunabhängig über arbeitsteilige Handlungsmuster vermitteln. Operativ geschlossen meint, die Organisation beobachtet ihre relevante Umwelt, indem sie sich selbst beobachtet und eine Entscheidung trifft, sich darüber nur auf sich selbst bezieht. Stellt ein Energiekonzern von Atomstrom auf erneuerbare Energien um, dann hat er durch Beobachtung der Umwelt – Klimawandel und politische Vorgaben – und der Beobachtung der eigenen Produktions- und Absatzmöglichkeiten die Entscheidung getroffen, ab jetzt Ökostrom zu liefern. Das Entscheidungshandeln von Organisationen basiert auf zwei unterschiedlichen Programmtypen: der Konditional- und der Zweckprogrammierung. Konditionalprogramme orientieren sich an der Vergangenheit und unterscheiden "zwischen Bedingungen und Konsequenzen", Zweckprogramme sind an der Zukunft "zwischen Zwecken und Mitteln" (Luhmann 2006, S. 261) ausgerichtet. Um die Kontingenzen auf ein überschaubares Maß zu reduzieren, so dass Handlungen möglich sind, wird Bezug auf vergangene Erfahrung genommen, auf das, was sich in ähnlichen Fällen bereits positiv bewährt hat. Dieses Wissen als "Wenn dann, oder nur wenn" begründet die Entscheidung im aktuellen Fall. Wenn ein Mitarbeiter seine vertraglich fixierten Arbeitsaufträge nicht erfüllt, wird er entlassen. Stellt sich jedoch eine Sache als unbestimmt, also ungewiss, dar, ist zu fragen, welche Mittel und welcher Aufwand sich lohnen, um hier eine richtige und angemessene Entscheidung treffen zu können, die dem Zweck dient. Gibt es z. B. Konflikte in einem Team, kann dies vielfältige Ursachen haben. Eine Möglichkeit, diese zu bereinigen, könnte eine Teamberatung sein oder ein Outdoortraining oder eine mahnende Anweisung "von oben". Die Wahl der Entscheidung stellt immer ein Risiko dar, weil ihr Ausgang zukunftsoffen bzw. unsicher ist.

Halten wir fest: Organisationen sind autopoietische, soziale Systeme, die in ihrem Komplexitätsgrad zwischen Interaktionssystemen und Funktionssystemen angesiedelt sind. Durch Mitgliedschaft grenzen sie sich von ihrer Umwelt ab, und sie operieren über Entscheidungen, die an Regeln (Konditionalprogramme) und an Zwecke (Zweckprogramme) gebunden sind.

Wie sich das Entscheidungshandeln auf das Wissen und Lernen in Organisationen auswirkt, soll uns im Folgenden beschäftigen, denn wie eine Organisation lernt, hat unweigerlich Konsequenzen für das Lernen im Team.

Vertrauen

Im Organisationsalltag ereignen sich immer wieder Dinge, die weder geplant noch mit denen gerechnet wurde. Solche unerwarteten Ereignisse können von außen an das System herangetragen werden, in der Wirtschaft können dies z. B. Absatzschwierigkeiten, Währungsschwankungen, im Sozialwesen gesetzliche Neuerungen oder Bedingungen und Forderungen von Kooperationspartnern sein. Sie können aber auch von innen kommen, in Gestalt von Kündigungen, Stellenabbau und internen Umstrukturierungen. Eingeschliffene Routinen werden unterbrochen, die Situation kann sich zur Krise ausweiten, Verwirrungs- und Ohnmachtsgefühle bestimmen das Erleben der Mitarbeiter und Mitarbeiterinnen. Von der Führung bzw. dem Management wird in einer solchen Situation erwartet, dass es Verantwortung übernimmt, indem es Entscheidungen trifft, die transparent in alle Unternehmensbereiche und Sachgebiete kommuniziert und verstanden werden. Gelingt das, werden die Erwartungen der Mitarbeiterinnen nicht enttäuscht, wächst neues Vertrauen, die Gefahr ist gebannt und "das Geschäft läuft wieder", gleich einem Orchester, das den Takt findet, sobald der Dirigent dirigiert. Denn, so beschreibt es Parsons: "Vertrauen fungiert als Mechanismus der Überbrückung der 'competence gap' zwischen Experten und Laien." (Parsons 1978, S. 46, zitiert nach Endress 2002, S. 21) Führung und Management haben die Aufgabe bzw. die Funktion, eine Verbindung zwischen Informationslücken und Wissensgrenzen zur Verfügung zu stellen, indem sie die ihnen zugänglichen Informationen und Daten nach wichtigen und unwichtigen unterscheiden. Wäre das nicht gewährleistet, wären die Stäbe und Teams der Informationsflut ausgeliefert, was negative Auswirkungen auf ihr Wohlbefinden, ihre Motivation und schließlich ihre Leistung hätte. Vertrauen reduziert Komplexität.

> "Wo es Vertrauen gibt, gibt es (objektiv) mehr Möglichkeiten des Erlebens und Handelns, steigt die Komplexität des sozialen Systems, also die Zahl der Möglichkeiten, die es mit seiner Struktur vereinbaren kann, weil im Vertrauen eine wirksame Form der Reduktion von Komplexität (objektiv wie subjektiv) zur Verfügung steht." (Luhmann 1989, S. 8)

Die Chancen, Risiken zu begegnen und flexibel auf Unerwartetes zu reagieren, vergrößern sich mit dem Grad des Vertrauens, das in einer Organisation existiert.

Vertrauen ist aus soziologischer Sicht die elementare Voraussetzung sozialer Prozesse und sozialer Ordnungen, denn es steuert, koordiniert und stabilisiert Handlungen und Erwartungen in der Lebens- und Arbeitswelt. Die Beziehungen zwischen Menschen, seien es persönliche, rechtliche oder Arbeitsbeziehungen, funktionieren dauerhaft nur auf der Basis von gegenseitigem Vertrauen; als Gefühl, jemandem vertrauen zu können, als Glaube an Beständigkeit und Hoffnung oder als Wissen im Unterschied zu Nichtwissen. Man stelle sich eine soziale Realität ohne die Dimension des Vertrauens vor, dann wären wir überflutet von Unsicherheiten, jede Entscheidung geränne zum potenziellen Gau – wir wären schlicht handlungsunfähig, nichts würde funktionieren.

Halten wir fest: Vertrauen dient in Organisationen der Stabilisierung von Erwartungsstrukturen – auf und zwischen allen Hierarchieebenen – und setzt damit die Grenzen und Möglichkeiten des individuellen und kollektiven Handelns der Personen (mit ihren Funktionen) fest.

Wissen und Lernen in Organisationen

In der klassischen betriebswirtschaftlichen Literatur wird Wissen als Vernetzung von Informationen verstanden, als "Resultat eines Prozesses 'der Bedeutungsanreicherung'" (Soukup 2001, S. 223, zitiert nach Wolf/Hilse 2009, S. 118). Der Wert des Wissens gilt als entscheidende Ressource für die Wettbewerbsfähigkeit eines Unternehmens. In diesem Zusammenhang ist die Bezeichnung Lernende Organisation zu deuten als Prozess, in dem neues Wissen durch Lernen generiert wird. Die systemtheoretische Perspektive erlaubt eine Erweiterung und Vertiefung des hier in aller Kürze skizzierten klassischen Verständnisses auf organisationales Lernen.

Aus systemischer Perspektive hängen Lernen und Wissen eng miteinander zusammen, sie bedingen sich gegenseitig wie zwei Seiten einer Medaille. Jedes soziale System verfügt über ein Wissen, Informationen zu filtern und zu entscheiden, ob sie wichtig oder unwichtig für sein Funktionieren sind. Wissen ist die angehäufte Erfahrung der Organisation im Umgang mit Informationen und Entscheidungen zu Problemlösungen, und es entsteht an der Grenze zwischen System (Organisation) und der Umwelt. Luhmann beschreibt es "als Resonanz struktureller Koppelungen" (Luhmann 1990, S. 122), wobei mit struktureller Koppelung die Kommunikation zwischen innen und außen zu verstehen ist. Man kann sagen, dass Wissen wie ein Wahrnehmungsmuster, ein Orientierungsrahmen zur Entscheidungshilfe ist. Mit jeder getroffenen Entscheidung erweitert sich das Wissen über Annahme und Ablehnung von Kommunikationsangeboten aus der Umwelt. D.h. auch, dass jede Entscheidungssituationen nach den bewährten, systemeigenen Grundsätzen beobachtet und bearbeitet wird. Auf diese Weise, Systemtheoretiker nennen dies selbstreferenzielle Reproduktion, sichert die Organisation ihr Überleben und unterscheidet sich von anderen Organisationen. Gleiches gilt auch für Subsysteme wie Teams. Sie verfügen über eigenes Wissen, mit dem sie sich selbst und andere beobachten und bewährte Interpretationsmuster wiederholen. Wie im oben geschilderten Fall begründet ein Team seine Entscheidungen, erst einmal abzuwarten, was geschieht, mit dem Hinweis auf die historische Erfahrung. Die neuen Informationen werden abgelehnt, weil sie mit der Systemlogik nicht kompatibel sind, sie bedrohen ihr Überleben. Und hier beginnt Lernen, immer wenn neue Informationen – z. B. die Erwartung an Kooperationsbereitschaft, Flexibilität und Führungsverhalten – nicht mehr auf der Basis bewährten Wissen verarbeitet werden können.

Ob eine Organisation oder einzelne Teilsysteme lernfähig sind, hängt davon ab, inwieweit sie bereit sind, ihr altes, bewährtes Wissen zur Problemlösung durch neue Interpretationsmuster zu ersetzen. Nicht alle Erwartungen, die ein System an die Umwelt adressiert, werden so beantwortet, wie es günstigenfalls sein sollte. Jedes System braucht "notwendigerweise auch in einem bestimmten Umfang enttäuschungsbereite Erwartungen" (Wolf/Hilse 2006, S. 124f), also ein Wissen, wie auf Unsicherheiten und Mehrdeutigkeiten reagiert werden könnte. Da sind nicht Regeln, die sich in der Vergangenheit bewährt haben – mithin Konditionalprogramme – die angemessene Grundlage für Entscheidungen, sondern dehnbare und flexible Zweckprogramme. Dann setzt der Prozess des Lernens ein, wenn relevante Informationen nicht mehr mit dem vorhandenen Wissen verarbeitet werden können und das Risiko des Versagens, also der Enttäuschungen, möglich wird. Die Aufgabe externer Beraterinnen ist dann, einen Lernprozess zu initiieren, der Enttäuschungsbereitschaft gegenüber neuen Informationen als verändertes, organisationales Wissen in die Systemlogik der Organisation transferiert. Dieser Lernprozess hat die hierarchische Architektur des Unternehmens im Blick, er basiert auf dem Wissen um die Wahrnehmungs-, Entscheidungs- und Kommunikationsmuster und ist abhängig von der Motivation der Mitarbeiterinnen und ihrer Fähigkeiten, das Gelernte in die Systemsprache zu übersetzen (vgl. Wolf/Hilse 2009, S. 127) und es in das kollektive Wissen zu überführen. Jede Organisation ist auf die Beobachtung ihrer Mitglieder (Funktionsträger, Teams, Gremien etc.) angewiesen, und es ist nicht die Summe von Erkenntnissen Einzelner, die das organisationale Wissen ausmachen, sondern die "Relationen und Verknüpfungsmuster zwischen diesen Wissenselementen" (Willke 1995, S. 291). Lernprozesse können je nach Erfahrung und Selbstverständnis einer Organisation entweder schrittweise oder innovativ, radikal erfolgen. Verwaltungen als beständige Organisationstypen bevorzugen in der Regel von oben verordnete Lernprozesse, wie z. B. Schulungen, die schrittweise entscheidungsrelevantes Wissen implementieren, mit dem Ziel, dass alle Mitarbeiter dieselben Sicht- und Handlungsweisen bei ihren Tätigkeiten anwenden. In innovativen Lernprozessen werden die vorhandenen Wahrnehmungs- und Denkmodelle bewusst reflektiert und neue ausprobiert. In Change-Prozessen z. B. wird bestätigtes Wissen und die Art und Weise bewährter Informationsverarbeitung in der Organisation in Frage gestellt und mit neuen Mustern experimentiert. Diese radikale Form des Lernens bringt Ideen hervor, die riskant sind, da ihr Ausgang unsicher und ihre Realisierung auch kostspielig für das Unternehmen sein kann. Doch ob eine Wissenstransformation gelingt, hängt davon ab, wie anschlussfähig das neue Wissen an die Logik des Systems ist.

Für die Team- und Organisationsberatung gilt, eine Balance zu finden zwischen Bestätigung und Irritation von Wissen und einem Wechsel von schrittweisem und innovativem Lernen, so dass das neue Wissen zirkulieren kann und sich als kollektives Wissen der Organisation etabliert.

Die Differenz von System und Umwelt
Luhmann betrachtet Systeme als real existierend in einer realen Welt. Systeme sind mehr als die Gesamtheit ihrer Teile. Alle Teile sind miteinander verknüpft und voneinander abhängig, und das Zusammenwirken aller Teile beeinflusst das Verhalten, die Eigenschaften und Merkmale des Ganzen.

Für das Team heißt das: Das Team existiert, die Teammitglieder existieren, ebenso die Aufgaben und Ziele, die Kompetenzen der Mitglieder, ihre räumliche Verortung im Unternehmen und die bereitgestellten Ressourcen. All diese Komponenten bilden in ihrem Zusammenwirken das Team, das sich von anderen Teams im Unternehmen unterscheidet. Systeme – wir verwenden den Begriff bis auf weiteres für psychische und soziale Systeme gemeinsam und werden ihn erst weiter unten differenzieren – konstituieren sich durch Abgrenzung zur Umwelt. Ein System ist Differenz zur Umwelt. Nur so ist ein System zu identifizieren, denn Systeme gibt es nur, weil es eine Umwelt gibt, von der sich das System unterscheidet. Die Leitdifferenz von System und Umwelt beschreibt Luhmann in Abgrenzung zum traditionellen

Systemverständnis, in dem der Blick auf das Systeminnere konzentriert ist, über die Systemgrenze:

> "Danach besteht ein differenziertes System nicht mehr einfach aus einer gewissen Zahl von Teilen und Beziehungen zwischen den Teilen; es besteht vielmehr aus einer mehr oder weniger großen Zahl von operativ verwendbaren System/Umwelt-Differenzen, die jeweils an verschiedenen Schnittstellen das Gesamtsystem als Einheit von Teilsystemen und Umwelt rekonstruieren." (Luhmann 1984, S. 22)

Folglich kann ein System sich selbst nur erkennen und von der Umwelt als solches erkannt werden in der Einheit der Differenz von System und Umwelt. Umwelt gibt es nur durch das System und "die Umwelt ist einfach 'alles andere'" (ebd., S. 249). Das Team empfindet ein Zusammengehörigkeitsgefühl (WIR-Gefühl) über die Spezifik der Aufgabenstellung, der Arbeitsweise der Teammitglieder, der Art und Weise, wie miteinander kommuniziert wird, über Rituale, Normen und Werte, über die zeitliche Dauer, seine Geschichte usw. Diese Eigenschaften können aber nur als die zu diesem Team gehörigen identifiziert werden, weil es andere Teams im Unternehmen gibt, in denen es anders abläuft. Das zeigt, dass die Analyse nicht vom System ausgeht, sondern vom Verhältnis zur Umwelt. "Alles was vorkommt, ist immer zugleich zugehörig zu einem System (oder zu mehreren Systemen) und zugehörig zur Umwelt anderer Systeme." (ebd., S. 243). Um unterscheidbar zu sein, braucht ein System Grenzen zur Umwelt. So grenzt sich das Team gegenüber dem Führungsteam, der Personalabteilung, der Entwicklungsabteilung durch seine spezifische Art des Zusammenwirkens ab. Wenn die Bestimmung eines Systems nur im Differenzverhältnis zur Umwelt möglich ist, stellt sich die Frage, welche Systeme der Umwelt relevant für die Unterscheidung sind und welche nicht. Jedes System hat seine eigene relevante Umwelt, auf das es sich operational im kommunikativen Austausch bezieht und worüber es seine Systemgrenzen definiert. Es sind solche Umweltausschnitte, die systemfunktional Sinn machen bzw. der Eigenkonstruktion des Systems entsprechen. Für ein Team sind z. B. die zuständige Führungskraft, bestimmte Projektgruppen, die mit angrenzenden Aufgaben befasst sind, die Geschäftsleitung, das Kundenverhalten und der Markt relevante Umwelten, die auf ihre Erwartungen an das Team hin beobachtet werden und auf deren Erwartungen das Team reagiert, während hingegen die Erhöhung des Milchpreises oder die Tabellenführung eines Fußballverein keine relevanten Ausschnitte darstellen – es sei denn, das Unternehmen sponsert einen bestimmten Fußballverein und das Team ist dafür zuständig.

Umwelten sind Adressaten von sozialen Systemen. An sie werden Kommunikationsangebote gerichtet und die Umwelten wiederum adressieren ihre Erwartungen an die entsprechenden Systeme.

Wir dürfen festhalten: **Umwelt ist für Systeme konstitutiv** zur Ausbildung und Erhaltung der eigenen Systemstabilität und Identität. Ohne Umwelt gäbe es keine Systeme und keine Unterscheidung, alles in der Welt wäre gleich.

Funktion von Systemen

"Die Umwelt enthält eine Vielzahl von mehr oder weniger komplexen Systemen, die sich mit dem System, für das sie Umwelt sind, in Verbindung setzen können. Denn für die Systeme in der Umwelt des Systems ist das System selbst Teil ihrer Umwelt." (Luhmann 1984, S. 249)

Und es ist anzunehmen, "dass die Umwelt immer sehr viel komplexer ist als das System selbst" (ebd.).

Das Team als ein organisiertes Interaktionssystem weist einen deutlich geringeren Komplexitätsgrad auf als z.B. die Abteilung Vertrieb, als das ganze Unternehmen, als das System Wirtschaft, als die Börse in Tokio oder der Welthandel.

Luhmann beschreibt die Funktion von Systemen als **Komplexitätsreduktion**. Komplexität ist ein Merkmal moderner Gesellschaften, in denen "viele soziale Verhältnisse nicht mehr einfach und überschaubar sind, sondern vielschichtig und verwickelt geworden sind" (Willke 2000, S. 18). Komplexität bezeichnet Vernetzung und Unüberschaubarkeit mit ihrer Überfülle an Möglichem, bspw. die Vielzahl der Anbieter auf dem Automobilmarkt, die Ausdifferenzierung des Bildungsniveaus, die Mobilität, die Verflechtungen in Wirtschaft und Politik etc. Um handeln zu können, Orientierung und Sinn zu finden, muss die Komplexität auf ein überschaubares und handhabbares Maß beschränkt werden. Schließlich kann nicht alles ausgewählt und gleichzeitig getan werden, daher sind Systeme gezwungen, Teile der Außenwelt nicht wahrzunehmen, um sich als System zu erhalten. Institutionen, moralische und religiöse Deutungsmuster, Normen und Rollen übernehmen diese Funktion der Komplexitätsreduktion, indem sie aus der Fülle potenzieller Möglichkeiten auswählen und auf diese Weise soziale Ordnung ermöglichen. So wird einen Wohlfahrtsverband die Entwicklungen der Mode- und Filmbranche wenig interessieren, hingegen die aktuellen sozialpolitischen Tendenzen schon. Nach Luhmann sind Organisationen "organisierte Komplexität", oder, wie Willke es nennt, "geordnete Komplexität", denn "[n]ur Komplexität kann Komplexität reduzieren". (Luhmann 1984, S. 49) Organisationen beziehen sich auf ihre Umwelt, indem sie ein immer höheres Emergenzniveau ausbilden. Siemens, zu Zeiten seiner Gründung auf den deutschen Markt beschränkt, ist heute ein Weltkonzern mit Niederlassungen in der ganzen Welt, mit hoher arbeitsteiliger Spezialisierung, mit einer Produktpalette, die von elektrischen Haushaltswaren bis hin zu Magnetbahnen reicht. Dieser Expansionsprozess stellt eine Anpassung an komplexe und relevante Umwelten dar, den Markt, mit dem Ziel der Gewinnerwirtschaftung. Unternehmen versuchen auf die zunehmende Komplexität der Umwelt (Konkurrenten am Markt, verändertes Kundenverhalten, Finanzmarkt) durch permanente, strukturelle Binnendifferenzierung zu reagieren.

(6) Sinn als Operationsmodus zur Komplexitätsreduktion

Sozial- und Bewusstseinssysteme konstruieren sich auf der Basis von Sinn. Der Sinn von psychischen und sozialen Systemen ist die Komplexitätsreduktion der Umwelt, um die Vielfalt auf ein überschaubares Maß zu verringern, denn wie schon oben erwähnt kann ein System nicht alle Umweltinformationen verarbeiten.

Aber in der Art, dass alle psychischen und sozialen Systeme Sinn erzeugen und daran ihre Handlungen und Entscheidungen ausrichten, darin gleichen sie sich. Eine der typischen Paradoxien, mit denen Luhmann gern arbeitet. Systeme unterscheiden sich, und sie unterscheiden sich nicht. Denn über die Kategorie Sinn (späterhin werden wir sehen auch über die Kategorien

Autopoiesis und Kommunikation) kann Verschiedenartiges als vergleichbar erfasst werden.

Sinn in diesem Kontext meint weder eine moralische oder ästhetische Kategorie noch ein gesellschaftsübergreifendes Wertesystem, wie es z. B. religiöse Institutionen beanspruchen. "Sinn ist (...) nicht etwa eine Wertqualität, die sich einer Schöpfung, (::) einem Ursprung verdankt" (Luhmann 1987, S. 44), vielmehr ist Sinn im soziologischen Verständnis als funktionale Kategorie zu sehen, als die Ziele, die Zwecke und die Funktion, die ein System verfolgt. Sinn in dieser funktionalen Bedeutung für Systeme heißt, dass alle Handlungen eines Systems nur der eigenen Sinnlogik entsprechen können, keiner anderen, sonst würde das System nicht existieren. "Ohne Sinn würde die Gesellschaft, würde jedes Sozialsystem schlicht aufhören zu existieren." (ebd. S. 587) Ein kleines Beispiel aus dem Alltagsleben mag das verdeutlichen: Der Sinnkontext eines sonntäglichen Familientreffens ist die Begegnung der Familienmitglieder und Bestätigung bekannter Gewissheiten. Spricht jemand ein Thema an, dass in der Familie tabuisiert ist, oder verletzt durch sein Verhalten bestimmte Regeln, besteht die Gefahr, dass sich das System auflöst. Eine solche Situation wurde sehr anschaulich in dem Film "Das Fest" (1988, Regie: Thomas Vinterberg, DK im Orginal: Festen) gezeigt. Ein System reproduziert sich über eine bestimmte Auswahl an Themen, über einen gewissen Zeithorizont und über die Zugehörigkeit der Mitglieder.

Sinn hat auch nichts mit richtig oder falsch zu tun, ist doch der Sinn einer Handlung auf das System und dessen Funktion bezogen. Da ein System nur die Anteile der Umwelt wahrnehmen und auf sie reagieren kann, die der eigenen **Sinnlogik** entsprechen, verursacht das System durch sein Handeln Nebenfolgen, die andere Systeme nach ihrer Sinnlogik bearbeiten müssen. Wenn es für das Unternehmen XL sinnvoll wird, aufgrund fallender Aktienkurse Mitarbeiter zu entlassen, folgt diese Entscheidung dem Sinn und Zweck des Systems. Für die Konsequenzen – etwa steigende Arbeitslosigkeit in der betroffenen Region – sind dann andere Systeme wie Arbeitsverwaltung, Soziale Arbeit, Krankenkassen und Rentenversicherungen zuständig. Wenn im Amazonasgebiet Regenwald abgeholzt wird, ist diese Entscheidung dem System (Holz-)Wirtschaft zuzuordnen und die ökologischen Folgen dem System Umweltschutz und Politik. Es geht bei jeder Entscheidung und Handlung immer nur um Systemlogik, nicht um Moral!

Über Sinndimensionen markieren Systeme ihre Grenzen nach außen, differenzieren zwischen bedeutsamen und nicht bedeutsamen Umweltereignissen, operieren mit spezifischen Kommunikationsmedien und Entscheidungsprogrammen und unterscheiden sich in der

- o zeitlichen Dimension: Zuordnung nach früher/später, Vergangenheit/Zukunft, z. B. die Dauer, über die ein Team eine bestimmte Aufgabe bearbeitet oder mit anderen Partnern kooperiert.
- o sachlichen Dimension: Unterscheidung nach innen/außen, was dazugehört, was nicht, z. B. für welche Inhalte ein Team zuständig ist, und für welche ein anderes.
- o sozialen Dimension: Unterscheidung zwischen Eigen- und Fremdperspektive (Alter, Ego), Mitgliedschaft, Nicht-Mitgliedschaft, Zugehörigkeit/Ausschluss. Z. B. welche Qualifikationen im Team gebraucht werden, wer welche Rolle übernimmt, wer dazugehört, wer draußen ist.

Schließen wir wieder an das Problem der **Komplexität** an:

> "Die Besonderheit sozialer Systeme besteht darin, dass diese sich in der Form von Sinn an Komplexität orientieren (...). Das bedeutet, dass die Differenz von Umwelt und System ausschließlich durch Sinngrenzen vermittelt wird." (Luhmann 1987, S. 265)

Die Welt ist endlos offen für immer wieder neue Sinnkonstruktionen, die von Systemen abgelehnt oder angenommen werden können. Unser Erleben ist durch eine Überfülle an Möglichem gekennzeichnet, doch wir müssen uns entscheiden, was wir auswählen, was wir uns als Option für später offenlassen oder was wir ablehnen. Um das zu bewerkstelligen, beziehen wir uns bei der Wahl des Passenden auf das, was Sinn macht. Sinn ist quasi ein Steuerungsprogramm für unser Erleben und Handeln. Gleiches gilt auch für soziale Systeme: Ein Team wird nur die Inhalte bearbeiteten, die für das Team in der jeweiligen Situation sinnvoll erscheinen, nicht die, die von einer anderen Gruppe im Unternehmen bearbeitet werden. Das heißt nicht, dass das für immer so sein wird. Wenn Veränderungen greifen und das Team sich neu organisieren muss, können möglicherweise veränderte Sinnkriterien dazu führen, vormals nicht sinnvolle Tätigkeiten später als sinnvolle zu bewerten. Sinn enthält immer zwei Seiten, einen aktuellen Sinn und einen potenziellen Sinn, die Differenz von Aktualität und Möglichkeit.

Was für ein Team heute nicht vorstellbar ist, z.B. eine Feedbackkultur einzuführen ("man kann doch nicht Meier sagen, dass er ..."), könnte nach einer Teamberatung sinnvoll erscheinen und als relevantes Wissen in die gesamte Organisation transformiert werden. Aktuell kann es für ein Unternehmen Sinn machen, ältere Mitarbeiterinnen zu entlassen, potenziell könnte es Sinn machen, ältere und erfahrene Mitarbeiterinnen einzustellen, wenn sich herausstellt, dass zu wenig jüngere, qualifizierte Fachkräfte verfügbar sind. Oder die Politik entscheidet sich auf Druck der Wirtschaft, den Fachkräftemangel durch Anwerbung ausländischer Fachkräfte abzufedern.

Wie aber entsteht Sinn? Das Sinnlose wird vom Sinnvollen unterschieden, das, was dazu gehört, von dem, was nicht dazugehört. Die wechselseitige Bedingtheit von Sinn und System dürfen wir in Anlehnung an Willke (2000, S. 48) wie folgt beschreiben: Systeme konstruieren sich über Sinn, sie erzeugen kontinuierlich Sinn, indem sie sinnhaft operieren, und werden erst durch nach außen abgrenzbare Sinnstrukturen als System existent. Ein Team kann über einen längeren Zeitraum gut funktionieren, d.h. die Teammitglieder erleben, handeln und entscheiden in einer Weise, analog den Sinnkriterien des Teams. Zur Identitätsfrage, zum Konflikt kommt es dann, wenn z. B. die vom Management eingeführten neuen Strukturen von den Mitarbeiterinnen nicht nachvollzogen werden können, weil sie für sie (erst einmal) keinen Sinn ergeben. Die Veränderungen sind verbunden mit großen Unsicherheiten, weil die Anforderungen nicht mehr mit altem, bewährtem Wissen zu bewältigen sind. Im günstigen Fall beginnt an dieser Stelle ein Lernprozess, indem das Team die Bereitschaft entwickelt, seine enttäuschten Erwartungen als Versagen des alten Wissens zu identifizieren (Wolf/Hilse 2009, S. 125). Gelingt dieser Prozess, nehmen wir an mithilfe der Beraterin, wird der Erwartungsstil des Team verändert, z. B. von einem normativ geprägtem zu einem kreativen. Dann besteht die Chance, dass nicht nur das Team sich neu formieren kann, sondern auch, dass dieses Wissen anschlussfähig für andere Teilsysteme in der Organisation wird.

Nutzen für den Teamberater, die Teamberaterin

Entsprechend der Verknüpfung von Systemtheorie und Konstruktivismus, die Luhmann vornimmt, sind Systeme real in einer wirklich existierenden Welt, aber die Bilder, die Systeme durch ihre Beobachtungen produzieren, beziehen sich immer auf ihr spezifisch eigenes Sinnsystem. Sinn ist nicht in der Welt, sondern ist immer die Perspektive, mit der ein Beobachter etwas beobachtet und beschreibt.

In der Anfangsphase von Entwicklungsprozessen kann die Beraterin die Mitglieder darin unterstützen, ihr Selbstverständnis anhand von vertrauten Kriterien zu beschreiben, die sich auf Arbeitsformen, Regeln, Werte, Deutungsmuster, Routinen, Ausschlussfaktoren etc. beziehen (siehe Praxisteil: Interviewfragen bei der Auftragsklärung und Eingangsfragen bei der Teamentwicklung). All diese Faktoren und die Präferenzordnung des Teams (was ist uns am wichtigsten, was nicht so sehr, was gar nicht) bilden im Gesamten die Identität des Teams.

Doch Beratung von Teams in Organisationen kann nur gelingen, wenn es der Beraterin gelingt, die Sinnkategorien eines Systems zu **beobachten** und zu **beschreiben**, so wie sie es aktuell für das System Sinn macht. Oder wenn es ihr gelingt, Alternativen aufzuzeigen, die an die Sinnkategorien des Systems anschlussfähig sind.

Die Beraterin reduziert die Fülle möglicher Kontingenzen, indem sie zur Bearbeitung der als problematisch betrachteten Sachverhalte eine Struktur, verbindliche Regeln und die Reihenfolge und Methodik der Themenbearbeitung vorgibt. Sie übernimmt für den Ausschnitt ihres Auftrages dafür Führung und Verantwortung.

Die Kriterien zur Komplexitäts- und Kontingenzreduktion orientieren sich zum einen an den **Sinnkriterien der Beraterin.** Sie entscheidet auf der Folie ihres Wissens, ihrer Erfahrungen, Intuition und ihres Interventionsrepertoires die Auswahl der Lösungsschritte, wie sie diese begründet und welche sie dem Team vorschlagen kann. Sie reflektiert ihre Interventionsentscheidung entlang der Differenz der Sinndimensionen ihres kognitiven Systems und des Teamsystems. Interventionsstrategien können nur dann Erfolge zeitigen, wenn sie nicht nur dem Sinnsystem der Beraterin folgen, sondern auch dem Operationsmodus des Teams entsprechen.

(7) Lassen sich Systeme steuern?

Autopoiesis und Selbstreferenzialität

Alle Aktivitäten eines Systems finden in den Grenzen und der Sinnlogik des Systems statt, und sie ziehen damit ihre jeweils spezifischen Grenzen zur Umwelt. Diese Eigenschaft von Systemen hat das Merkmal operativer Geschlossenheit, d. h. sie können Umweltinformationen nur nach eigener Sinnlogik aufnehmen und verstehen. Eine direkte Informationsverarbeitung von A zu B ist damit ausgeschlossen, A kann also nicht sicher sein, ob B auch das versteht, was A gesagt hat. B kann die Information nur in der Weise verarbeiten, wie es seiner Logik entspricht. Missverständnisse oder Kommunikationsprobleme entstehen, weil "wir (...) es mit grundlegenden systemrationalen Verarbeitungsprozessen zu tun (haben, Anm. d. V.), die unabhängig von der Umwelt vorhanden, gleichzeitig aber auf sie bezogen sind" (Miller 2001, S. 61). Folgendes Beispiel mag dieses Zitat illustrieren:

Ein Berater bespricht mit einer Führungskraft, dass sein Team mehr Anerkennung und menschliches Verständnis von ihm erwartet. Die Führungskraft hingegen definiert ihren Führungsstil über fachliches Können, Detailgenauigkeit und korrekte Abläufe. Die Ansagen des Beraters werden zwar gehört, aber nicht als bedeutsam verstanden, der Führungsstil verändert sich also nicht. Dieser Umstand ist nicht auf unprofessionelle Beratung zurückzuführen, sondern auf die unterschiedlichen Bewusstseinslogiken. Erst wenn das Team der Führung die Gefolgschaft verweigert und der Druck zunimmt, besteht eine Chance, dass sich das Verhalten der Führungskraft in Richtung mehr sozialer Kompetenzen verändert. Es ließen sich hier weitere Beispiele nennen, die auf der Ebene kultureller Unterschiede, etwa bei multinationalen Teams (Diversity), oder im Bereich von Gender liegen.

D.h. alle selbstreferenziellen Systeme (Organisation als soziale Systeme und Personen als Bewusstseinssysteme) müssen sich auch gegenüber der Umwelt öffnen, um existieren zu können. Sie besitzen eine prinzipielle Umweltoffenheit, über die sie den Kontakt zur Umwelt als Energieaustausch steuern.

Das Beispiel zeigt, dass Selbstreferenzialität autopoietischer Systeme dazu tendiert, sich den Status quo zu erhalten, aber es birgt auch die Annahme, dass Reproduktion und Systemstabilisierung durch Veränderung möglich sind (vgl. Miller 2001, S. 62). Im Bereich der Wirtschaft und der Politik sind solche Veränderungen tagtäglich zu beobachten: Unternehmen verflachen ihre Hierarchien, fusionieren mit anderen Unternehmen, Verwaltungen reorganisieren sich, bilden neue Teileinheiten aus, Parteien formulieren ihre Grundsätze neu in Anpassung an aktuelle politische Herausforderungen und Regierungen wechseln Bündnispartner je nach politischer Wetterlage. Sie alle begründen ihre Entscheidungen so, dass sie der Systemlogik entsprechen und die Reproduktion desselben sicherstellen. Die Veränderbarkeit von Systemen kann jedoch nicht von außen gesteuert werden, denn diese steuern und stabilisieren sich selbst und entwickeln sich weiter gemäß ihrer eigenen Verarbeitungslogik. Sie sind nach dem Prinzip der Autopoiesis nicht in der Lage, zielgerichtete Lernprozesse zu vollziehen, weil sie nur fähig sind, auf Differenzen zwischen ihnen und der Umwelt zu reagieren, in notorischer Kontingenz mit zeitlicher Verzögerung. Erst wenn die Bundesregierung den deutschen Unternehmen mit einer Ausbildungsabgabe droht, reagieren diese mit der Bereitstellung von mehr Ausbildungsplätzen. "Mit dem Konzept der Autopoiesis verknüpfen sich nahtlos Begriffe wie 'Selbstorganisation', 'Selbstbestimmung', 'Eigeninitiative', 'Eigenverantwortung', 'Kreativität'." (ebd.) Sie sind kompatibel mit Konzepten der Hierarchieverflachung und Netzwerkbildung, und zwar indem relativ autonome Teileinheiten geschaffen werden, die ihre Aufgaben eigenverantwortlich regeln, wie z. B. Lean-Management, Teamarbeit, Dezentralisierung etc.

An dieser Stelle rücken folgende Fragen ins Blickfeld: Wie aber lassen sich Systeme steuern, und wie kann ein Berater ein Team steuern, wenn doch

Steuerung von außen nicht möglich ist? Indem er die Selbststeuerung des Systems anregt und darüber Möglichkeiten der Selbstreflexivität des Teams erweitert, so dass es sich auf einem höheren emergenten Niveau stabilisieren kann, ohne seine Identität zu verlieren. Diese Qualitäten erreicht ein Berater durch die "Kunst der genauen Beobachtung" (Willke 1999, S. 12f).

(8) Kommunikation und Beobachtung: Zwei Möglichkeiten des Umgangs mit Unsicherheiten

Kommunikation

Die operative Geschlossenheit eines autopoietischen Systems bezieht sich nur auf die grundlegende Zirkularität der Selbststeuerung der eigenen Reproduktion. Jedoch sind Systeme bezüglich der Aufnahme von Energie und Informationen (Verarbeitung von bedeutsamen Differenzen) notwendigerweise offen. (vgl. Willke 2000, S. 59) Jedes System spielt nur seine eigene Melodie und kann nur seine eigene Musik hören – wenn es Jazz spielt, kann es nicht Klassik hören. Wie treten nun Systeme in Kontakt mit der Umwelt, wenn ein gleichzeitiges Sich-Verstehen von verschiedenen Systemen erst einmal ausgeschlossen werden kann? Die verschiedenen Melodien müssen codiert werden, damit Kommunikation entsteht. Es kann passieren, dass der Berater dem Team Lösungen anbietet, die er aufgrund seiner Selbstreferenzialität (Wirklichkeitskonstruktion) für geeignet hält, dass das Team aber mit Widerständen reagiert, weil es nicht hören kann, was der Berater meint, denn dessen Informationen sind nicht anschlussfähig für das System Team. Wenn der Berater sich jedoch in die Beobachterrolle begibt und dem Team seine Beobachtungen spiegelt und seine Lösungsvorschläge zurückhält, besteht die Chance, dass das Team seine Informationen als Mitteilung erkennt, versteht und als Kommunikationsangebot annehmen kann und dadurch sich selbst in die Lage versetzt, eine weitere Selbstreproduktion des Systems zu ermöglichen. "Die Wirklichkeit wird also nicht durch eine allgemeine Logik, sondern durch ... systemimmanente Logiken bestimmt." (Miller 1999, S. 54) Jedes System, unabhängig von seinem Komplexitätsniveau, bildet spezifische Semantiken aus, die die eigenen Operationen bezeichnen wie auch eine Unterscheidung zu anderen Systemsemantiken treffen. Jedes spricht seine eigene Sprache, verwendet die gleichen Symbole, teilt gleiche Wertvorstellungen, kurz gesagt "man versteht sich". Deutlich wurde das beispielsweise nach dem Fall der Mauer, als die Auflösung der DDR bevorstand. Es wurden westdeutsche Experten zu Rate gezogen, volkseigene Betriebe und Kollektive darin zu unterstützen, sich für den westlichen Markt fit zu machen. Ein mühsamer Beratungsprozess, nicht nur, dass die Auflösung der meisten Betriebe bevorstand und Arbeitslosigkeit drohte, auch die Kommunikation gestaltete sich höchst schwierig, denn viele westdeutsche Wortbedeutungen unterschieden sich deutlich vom ostdeutschen Verständnis und umgekehrt. Die semantische Codierung und die Kontextsignale waren für die "Wessi"-Berater (die sicher mit den besten Absichten ihre Arbeit taten) kaum verständlich, da ihnen die Logik des politischen Systems fremd war. Zudem stießen sie nicht selten auf Unverständnis bei den "Ossi"-Teilnehmern, die sich gegen die feindliche Übernahme und damit die Auflösung ihres Systems wehrten. Ein Berater, der in eine Organisation kommt, muss diese semantischen Codes und die Kontextsignale verstehen lernen, will er vom System verstanden werden. Offen bleibt, wie Kommunikation und Verstehen von unterschiedlichen selbstreferenziellen Systemen (psychischen und sozialen) überhaupt möglich ist. Eigentlich ist sie gar nicht möglich. Denn, so Luhmann:

o Kommunikation ist unwahrscheinlich,

o es ist unwahrscheinlich, dass einer überhaupt versteht, was der andere meint,

o es ist unwahrscheinlich, dass eine Kommunikation mehr Personen erreicht, als in einer konkreten Situation anwesend sind

o und selbst wenn die Kommunikation verstanden wird, ist noch nicht gesichert, dass sie angenommen wird, sprich: dass sie erfolgreich ist. (vgl. Luhmann 2001, S. 78f)

Doch soziale Systeme bestehen aus Kommunikation, sie ist die notwendige Voraussetzung für ihre Existenz. "Ohne Kommunikation gibt es keine menschlichen Beziehungen, ja kein menschliches Leben." (ebd. S. 76) Wir können das fortwährend im Alltag beobachten; die Kommunikation läuft, auf Kommunikation folgt Kommunikation. Jede Kommunikation zwischen Menschen, Teams, Unternehmen, Parteien, Nationen setzt ein wechselseitiges Verstehen voraus. Eine Information ist erst dann für ein System relevant, wenn es auf der Basis seiner Selbstreferenzialität (Willke nennt es die Tiefenstruktur der Selbststeuerung) entscheidet, ob eine Information wichtig ist oder nicht. Ist sie bedeutsam, wird sie als Mitteilung gedeutet und verstanden. Erst durch das Erfassen der Differenz von Information und Mitteilung entsteht Verstehen und nur, wenn das System die Mitteilung verstanden hat, kann die Kommunikation fortgesetzt werden. Ein Team, gebunden an seine innere Operationsweise, entwickelt spezifische Präferenz- und Selektionskriterien, nach denen es kommuniziert und Entscheidungen trifft. Ob es dabei von anderen verstanden wird, stellt ein permanentes Risiko für das System dar. Folglich müssen Systeme ihre Kommunikationsangebote so gestalten, dass ein möglichst breites Verstehen erzeugt wird, denn vom Erfolg der Kommunikation hängt die Fortsetzung der Kommunikation ab und davon wiederum die Existenz des Systems. Wenn Ehepartner sich nicht mehr verstehen, also nicht mehr erfolgreich miteinander kommunizieren, dann ist das soziale System Liebe bedroht. Da soziale Systeme sich über Kommunikation reproduzieren, nach innen und nach außen, bedeutet ihr Wegfall das Ende eines Systems, im obigen Beispiel die Trennung oder Scheidung. Wenn ein Unternehmen Informationen nach der Präferenz "Traditionserhalt" unterscheidet, besteht die Gefahr, dass es an Wettbewerbsfähigkeit verliert und vom Markt verschwindet oder von anderen Unternehmen der Branche aufgekauft wird. Miller (2001, S. 62) zeigt dies anschaulich am Beispiel eines Teams: Ein Team besteht aus unterschiedlichen Rollenträgern, z. B. von Leistungsrollen, sozialen Rollen und kreativen Rollen. Nehmen wir an, ein Team hat seine Arbeit primär auf Leistung ausgerichtet, dann ist anzunehmen, dass der Präferenzcode des Teams im Sinne der Selbsterzeugung "Leistung" ist. Die Bewertung eines neuen Bewerbers wird sich aller Wahrscheinlichkeit nach an diesem Wert orientieren, denn darüber reproduziert sich dieses System Team. Doch es könnte auch anders sein, denn Wirklichkeit ist kontingent. So bleibt es offen, ob das Team sich gezielt für einen sozialen oder kreativen Rollenträger entscheidet.

Beobachtung

Professionelle Beratung bezieht sich vor allem auf die Kunst des Beobachtens, darauf, die latenten Strukturen, Kommunikationsmuster und Regeln in Teams, die dem ersten Blick verborgen bleiben, zu erkennen. "Beobachtung ist die Feststellung eines bedeutsamen Unterschiedes" (Willke 1999, S. 12), der im Hinblick auf Veränderungen in Systemen bedeutsame Unterschiede bewirkt. **Professionelles Beobachten** verlangt von der Beraterin zwei Fähigkeiten:

o Überhaupt Unterschiede feststellen zu können

o und aus diesen Unterschieden Bedeutungen abzuleiten, die einen Unterschied machen "a difference, that makes a difference"

Ein Team lässt sich z.B. durch Fragetechniken beobachten. Die gewonnenen Antworten bieten Informationen, die kombiniert zu einer Hypothesenbildung führen, wie die sichtbaren Handlungen und Entscheidungen vor dem Hintergrund der spezifischen Operationslogik des Teams zu verstehen sind, und was sie für die Identität des Systems bedeuten.

Was ist Beobachtung in der Theorie selbstreferenzieller System? Beobachten lässt sich nach Luhmann definieren als unterscheidendes Bezeichnen, über das sich ein System steuert und reproduziert. Die Operation des Beobachtens ist immer selbstreferenziell fundiert, sie bezieht sich immer auf das System, das beobachtet, nicht auf den Gegenstand, der beobachtet wird. "Man kann sie als Systeme nur beobachten und beschreiben, wenn man dem Umstand Rechnung trägt, dass sie mit jeder Operation sich auch auf sich selbst beziehen." (Luhmann 1987, S. 593)

Jede Selbstbeobachtung und Selbstbeschreibung folgt der Leitdifferenz System/Umwelt (innen außen). "Die Umwelt ist für das System der Gesamthorizont seiner fremdreferenziellen Informationsverarbeitung." (Luhmann 1990, S. 51) Jemand, der sich für Sport interessiert, wird vielleicht die Beobachtung des Fernsehprogramms an der Differenz Sportsendung/Nicht-Sportsendung ausrichten. Vermutlich fallen damit andere zur Auswahl stehenden Sendungen – Drama, Talkshow oder Musikstadl – nicht in seine relevante Umweltbeobachtung. Oder, um auf unseren Realitätsausschnitt zu referieren: Das Team A beobachtet sich in Abgrenzung zum Team B in der Organisation, indem es sich in Bezug auf das andere Team selbst beobachtet: "Wir sind das Team A, wir sind hoch motiviert, leistungsstark und arbeiten kreativer als die anderen." Und das börsennotierte Unternehmen XL beobachtet sich im Unterschied zur Konkurrenz über seine Bilanzen und Geschäftsberichte; es beobachtet sich nicht über die Differenz zum Tabellenführer der Ersten Bundesliga.

Ein System kann nur das sehen und beobachten, was es sehen und beobachten kann. Es kann nicht sehen, was es nicht sehen kann, und es kann nicht sehen, dass es nicht sehen kann, was es nicht sehen kann (vgl. ebd., S. 52), und es kann nur das unterscheiden, was sich ihm als Umwelt präsentiert, alles andere bleibt hinter dem Horizont verborgen: Z. B. wird man, wenn man über eine Wiese geht und sehr viele Kräuter und Grasarten kennt, diese im Einzelnen sehen – also Spitz- und Breitwegerich, Sauerampfer, Hahnenfuß etc. wahrnehmen. Ist die Sortenvielfalt unbekannt, geht man einfach über eine grüne Wiese und erfreut sich an der Natur. Zum einen verschließt sich das System gegenüber der Umwelt (operative Geschlossenheit selbstreferenzieller Systeme), zum anderen öffnet es sich über Beobachtung gegenüber der Umwelt. Wir dürfen sagen, Systeme beobachten sich selbst im Spiegel ihrer Umwelt, denn die Umwelt ist konstitutiv für Systeme. Sie sind fähig, sich selbst zu beobachten, andere zu beobachten, wie diese sie beobachten, und sie sind in der Lage zu erkennen, dass ihre Beobachtung strukturell beschränkt ist. Diese Begrenzung kann das System reflektieren, im Sinne von Lernprozessen. Doch immer bleiben Bereiche ausgespart, für die das System blind ist. Das sind die **blinden Flecken.** Je komplexer Systeme sind, je höher ist ihre Fähigkeit entwickelt, diese Wahrnehmungsbeschränkungen aufzuspüren, und mit der Entlarvung eines blinden Flecks entsteht sogleich ein neuer. Die Jagd nach dem blinden Fleck gleicht dem Wettlauf von Hase und Igel, der Igel (blinder Fleck) ist immer schon da. Organisationen wie Verwaltungen, Verbände, Unternehmen etc. verfügen über institutionalisierte Reflexionsformen, die die Funktion haben, das System auf blinde Flecken seiner Umweltbeobachtung aufmerksam zu machen, z. B. Supervision, Coaching, Klausurtagungen, Workshops, Teamentwicklungen etc. Auch komplexe

Funktionssysteme weisen blinde Flecken auf, so aktuell zu beobachten in der bundesdeutschen Politik, die bis vor kurzem auf dem rechten Auge blind schien. Trotz mehrfacher Hinweise der Sicherheitsbehörden, dass es eine nationalsozialistische, aktive Untergrundbewegung gebe, hatte diese Information keinen bedeutsamen Realitätswert, der die Entscheidungen des Politik- und Rechtssystems maßgeblich beeinflussen konnte. Erst durch die Aufdeckung der Serienmorde von Rechtsradikalen fanden die Informationen Resonanz in den Systemen. Heute hingegen markieren sie einen bedeutsamen Unterschied und bewirken auf der Basis kritischer Selbstreflexion andere Handlungen und Entscheidungen, referiert das System Politik auf Sicherheit und das System Recht auf Legitimität.

An diesem Beispiel und an vielen anderen, die täglich zu beobachten sind, wird deutlich, wie schwer es Systemen fällt, trotz "besserer Erkenntnis" (Luhmann 1990, S. 59) auf Gefahren zu reagieren. Eine Erklärung findet sich in den Eigenschaften komplexer Systeme:

1. Sie sind in ihrer Beobachtung selbstreferenziell begrenzt,
2. sie verhalten sich aus Sicht des Beobachters träge,
3. sie reagieren zeitverzögert
4. und können nur solche Entscheidungen treffen, die ihrer Funktionslogik entsprechen.

Die Umwelt vermag zu sehen, was die Systeme selbst nicht sehen können, und beurteilen, welche Entscheidungen der Systeme z. B. ökologische, ökonomische oder soziale Gefahren verursachen. Aber all das sind Diagnosen von außen, die keineswegs mit dem Selbstverständnis des beobachteten Systems kompatibel sein müssen.

Für die systemische Beobachtung als Instrument zur Erschließung von Wirklichkeiten sind vier Beobachtungsdimensionen zu unterscheiden:

1. **Die Logik der Beobachtung** folgt der Logik des beobachtenden Systems. Das Team beobachtet den Berater auf der Basis seiner selbstreferenziellen Möglichkeiten, und der Berater wiederum beobachtet das Team vor dem

Hintergrund seiner kognitiven Struktur. Es ist jeweils der Beobachter, der über die Art und Weise, wie er beobachtet, festlegt, was er beobachtet, was für ihn einen bedeutsamen Unterschied macht. So kann es für das Team keinen Unterschied machen, ob Differenzen offen gelegt werden, aus der Perspektive des Beraters jedoch macht es einen ganz wesentlichen Unterschied.

2. **Der "Gegenstand" der Beobachtung** ist für den Beobachter nur dann eine beobachtbare Einheit, wenn er ihn formulieren kann. Wenn etwas in der Logik des Systems nicht vorkommt, kann es nicht beobachtet und beschrieben werden. Ein systemisch arbeitender Berater wird das Team nach anderen Differenzkriterien beschreiben als ein psychoanalytisch orientierter Berater. Je nach Perspektive entstehen unterschiedliche Realitäten eines Systems, und die Frage ist nicht, ob sie richtig oder falsch sind, sondern ob sie im Sinne professioneller Teamentwicklung brauchbar sind und auf das Team so anregend und irritierend wirken, dass ein Lernprozess stattfindet.

3. **Die Referenz der Beobachtung** ist das selbstreferenzielle System des Beobachters, nicht der beobachtbare Gegenstand. Denn die Kriterien, die der Berater zur Beschreibung von Unterschieden wählt, die er als zentral bewertet und kombiniert, sind abhängig vom Operationsmodus seines Systems. Er kann dem Team seine Beobachtungen zur Verfügung stellen und darüber Reflexions- und Selbststeuerungsprozesse anregen.

4. **Die Beobachtung der Beobachtung (Beobachtung zweiter Ordnung)** bezeichnet den komplizierten Prozess, in dem der Berater beobachtet, wie ihn die Führungskraft und die Teammitglieder beobachten, während er die Beobachtung beobachtet, um Informationen für die Beschreibung des Teams zu gewinnen. "Und wie kann ein Beobachter wissen, was er beobachtet? Indem er beobachtet, wie er beobachtet." (Willke 1999, S. 33)

Beobachtung und Beschreiben stellen demnach eine Grundvoraussetzung professioneller Beratung dar und verlangen dabei gleichzeitig fortwährende, sorgfältige Selbstbeobachtung. Man könnte sagen, die Beraterin ist Expertin in eigener Sache. (vgl. Sagebiel, 1994)

Eine beraterische **Grundhaltung** ist **Respekt vor der Eigenlogik** von Systemen (Personen, Teams, Sachgebieten, Organisationen), Respekt vor der Vielfalt von möglichen Identitäten. Dazu gehört

o sich auf das System einlassen, seine Bewegungen aufgreifen, mit dem System tanzen, wie Graf und Fischer (1998) es formulieren, bzw. die "Autorität der Kontingenz" anzuerkennen, sich immer vorzustellen, es ginge auch anderes (Willke 2001, 153).

o sich nicht als Experte mit der besseren Erkenntnis zu verstehen, "der glaubt zu sehen, wo es langgehen soll" (Luhmann 1999, S. 61), der die Lösungen bereits in der Tasche hat. Sondern eher die Haltung eines neugierigen Entdeckers einzunehmen, der dem Nicht-Verstehen als eine Form des Verstehens auf die Spur kommen will, der Fragen stellt, um Zugang zum System zu gewinnen und auf Antworten von Fragen verzichtet, die nicht gestellt sind.

o sich auf die Unwägbarkeiten und Risiken komplexer Systeme einzulassen, auf Überraschungen gefasst zu sein und vertrauensvoll über die Selbststeuerungs- und Problemlösungsfähigkeiten des System staunen zu können, im Wissen, dass Veränderungen in lebenden Systemen nur über das System selbst geleistet werden können.

o sich selbst nicht so wichtig zu nehmen und über sich lachen zu können. Humor als Beraterkompetenz erleichtert es, Widersprüche und den Verlust von Gewissheiten zu ertragen, festgefahrene und problematische Situationen lösen sich auf, und wo Lachen ist, hat Angst keinen Raum (vgl. Reifarth 1988, S. 302).

Bei allem Respekt vor den Teammitgliedern und Führungskräften weiß die Beraterin, dass ein Einwirken auf Personen nicht ausreicht, Veränderungen zu bewirken (Willke 1999, S. 52). Um die systemspezifischen Operationsweisen zu verstehen, betrachtet die Beraterin die Menschen primär als Rollenträger, die nach den Regeln des Systems, ihres Teams und der Organisation arbeitsteilig Erwartungen erfüllen. Der Blick verdichtet sich auf den Zweck, auf die Strukturen und die geltenden Systemregeln, die in den Rollen der Akteure sichtbar werden.

Die Aufmerksamkeit der Beraterin fokussiert nicht auf die handelnden Personen und ihre psychische Befindlichkeit, sondern auf die Beobachtung der strukturierenden Merkmale im System, die sich im Handeln der Teammitglieder ausdrücken. Denn diese Tiefenstrukturen bestimmen das Handeln, Erleben und Bewerten der agierenden Personen, und sie sind sich diesen in der Regel nicht bewusst (vgl. Willke 1999, S. 19).

Die Beraterin beobachtet und beschreibt die Differenzkriterien, über die sich das Team identifiziert, und entscheidet, ob diese in der aktuellen Situation noch angemessen sind oder ob sie im Konflikt zu den Erwartungen interner oder anderer Bereiche im Unternehmen stehen. Sofern dies der Fall ist, zielt Beratung auf die Reflexion und Erweiterung von Unterscheidungskriterien, die es dem Team ermöglichen, sich auf einem qualitativ höheren Emergenzniveau zu stabilisieren. Die Beobachtung der Beobachtung (Selbstreflexivität) wird im System implementiert.

Beratung verstanden als System beobachtet die Organisation und das Team auf die Ausschnitte, die vom System nicht bzw. noch nicht gesehen werden können. Diese Beschränkungen werden dem Team als Differenzbeobachtung zur Verfügung gestellt, in der Absicht, dass sie Resonanz im System finden und Veränderungen ermöglichen. Folgende Fragen können hilfreich für eine Beobachtung sein:

o Welche Einschränkungen hat das Team in seinen Beobachtungen,
o welche Informationen werden als wichtig und welche als unwichtig beurteilt,
o welche Regeln gelten in der Organisation und wie setzt sie das Team ein
o nach welchen Regeln, Werten und Standards werden Entscheidungen getroffen
o welche "offiziellen" und welche "inoffiziellen" Regeln gelten
o auf wen oder was sollte in welcher Situation Rücksicht genommen werden.

Blinde Flecken aufzudecken (neue werden unweigerlich produziert), ist das Kerngeschäft einer systemisch konzipierten Teamberatung: Das Team zu bewegen, auf Distanz zur eigenen Selbstbeschreibung zu gehen, diese zu reflektieren, darüber Muster zu erkennen und angemessenere Differenzkriterien zu entwickeln in Gestalt neuen organisationalen Wissens und dadurch Veränderungsmöglichkeiten zu eröffnen.

Ergo: will der Berater mit dem Team umsetzbare Lösungen erarbeiten, muss er den sprachlichen Code des Systems beherrschen und seine eigenen Beobachtungen in diesen Kontext stellen können.

(9) Steuerung und Intervention von und in komplexen Systemen

Willke benutzt die Metapher des Odysseus, der nach Jahren missglückter Versuche, Troja zu besiegen, sich mit einer List in die Stadt hineinbegibt; er schenkt den Trojanern ein Pferd, in dessen Innerem sich Soldaten befinden, die nächtens die Stadt erobern. Von außen war kein Sieg zu erlangen, jedoch als er sich in das System begibt, ist er in der Lage, eine Veränderung zu bewirken, wie berichtet mit tödlichem Ausgang.

Eine andere, weniger bekannte Geschichte von Sheldon Kopp beschreibt zwei Interventionsformen in Systemen: Ein Mann begab sich eines Tag in das Land der Narren, die voller Angst vor einem Feld flohen, auf dem große Wassermelonen wuchsen. Er versuchte, den Menschen zu helfen, und erklärte ihnen, dass ihre Angst völlig unbegründet sei, indem er die Wassermelonen abschnitt und sie aß. Als die Menschen das sahen, bekamen sie noch größere Angst als zuvor, denn sie fürchteten, er würde sie als nächstes umbringen und verjagten ihn. Irgendwann fand ein anderer Mann den Weg zu den Narren, und sie berichteten ihm, wie sehr sie sich vor dem Ungeheuer auf dem Feld fürchteten. Er stimmte ihnen zu, dass es wohl sehr gefährlich sei, lebte eine Weile mit ihnen und gewann ihr Vertrauen. Mit der Zeit lehrte er sie jene einfachen Tatsachen, die sie befähigten, nicht nur ihre Angst vor den Wassermelonen zu verlieren, sondern sie sogar selbst anzubauen.

Die Geschichten zeigen: Externe Steuerung eines Systems ist nicht möglich. Es ist jedoch möglich, dem System in seiner Sprache, an seine Logik anschließend, Anreize, Signale und Kriterien anzubieten, die es veranlassen, sich zu bewegen und auf die neuen Umstände einzustellen. Systemische Beratung zielt auf die "Druckpunkte" und "Tiefenstrukturen" (Willke 2001,

S. 152) des Systems, denn sie sind der Hebel, über den Bewegung im System erzeugt werden kann. Dem externen Berater erschließen sie sich über die Beobachtung der Kommunikationsprozesse im Team, sie produzieren die Regeln und Muster, nach denen die Teammitglieder das System "spielen". Wie schon in den Geschichten metaphorisch angedeutet, das Herzstück systemischer Steuerung ist, dem System von außen eine andere Betrachtungsweise und ein anderes Verständnis von Wirklichkeit anzubieten, die im System Resonanz erzeugt, so dass eine andere Sicht der Dinge möglich wird.

Wenn die Angebote des Beraters vom Team als nichtannehmbare Zumutung erlebt werden und sich das Team in seine operative Geschlossenheit zurückzieht, um im Bild zu bleiben, den Berater davon jagt, dann ist die Intervention nicht anschlussfähig und erzeugt Widerstand. Und zwar deshalb, weil der Berater eine Realität in die Sichtweise des Systems gerückt hat, die noch nicht die Realität des Systems ist, sie aber sein könnte (vgl. Willke 1987, S. 356, nach Geißler/Orthey 1998, S. 60). Das Problem der Steuerung liegt in der Unwahrscheinlichkeit gelingender Interventionen, es geschieht etwas, aber es ist nicht über eine lineare Logik prognostizierbar, was genau passieren wird. Mit Überraschungen ist zu rechnen. Systemische Interventionen folgen einer gewissen Paradoxie: Es muss etwas getan werden, damit etwas geschieht, und es ist damit zu rechnen, dass etwas anderes geschieht als beabsichtigt, und damit etwas geschieht, muss etwas getan werden. Genau darin zeigt sich die Kunst professioneller Beratung: Kontingenzen zu erwarten und sie als Material für weitere Interventionen zu nutzen, die vom System als Lernanlass verstanden werden können. Denn es geht immer irgendwie weiter, meistens anders als erwartet.

> "Steuerung ist damit nur ein Umweltereignis, auf das ein System als Irritation reagiert – und das es für seine Veränderungen brauchbar machen kann. Die Richtung der Veränderung hängt dabei vom inneren Zustand des Systems, also von seiner Autonomie und Autopoiesis und der Rezeption des Steuerungsimpulses ab, nicht von der Steuerungsabsicht." (Geißler/ Orthey 1998, S. 59)

Ebenso verhält es sich mit dem Verstehen, **Nichtverstehen kann als Verstehensform** gedeutet werden, die neue Verstehensmöglichkeiten eröffnet. Eine Beraterin, die nicht versteht, warum die Teammitglieder ihre Deutungsangebote ablehnen, kann verstehen, dass ihre Intervention nicht in die Systemlogik gepasst hat. Sie kann dann über andere Intervention versuchen zu verstehen, was passen könnte.

Dazu eine kurze Geschichte von Martin Buber (Buber 1979, S. 48):

> "Der Gelbe Kaiser reiste nordwärts vom Roten See, bestieg den Berg Kun-lun und schaute gegen Süden. Auf der Heimfahrt verlor er seine Zauberperle. Er sandte Wissen aus, sie zu suchen, aber es fand sie nicht. Er sandte Klarsicht aus, sie zu suchen, aber sie fand sie nicht. Er sandte Redegewalt aus, sie zu suchen, aber sie fand sie nicht. Endlich sandte er Absichtslos aus, und es fand sie. Seltsam fürwahr, sprach der Kaiser, dass Absichtslos sie zu finden vermocht hat."

Auch wenn mit Kontingenzen zu rechnen ist, Beratersystem und Teamsystem sich als Black-Box gegenüberstehen, füreinander nicht transparent, von außen nicht steuerbar sind und von der Unwahrscheinlichkeit gelingender Intervention auszugehen ist, so ist Beratung doch nicht überflüssig und Interventionen nicht beliebig.

Zum ersten: Externe Beobachtung ermöglicht über Komplexitätsreduktion eine Reflexivität im System, veränderte Umwelterwartungen zu verstehen, was das System aus sich allein heraus nicht leisten kann, da es in seinen Beobachtungsmöglichkeiten durch blinde Flecken beschränkt sind.

Zum zweiten: Gelingende, systemische Interventionen sind solche, die als Irritationen im System Anschlussfähigkeit und Resonanz erzeugen, Differenzen verfügbar machen, ohne das System in seiner Identität zu zerstören. Also nicht die Wassermelone essen!

Noch ein kurzer Blick zum Abschluss – wir könnten in unserer Argumentation weiter zirkulieren – auf die Interventionsebene. Teamberatung findet in Organisationen mit den Mitgliedern der Organisation statt. Im Wissen um die klare Trennung von System und Umwelt unterscheiden sich die Interventionen auf den verschiedenen Systemebenen: Auf der Ebene der Teammitglieder, der Ebene der Rollen und Strukturen, der Ebene der Prozesse und der Ebene des gesamten Systems. Willke (1999, S. 221) stellt eine Interventionsmatrix vor, die Systemebenen und Interventionsebenen in ihrer Relation aufzeigt:

Die Interventionsmatrix

		Einwirkung auf Handlungsabläufe	Einwirkung auf Kommunikationsregeln	Einwirkung auf Selbstbilder des Systems	Einwirkung auf Kontexte des Systems
		Ziele der Intervention: Wo soll sie wirken?			
Personen	Grund der Intervention:	Beziehungs-Intervention			
Strukturen		Rollen-Intervention			
Prozesse	*Wo tut es weh?*	Geschäftsprozess-Intervention			
System		Reflexions-Intervention			

Mithilfe dieses Rasters kann die Beraterin die Ebenen durchspielen und lokalisieren, auf welcher/n Systemebene/n sich das Problem zeigt und wo Maßnahmen zuerst greifen sollen.

Eine kleine Bemerkung zum Schluss: Unser Anliegen ist, das hohe Abstraktionsniveau der Systemtheorie von Niklas Luhmann auf das konkrete Handlungsfeld Beratung von Teams in Organisationen zu übertragen und für professionelle Teamentwicklung nutzbar zu machen. Nach unserer Systemlogik scheint das gelungen. Ob es gelungen ist, wissen wir nicht. Was wir ausgelassen haben – wir hätten noch viel mehr und anderes schreiben können, denn auch das System der Luhmannschen Systemtheorie unterliegt Kontingenzen, ist unseren Beobachtungsbeschränkungen zuzurechnen. Beim nächsten Mal würden wir es sicher anders machen. Unsere Leser und Leserinnen, die uns bis hierher gefolgt sind, möchten wir bitten, uns gehörig zu irritieren, damit wir unseren blinden Flecken auf die Spur kommen.

(10) Systemtheorie als theoretisch begründetes Handlungswissen für eine professionelle Teamberatung

1. Beschreibungswissen

Über die soziologische Systemtheorie werden die Eigenschaften, Funktionsweisen und Mechanismen von komplexen Systemen und ihrer relevanten Umwelt beschrieben. Sie eröffnet dem Berater ein Wissen über die Eigenlogik und Gesetzmäßigkeiten autopoietischer, selbstreferenzieller Systeme und verweist auf Kriterien, nach denen sie sich reproduzieren und erhalten. Darüber kann sich ein struktureller Blick auf die Organisation und ihre Subsysteme entwickeln. Regeln, Kommunikationsmuster und Entscheidungsprogramme der Organisation spiegeln sich im Verhalten und Erleben der Teammitglieder wider. In Systemen denken heißt für den Berater, den Auftrag nicht auf das konkrete Handeln und die Interessen einzelner Personen zu beziehen, sondern Kommunikation als Kern der Konstituierung sozialer Systeme zu verstehen, als eine Selektionsleistung im Umgang mit Komplexität und Kontingenz (vgl. Weigand 1998, S. 80). Die Frage für das Beschreibungswissen **"Was ist los?"** lässt sich demnach nicht so einfach beantworten. Was los ist im System, kann der Berater nur durch sorgsame Beobachtung erkunden, im Wissen, dass er immer nur einen Ausschnitt der Systemwirklichkeit sehen kann, dass es unmöglich ist, alles zu erfassen (doppelte Kontingenz). Und dass er selbst auch nur das sehen kann, was ihm sein selbstreferenzieller Operationsmodus erlaubt.

2. Erklärungswissen

Um zur ersten Problembeschreibung zu kommen, folgt der beschreibenden Beobachtung eine Einschätzung, warum die Situation im Team so ist, wie sie ist. **Warum verhält sich das Team so und nicht anders?** Welche Erfahrungen hat das Team gemacht, über welches Wissen verfügt es, welche Werte werden kommuniziert (Gedächtnis und Geschichte eines Teams)? Wie wirkt die Eigenlogik des Teams, wie sind die Kommunikationsprozesse zu verstehen, was macht Sinn für das System, warum versteht es bestimmte Informationen nicht, wo liegen die blinden Flecken, welche Folgeprobleme entstehen für das Team, und welche Botschaften gibt es aus der Perspektive anderer Organisationsbereiche? Diese Wissensbestände bilden die Grundlage für eine Bewertung der Situation, was verändert werden könnte und sollte und auf welcher/n Ebene/n die Interventionen zu verorten und der zeitliche Rahmen abzustecken ist.

3. Begründungs-Wertewissen

Da Luhmann von seiner Theorie behauptet, sie sei wertfrei, nur beschreibend im Sinne einer soziologisch angemesseneren Weltbeschreibung konzipiert – ihr wird von kritischen Beobachtern und Beobachterinnen Machtblindheit (Staub-Bernasconi) und Bestandserhaltung im Sinne von Herrschaftsinteresse (Habermas) vorgeworfen – gerinnen Wertvorstellungen wie Gerechtigkeit, Solidarität, Freiheit, Emanzipation etc. (mithin ethische Grundfragen) zu Präferenzkriterien in der Kommunikation von sozialen Systemen. Sie werden in ihrer Bedeutung auf sozialtechnologische Funktionalität reduziert (vgl. Sagebiel 2003, S. 11). Im Bewusstsein um die Nichtsteuerbarkeit komplexer Systeme durch die Umwelt kann nach Lesart dieser Theorie auch keine Richtung oder ein Zustand angezeigt werden, woraufhin sich ein System verändern sollte. Die Frage der Bewertung, als Grundlage für die Wahl anschließender Interventionen, was warum von wem als Problem betrachtet wird, erschließt sich über die **Fragen "Was ist (nicht) gut?"** bzw. **"Was sollte sein?"** Weitere Fragen zur Begründung von Maßnahmen sind:

o Was will das Team erreichen?

o Worin unterscheidet sich der gewünschte Zustand vom aktuellen?

o Was erwarten die Teammitglieder vom Berater, was sollte er leisten?

Wir haben im Praxisteil weitere Fragen aufgelistet.

4. Handlungswissen: Wie geht's?

Diese Frage beantwortet vor dem Hintergrund des Beschreibungs-, Erklärungs- und Begründungswissens, welche Maßnahmen auf welcher Ebene greifen könnten. Im Gegensatz zu gruppendynamischen Interventionstechniken sind systemische nicht aufdeckende Verfahren. Wir möchten an dieser Stelle auf unseren Praxisteil verweisen und auf eine breite Literaturpalette, in der systemische Interventionstechniken beschrieben werden (vgl. Graf/Fischer 1998; Neumann-Wirsig/Kersting 1993; Pfeffer 2001; von Schlippe/Schweitzer 1998). An dieser Stelle möchten wir nur die wichtigsten nennen:

Mustererkennung durch Beobachtung

- o Hypothesenbildung durch systemisches Fragen, um in Distanz zum aktuellen Geschehen Komplexität zu reduzieren (zirkuläres Fragen),
- o Deutungen anbieten (Refraiming),
- o Arbeit mit Paradoxien und Metaphern (Geschichten, Bilder ...) und Kontingenzen,
- o Denken in Funktionen und Nutzen von Mustern beschreiben: "Was ist das Gute im Schlechten, oder was ist das Schlechte im Guten?"
- o Feedback-Prozesse anregen, die zur Klärung bestimmter Muster im Zusammenspiel des Teams führen.

7 Theorievergleich und handlungstheoretischer Nutzen

Wir vergleichen die beiden systemtheoretischen Zugänge, indem wir einige zentrale Begriffe der jeweiligen Perspektive zusammenfassen und gegenüberstellen (1), um vor allem anhand der Unterschiede ihren handlungstheoretischen Nutzen an einem Beispiel aufzuzeigen. (2)

(1) Theorievergleich

Zentrale Begriffe	ontologische Systemtheorie Martin Bunges	funktionale Systemtheorie Niklas Luhmanns
Wirklichkeit	Die Wirklichkeit sind Systeme, die in einer realen Welt existieren. Diese besteht aus konkreten Dingen, die bestimmte Eigenschaften aufweisen und in ihrem Aufbau und Verhalten bestimmten Regeln folgen. Die Wirklichkeit existiert unabhängig von unserer Wahrnehmung. Sie kann mit wissenschaftlichen Methoden erkannt und beschrieben werden. Der Ansatz ist materialistisch.	Die Wirklichkeit sind Systeme, die in einer realen Umwelt existieren. Jedoch kann die Existenz der realen Welt nicht eindeutig nachgewiesen werden, weil es keinen außerhalb stehenden Beobachter geben kann, der den Unterschied zwischen real und nicht real beschreibt. Wirklichkeit ist eine Konstruktion der Systeme. Der Ansatz ist konstruktivistisch.
Systeme	Systeme bestehen aus Komponenten, die miteinander über eine Raum-Zeit-Dimension in Wechselwirkung Eigenschaften ausbilden (Emergenz), die die Komponenten alleine nicht hätten. Menschen als Komponenten sozialer Systeme kooperieren und gestalten oder kreieren diese aktiv zu ihrer Bedürfnisbefriedigung und Wunscherfüllung.	(Lebende) Systeme sind die Einheit des Unterscheidens zwischen System und Umwelt. Systeme sind Kommunikation. Alle Aktivitäten eines Systems finden in den Grenzen der eigenen Sinnlogik statt. Systeme operieren selbstreferenziell geschlossen über Kommunikation mit ihrer relevanten Umwelt (autopoietisch). Die Funktion von Systemen ist Komplexitätsreduktion.

Mensch und Handeln	Menschen sind aufgrund ihres zentralen Nervensystems potenziell wissens-, lern- und sprachfähige Biosysteme. Menschen haben biologische, psychische und soziale Bedürfnisse. Menschliches Handeln ist bedürfnismotiviert. Der Mensch als Mitglied von sozialen Systemen kann Ziele verfolgen und andere beeinflussen.	Der Mensch, gedacht als psychisches System, ist nicht Mitglied, sondern als Person (Funktion) Adressat von sozialen Systemen und damit Umwelt für soziale Systeme. Handeln ist Beobachten, Beschreiben und Unterscheiden. Eine direkte Einflussnahme ist aufgrund der Autopoiese der Systeme ausgeschlossen.
Sinn	Sinn ist die kulturelle Dimension eines Systems.	Systeme konstruieren sich auf der Basis von Sinn und reduzieren so einerseits die Komplexität von Umwelt. Andererseits eröffnen sie damit weitere Möglichkeiten der Anschlusskommunikation.
Werte	Werte finden ihren Ursprung in den menschlichen Bedürfnissen und Wünschen. Wertvolle Werte bilden Handlungsmaximen zur Orientierung in der Gesellschaft.	Werte sind Kommunikationsmedien vor allem im Funktionssystem Religion(?) Sie haben die Funktion, eine gemeinsame Handlungsgrundlage in einem Interaktionssystem zu schaffen.
Macht	Macht ist eine potenzielle Einflussmöglichkeit in Interaktionen. Ihre Wirkung hängt von der Machtausübung und von der Wahrnehmung und Bewertung des Machtpotenzials ab. Macht wird normativ bewertet als legitime und illegitime Macht.	Macht ist keine Zuschreibung von Eigenschaften, sondern das symbolisch generalisierte Kommunikationsmedium des Systems Politik. Macht ist ein realisiertes Kommunikationsangebot. Macht ist eine Selektionsofferte, die nicht abgelehnt werden kann.

Organisation	Organisationen sind menschliche Sozialsysteme, zusammengesetzt aus Individuen und ihren Artefakten. Durch ihr Verhalten bilden sie differenzierte Sozialstrukturen aus, die einen Handlungsraum bilden, in dem Ziele verfolgt und Normen gebildet werden, die eine kontextbezogene Bedürfnisbefriedigung und Wunscherfüllung (soziale Anerkennung und Karriereplanung) ermöglichen.	Organisationen sind autopoietische Systeme, die Entscheidungen kommunizieren auf der Basis einer formalisierten Erwartungsstruktur und einer besonderen Programmierung für ihr Entscheidungshandeln.
Lernen und Wissen	Lernen ist ein psychischer, mentaler Prozess des Zentralen Nervensystems, der in ihm Spuren hinterlässt. Wissen ist das Ergebnis von Lernprozessen, der Zustand und die Voraussetzung für weiteres Lernen.	Lernen ist ein Prozess, in dem ein soziales oder psychisches System seine Differenzkriterien erweitert und modifiziert, um eine erhöhte Anschlussfähigkeit an die Umwelt zu erreichen. Wissenstransformation meint die Bereitschaft eines Systems, Erwartungsenttäuschungen als Versagen vorhandenen Wissens zu identifizieren.

Systemtheorien im Plural

Gönnt sich ein Team einen Teamberater, der seine Dienstleistung auf einem systemischem Hintergrund anbietet, wird die Erwartung des Teams nach pragmatischen Lösungen und Rezepten oft enttäuscht. Statt für eine ausführliche Problembeschreibung wird sich der Berater eher für bisher genutzte und ungenutzte Möglichkeiten des Teams interessieren und dafür, wie das Team es bewerkstelligen könnte, noch weitere Variationen von Lösungsideen zu produzieren.

Im Laufe der Beratung werden die verschiedensten Lösungsvariationen umgesetzt, nicht mit der Idee "der" Lösung, sondern eher in einer Art Experiment, das die Umsetzung und deren Aus- und Nebenwirkungen genau beobachtet und freudig kreativ immer weitere Verbesserungspotenziale erkundet.

Die Einsicht darin, wie regelabhängig und strukturgebunden das Denken und Handeln von Menschen in Organisationen ist, wie schwierig, langwierig und unkalkulierbar Veränderungsprozesse und wie begrenzt die Möglichkeiten sind, das System (Organisation, Abteilungen, Gruppen und Personen) durch Schulungen, Teamtrainings und Beratungen zielgerichtet von außen zu beeinflussen, führt dazu, über die Anregung von Selbstheilungskräften im Team einen kontinuierlichen Verbesserungsprozess anzustoßen und zu begleiten.

Z. B.:

o Durch interpretierendes Beobachten der internen Abläufe und Probleme in der Differenz zur Umwelt mit dem Ziel, die Selbstreflexivität des Systems zu erhöhen

o Durch Fragen Nichtverstehen als Verstehensmöglichkeit zu entdecken, mit der Absicht, Resonanz im System erzeugen, die den Wunsch nach Veränderung entstehen lässt.

o Auf die Selbststeuerungs- und Problemlösungsfähigkeiten des Systems zu vertrauen, dem System die Wahl der Möglichkeiten überlassen, im Bewusstsein, dass lebende Systeme aufgrund ihrer Selbstreferenzialität Emergenz entwickeln.

Kritisch betrachtet könnte diese These der Nicht-Steuerbarkeit für die Praxis eine Entlastung bieten, Misserfolge zu rechtfertigen, ohne diese auf fehlendes Theoriewissen und professionelles Können zurückzuführen, wie Staub-Bernasconi es formuliert (vgl. Staub-Bernasconi 2002a, S. 46). In der Weise würde eine unkritische Übernahme dieser These allen Professionalisierungsbemühungen widersprechen. Das Wissen um die bedingte Steuerbarkeit von Systemen kann nur ein Teil des professionellen Erklärungswissens sein, das ergänzt werden muss um das Wissen über Machtkonstellationen, tatsächlich vorhandenen Bedürfnissen von Menschen (auf allen Ebenen) und der Frage nach realisierten oder verletzten Werten.

Dass eine Kombination der beiden hier beschriebenen systemischen Ansätze in der Praxis gelingt, indem sie als professionelles Wissen und Handlungskompetenzen genutzt werden, dies zu zeigen ist das Anliegen unseres Buches.

(2) Handlungstheoretischer Nutzen

Die 5 Wissensebenen in Kombination mit den W-Fragen
Einführung der Wissensebenen:
Diese mehrdimensionale, systemische Perspektive auf Teams in Organisationen bildet den Hintergrund für begründetes professionelles Handeln, das beabsichtigte Veränderungen in ausgewählten Bereichen einer Organisation intendiert.

Das Verhältnis des professionellen Beraters zu den wissenschaftlichen Grundlagen aus den jeweiligen Disziplinen (wie z.b. Organisationssoziologie, -psychologie, Sozialpsychologie, Betriebswirtschaftslehre, Politologie und Philosophie) ist demnach eine theoretische Wissensbasis, die beschreibt, erklärt und begründet, wie und warum nachhaltige Veränderungen in Organisationen erreicht werden können.

Beratung ist mit der Lösung praktischer Probleme und Fragestellungen befasst. Theoretische Grundlagen, wie die hier vorgestellten Systemtheorien, bilden den Hintergrund. Vom Berater wird erwartet, Veränderungen zu einem wie auch immer gewünschten oder sinnhaften Soll-Zustand zu bewirken. Welches handlungsrelevante Wissen lässt sich aus den beiden Systemtheorien gewinnen, um mit praktischen Problemen professionell umgehen zu können? Das Instrument, das wir dafür vorstellen, sind die W-Fragen. Sie lassen sich auf alle Theorien anwenden, die Sachverhalte beschreiben, wenn es darum geht, Lösungen für praktische Fragestellungen zu (er)finden.

Im Ansatz von Bunge stellt Wissen das Produkt von Erkenntnisprozessen dar. In der Verknüpfung von Erkennen, Wissen und Handeln als Einwirkungsmöglichkeit von Menschen auf Menschen lässt sich eine Struktur rationalen Handelns in Form der W-Fragen ableiten. Mithilfe dieses Instrumentes gelingt es, Antworten auf praktische Probleme zu finden und zu begründen.

Die W-Fragen bieten eine Struktur an, Wissensformen zu unterscheiden und zueinander in Beziehung zu setzen mit dem Ziel, ein möglichst differenziertes und vollständiges Bild einer Situation zu gewinnen. Wie im Kapitel 11 (Auftragsklärung) ausgeführt, werden die W-Fragen von allen am Prozess Beteiligten beantwortet. Z. B. sind auf die Frage "Um was geht es?" sehr verschiedene Antworten aus den unterschiedlichen Perspektiven aller Beteiligten möglich.[3] Professionelle Beratungstätigkeit erfordert einen Wissenshintergrund, der "eine Brücke, ein Scharnier zwischen Wissen und Handeln" darstellt (Staub-Bernasconi 2002a, S. 2). Ein solches Scharnier bilden die fünf Wissensebenen in der Beantwortung der W-Fragen

1. Beschreibungswissen als Antwort auf die Fragen: Bestandsaufnahme / Ist-Zustand aus den Perspektiven aller Beteiligten
Was ist los?
Um was geht es?
Was ist der Ausschnitt, der verändert werden soll?
Wer ist in das Problem involviert?

In diese Zustandsbeschreibung fließen die Einschätzungen, Haltungen, Bewertungen und Aktivitäten der Teammitglieder, der Führungskräfte und anderer in den Prozess involvierter Personen zu einem Bild zusammen. Dieses Bild beinhaltet:
o die Einschätzung der Handlungsspielräume
o die Einschätzung der Potenziale und Ressourcen
o Beschreibung der Werte und Normen, die bisher im Team Sinn stifteten
o die Einschätzung der Abhängigkeitsbeziehungen – welche Austausch- und welche Machtbeziehungen werden vom Team und den Führungskräften gesehen
o die Einschätzung darüber, welche Empfindungen und Gefühle, Bewertungen die Einzelnen mit der Ist-Situation verbindet
o die Frage, welche Motivationen und Ziele verfolgt werden

---

[3] Geiser spricht in diesem Zusammenhang von der Vervielfältigung der W-Fragen auf den Akteursebenen.

o die Frage, welche Handlungsoptionen in diesem Team vorhanden sind

2. Erklärungswissen als Antwort auf die Fragen
Warum ist der Ist-Zustand so, wie er ist?
Worin liegt der Sinn für die Organisation fürs Team?
Was für theoretisches und Erfahrungswissen ist erforderlich, um den Ist-Zustand zu analysieren, zu erklären und damit umzugehen?

Hier steht im Vordergrund, wie die Beteiligten sich die Situation in ihrer Entstehungsgeschichte erklären und welche Lösungs- und Veränderungsversuche sie bisher schon unternommen haben, welche davon erfolgreich waren und welche nicht.

o Welche Annahmen und Erklärungen über die derzeitige Ist-Situation sind im Team und in der Organisation vorhanden?

o Zu welchen Haltungen, Einstellungen und Verhaltensweisen bis hin zu gesund sein, krank sein führen diese Erklärungsmodelle im Team?

o Wie flexibel können Erklärungsmodelle ausgetauscht werden, oder wie starr wird an bestimmten Erklärungsmustern festgehalten?

3. Bewertungs- und Kriterienwissen als Antwort auf die Fragen
Woraufhin soll verändert werden?
Was soll passieren?
Was ist das Ziel? (Warum?)
Was ist der Sinn des Sollzustandes? Welche Kriterien gelten?
Was würde passieren, wenn alles so bleibt, wie es ist?
Was ist gut, und was ist nicht gut?

Über diese Fragen wird ein Austausch über die jeweiligen Zukunftsbilder angeregt:

o Welche Prognosen werden aufgrund der Erklärungsmodelle für die Zukunft entworfen, und zu welchen Konsequenzen im Team führt das?

o Welche verschiedenen Zukunftsszenarien gibt es, und sind diese kompatibel?

o Was wären jeweils Gewinn und Preis für die Beteiligten? Welche Hoffnungen und Befürchtungen existieren?

o Was wäre gut für das Team, was wäre nicht gut? Welche Glaubenssätze und Werte geben dabei Orientierung und hindern oder fördern ggf. auch Entwicklung?

Daraus kann der Berater mögliche Rückschlüsse über die Dringlichkeit und/oder Wichtigkeit von Veränderung ziehen.

4. Veränderungswissen als Antwort auf die Fragen

Wie, wann, wo und mit welchen Mitteln kann was verändert werden?

Was ist in der Problemsituation, in der Prozessphase konkret zu tun, um das angestrebte Ziel zu erreichen?

Durch die Beschäftigung im Team mit den Fragen aus den Wissensformen 1 – 3 haben sich sehr wahrscheinlich schon Veränderungen in der Betrachtungsweise und Bewertung der Situation im Team ergeben. In der Wissensform 4 münden die Ergebnisse und Erkenntnisse aus der Beschäftigung mit den vorangegangenen Fragen in eine strategische Umsetzung. Welche Maßnahmen und Interventionen sind geeignet, und welcher ökonomische Aufwand ist damit verbunden?

o Was sind nächste Schritte im Team?

o Wer sollte mit wem worüber welche Vereinbarungen treffen?

o Was sollten Themen im Team sein, was nicht?

o Braucht das Team Regeln?

o Gibt es eine Ausgewogenheit zwischen offiziellen und inoffiziellen Kommunikationsstrukturen?

o Ist das Kräfteverhältnis zwischen Bewahren und Verändern förderlich?

o Ist die Maßnahme im Team eingebunden in eine OE-Maßnahme?

5. Evaluationswissen als Antwort auf die Fragen

Was ist in welchen Bereichen erreicht worden?

Wie wurde es erreicht, und entspricht das Ergebnis dem vorher geplanten Soll-Zustand?

Welche Auswirkungen hat das Ergebnis auf andere Bereiche in der Organisation?

Wie kann dieser Lernprozess nachhaltig in der Organisation verankert werden und lebendig bleiben? (TQM)

Diese Wissensform beantwortet die Fragen "Was wurde erreicht, wie kam es zustande, ist der erreichte Zustand der geplante gewesen oder wurde etwas anderes erreicht, welche Risiken und Nebenwirkungen sind aufgetreten, ließen sie sich vermeiden, was war gut, warum war es gut, was könnte verbessert werden?"

- o Welche Standards gibt es im Unternehmen, um Lernen zu messen?
- o Wie geht die Firmenkultur mit Erfolgen um?
- o Was wurde kurz-, mittel- und langfristig als positiv bzw. als negativ bewertet?
- o Steht Aufwand und Ergebnis in Relation?

Dieser auf den Wissensebenen basierende Fragenkatalog erweitert und begründet das professionelle Handlungsspektrum eines Beraters, einer Beraterin. Gleichsam eröffnen die Antworten und Hypothesen und der Dialog darüber allen Beteiligten die Möglichkeit für Kreativität und das Finden von vorher nicht gedachten Lösungswegen.

Damit dies überhaupt geschehen kann, braucht es neben dem oben beschriebenen methodischen und systemtheoretischen Wissen des Beraters die schlichte Fähigkeit, mit den Menschen im Team in Kontakt zu treten, Vertrauen herzustellen und einen Raum zu eröffnen, in dem alle Akteure Neugierde, Zutrauen, Freude und Mut für die nächsten Schritte entwickeln können.

In diesem Kapitel werden wir die Erscheinungsformen von Macht beschreiben, gehen den Quellen der Macht auf die Spur, fragen nach positiven wie negativen Wirkungen von Macht in Organisationen, differenzieren zwischen Austausch- und Machtbeziehungen und leiten daraus allgemeines[4] Professionswissen ab. Die Verbindung zwischen funktionaler Macht in einer Organisation, Verantwortung und Führung und ihre positiven wie negativen Auswirkungen für das Team werden auch anhand der Praxisbeispiele dargestellt.

(1) Was ist Macht? Drei Perspektiven

Die phänomenologische Perspektive

Die älteste Definition stammt von dem deutschen Soziologen Max Weber (1864-1920): "Macht bedeutet jede Chance, innerhalb einer sozialen Beziehung den eigenen Willen auch gegen Widerstreben durchzusetzen, gleichviel worauf diese Chance beruht." (Weber 1984, S. 89) "Chance" meint eine Möglichkeit eines Akteurs in einer bestimmten Situation Macht über andere auszuüben. Wenn die Möglichkeiten gegeben sind, kann Macht auch gegen das Widerstreben anderer erzwungen werden (es stellt sich im Weiteren die Frage, welche Möglichkeiten das sind). "Gleichviel worauf diese Chance beruht", das können formal geregelte, institutionalisierte und legitimierte Formen der Macht in Interaktionsbeziehungen sein. Weber differenziert innerhalb der Macht den Begriff Herrschaft: "Herrschaft soll heißen die Chance, für einen Befehl bestimmten Inhalts bei angebaren Personen Gehorsam zu finden". (ebd.) Z. B. kann Herrschaft in Form von gesetzten Ordnungen (Steuerrecht, Sozialgesetze, Arbeitsrecht etc.) in Organisationen, Unternehmen und Verwaltungen ausgeübt werden durch Menschen, die in diesen Systemen eine machthaltige Position bekleiden. Weber fasst den Machtbegriff relational, als

---

[4]   Unter allgemeinem Professionswissen verstehen wir in Anlehnung an Geiser ein Wissen, das unabhängig von bestimmten Organisationsformen, bestimmten Adressatengruppen, spezifischen Problemen für jede Beratungstätigkeit gilt. (Vgl. Geiser 2003)

ein asymmetrisches Beziehungsverhältnis zwischen zwei oder mehreren Akteuren, in der eine/r oder wenige andere dazu bewegen können, etwas zu tun, was sie sonst aus freien Stücken nicht tun würden. "Wenn nämlich Wenige auf Viele in der Weise Einfluss üben, dass man ihnen Macht zuspricht." (Claessens 1998, S. 118)

Das heißt, Macht setzt ein entweder funktionales oder zugesprochenes Beziehungsverhältnis voraus. Als Machtquelle – so beschreiben es auch Staub-Bernasconi (2007, S. 375ff) und Geiser (2007, S. 203ff) – fungieren Ressourcen wie Geld, physische Kraft, Attraktivität, Charisma, Organisationsfähigkeit, Wissen und soziale Kompetenzen und soziale Beziehungen.

Wie diese individuellen Merkmale sich in sozialen Prozessen der Machtbildung niederschlagen, um über die Stufen der Institutionalisierung der Macht schließlich Herrschaft bestimmen zu können, beschreibt und analysiert Popitz (1992) anschaulich als "Phänomene der Macht". Er problematisiert Macht als ein Phänomen, das von Menschen im Verlauf der Evolution herausgebildet wurde und als gesellschaftliche Ordnungsstruktur immer wieder neue Formen angenommen hat.

Drei historische Prämissen bilden die Voraussetzung für das "Konzept Macht":

1. Macht ist machbar und Machtordnungen sind veränderbar. Eine "gute" Ordnung ist entwerfbar, und es besteht die Gewissheit, dass eine andere, "bessere" Ordnung auch geschaffen werden könnte.

2. Macht ist omnipräsent: In der Konkurrenzgesellschaft wird Macht zur alltäglichen Erfahrung, die zu einer Generalisierung des Machtverdachtes führt. "Macht verbirgt sich in allem, man muss sie nur sehen." (Popitz 1992, S. 17)

3. Macht ist freiheitsbegrenzend: Macht beruht auf der Konfrontation von Macht und Freiheit. Machtanwendung ist Freiheitsbegrenzung, und sie ist notwendig, um Frieden, Eigentum, Gerechtigkeit etc. zu schützen. Dafür muss sie organisiert und institutionalisiert werden. Machtkämpfe sind Befreiungskämpfe und Emanzipationsbestrebungen, und sie sind als Eingriff in die Selbstbestimmung anderer begründungsbedürftig, deshalb ist alle Macht fragwürdig (vgl. Popitz 1992, S. 12ff).

Diese historischen Prämissen formulieren die Konstruierbarkeit von Machtverhältnissen, indem sie das, was selbstverständlich erscheint, hinterfragen.

"Die allgemeinste Kategorie, die dem Macht-Konzept zugrunde liegt, ist die für alles menschliche Handeln konstitutive Fähigkeit des *Veränderns*, die Disposition unseres Handelns zum Andersmachen der Welt." (Popitz 1992, S. 22)

Popitz stellt die Frage nach der anthropologischen Dimension, worauf Macht von Menschen über Menschen beruht: Welche Handlungsfähigkeiten benötigen Menschen, um andere zu überwältigen, um zu befehlen, zu überzeugen, und was sind die Voraussetzungen, dass Macht über Menschen überhaupt ausgeübt werden kann?

Die Durchsetzungsformen von Macht versteht er als die Fähigkeit, sich gegen fremde Kräfte durchzusetzen, komplementär zu den vitalen Abhängigkeiten des Menschen (warum müssen Menschen Macht erleiden?). Er unterscheidet vier Grundformen sozialer Macht, die die historische Entwicklung der Machtformen widerspiegeln (vgl. Popitz 1992, S. 43ff):

Grundformen der Macht nach Popitz

Grundform und Fähigkeit Wie wird die Macht ausgeübt?	Vitale Abhängigkeit Worauf beruht die Macht? Warum wirkt sie?	Zum Beispiel
Aktionsmacht, Menschen verfügen über die Fähigkeit, Organismen und andere Menschen zu verletzen, zu zerstören, zu töten, ihnen etwas anzutun. → Aktionsmacht fügt anderen Schaden zu und setzt Macht mit Gewalt durch.	Organismen und Menschen sind aufgrund ihrer biologischen Bedingtheit verletzbar, weil man sie ihrer ökonomischen und sozialen Ressourcen berauben kann, indem man sie ausgrenzt, diskriminiert, ihre Existenz bedroht oder sie mordet.	Alles, was mit offener und subtiler Gewalt geschieht: z. B. Ausgrenzung, sexuelle Belästigung am Arbeitsplatz, Vorenthalten von Informationen, Verleumdungen, Kontaktverweigerung, Mobbing, Vergewaltigung, Diebstahl, Entlassung. Vonseiten der Arbeitnehmer z. B. Streiks.

Instrumentelle Macht beruht auf der Fähigkeit, andere Menschen zu bedrohen, zu erpressen, Ängste zu erzeugen, zum Gehorsam zu zwingen, zu bestrafen, anderen etwas geben oder nehmen zu können. → instrumentelle Macht steuert Verhalten durch Appelle, Drohungen und Versprechen. Sie ist die Machtform, die alltäglich erlebt wird; "Wenn Du nicht, dann ..."	Menschen sorgen sich um ihre Existenz und sind deshalb tendenziell erpressbar, sich konform zu verhalten. Menschen haben Angst vor anderen Menschen und sie erhoffen sich gleichzeitig etwas von ihnen, weil sie sich vor einer ungewissen Zukunft fürchten. Soziales Handeln orientiert sich an Erwartbarem, Menschen benötigen Gewissheiten, Sicherheiten, um ihr Leben aushalten und auf die Zukunft ausrichten zu können. Was die Macht vitalisiert, ist die Angst, die Bedürfnisse nicht mehr in der gewohnten Weise oder überhaupt befriedigen zu können. Es ist die Angst davor, dass das System aus der Balance gerät und auseinander fällt.	Wenn Führungskräfte ihre Mitarbeiter bedrohen, ihnen Versprechungen machen, um Anpassung, Zustimmung und Konformität zu erlangen. Wenn Funktionsinhaber die Rolle ihres Amtes zum eigenen Vorteil nutzen. Wenn Mitarbeiter ihre Führungskräfte unter Druck setzen, durch Arbeitsverweigerung, Dienst nach Vorschrift, Hinweise auf Abwerbungen, mit der Presse drohen.
Autoritative Macht beruht auf der Fähigkeit des Menschen, Maßstäbe zu setzen, Dinge zu bewerten, Sicherheit und Anerkennung zu garantieren. Autoritative Macht ist die Macht der Persönlichkeit, ihr Charisma, sie erzeugt Bindungen, setzt auf verinnerlichte Kontrolle und steuert Verhalten und Einstellungen. Es ist die Fähigkeit, andere von sich abhängig zu machen, sie von Ideen zu überzeugen, und sie ist Artikulationsmacht, das Vermögen, Dinge und Ereignisse für andere zu beschreiben und zu interpretieren. Sie kann über die konkrete Person hinausgehen und sich institutionalisieren. Dann reichen allein die Machtsymbole aus, das Verhalten anderer zu beeinflussen.	Diese Macht profitiert von den menschlichen Bedürfnissen nach Sinnorientierung, normativen Maßstäben, Gewissheiten, Werten und verlässlichen Ordnungen. Sie basiert auf dem Wunsch nach sozialer und individueller Anerkennung (positivem Selbstwertgefühl) und der Furcht vor Verurteilung und Ausgrenzung. Sie kann sich über Personen, Symbole und Institutionen repräsentieren (vgl. Sennett 1990, 2005).	Wenn Menschen andere Menschen zum Vorbild nehmen, freiwillig oder unfreiwillig, und dabei mit ihren Erwartungen einer Illusion anhängen und enttäuscht werden. Wenn Politiker die Wende versprechen, wenn Gurus das Heil predigen oder Berater vorgeben, das Problem zu managen.

| Faktensetzende Macht, Fähigkeit zum technischen Handeln und zur Schaffung von Artefakten (z. B. technischen Möglichkeiten). Menschen verändern die Natur zu ihrem Nutzen, sie üben Macht über die Natur und damit Macht über Menschen aus. Artefakte verändern Lebensbedingungen und Handlungsräume der Menschen gravierend. Faktensetzende Macht übt Macht über alle "von diesem Fakt Betroffenen" aus, sie ist eine Macht des Herstellens und der Hersteller. | Die Abhängigkeit von und die Gebundenheit an eine künstlich veränderte Objektwelt. Z. B.: Staudämme, Verkehrswege, Kernkraftwerke, chemische Produkte, Genforschung, Informations- und Kommunikationstechnologien | Bau von Atomkraftwerken, Neue Kommunikationstechnologien, Gentechnik, Städtebau- und Landesplanung, Börse, Ratingagenturen, Neues Steuerungsmodell, Gesetzgebung, Hierarchien, kulturelle Differenzierung (Gender), Migration u. v. a. m. |
| → Die Macht des Faktensetzens weist einen doppelten Machtcharakter auf: Die technische Fähigkeit des Menschen, Macht über die Natur auszuüben und die Objekt vermittelnde Entscheidungsmacht über die Lebensbedingungen anderer Menschen. | | |

Wie die tabellarische Übersicht zeigt, entstehen Machtbeziehungen aufgrund der Entsprechung von menschlichen Fähigkeiten einerseits und den biologisch, psychischen und sozialen Abhängigkeiten andererseits.

"Menschen können anderen Menschen unmittelbar etwas antun; sie können darüber hinaus Erwartungen, Maßstäbe und Artefakte für andere bestimmend verändern." Und "wir leben eine verletzbare Existenz, angewiesen auf Artefakte, zukunftbezogen und begründungsbedürftig in unserem Handeln". (Popitz 1992, S. 33)

Die Abhandlungen dieser historischen und anthropologischen Prämissen sind mittlerweile zu einem Klassiker in der Soziologie geworden. Die Lektüre empfiehlt sich immer wieder als ein Gewinn zum besseren Verständnis von Machtphänomenen.

Welche Handlungsregeln lassen sich also aus der phänomenologischen Perspektive ableiten? Z. B.:

- o Macht ist notwendig, um soziale Ordnung zu schaffen und zu sichern.
- o Machtordnungen sind von Menschen geschaffene Strukturen, die veränderbar sind.
- o Macht ist omnipräsent, sie ist eine der alltäglichen Grunderfahrungen in allen gesellschaftlichen Bereichen.
- o Macht muss sich legitimieren, da Machtanwendung immer auch Freiheitsbegrenzung ist.
- o Die Kenntnis der Grundformen der Macht, ihrer anthropologischen Bedingtheiten und Fähigkeiten.
- o Macht muss präsent sein, damit sie auf Dauer wirkt.
- o "Macht beruht auf Organisation. ... Nicht der Stärkere bestimmt, sondern der Klügere, nämlich die Person, die organisieren kann." (Willke 1998, S. 144)
- o Prozesse der Machtbildung sind Strategien, die auf Organisationsfähigkeit beruhen: Schneller, effektiver und effizienter überlegene Strukturen zu schaffen als andere, die durch gemeinsame Interessen und kooperatives, produktives Handeln ihre Positionen gegenüber den Unterlegenen verteidigen. "... die Gesamtleistung der Gruppe über die Summe möglicher Einzelleistungen hinaus zu steigern" (Popitz 1968, S. 20) und ein gestärkter Zusammenhalt verbessern die Leistungen im Team.
- o Die Fähigkeit, Machtbeziehungen zu organisieren, führt zu einem System der Umverteilung, das die Mächtigen privilegiert und die Schwächeren ausbeutet (vgl. Popitz 1968, S. 30ff).

Popitz eröffnet eine Sichtweise auf Macht, die das polare Denkschema "hier die Mächtigen, dort die Ohnmächtige" auflöst. Vielmehr wird deutlich, dass Macht in Interaktionsbeziehungen entsteht und auf der Fähigkeit von Menschen beruht, ihre Potenziale in sozialen Beziehungen einzusetzen, sie mit anderen, die ähnliche Interessen verfolgen, zu bündeln, um diesen Vorsprung als überlegene Organisationsmacht einzusetzen. Diese Machtkonsolidierung als Verfügungsgewalt wird gegen andere eingesetzt, die diese Ordnungen aufgrund ihrer Bedürfnisse nach Sicherheit, Orientierung und Anerkennung akzeptieren. Dass eine Minderheit ihre Interessen gegenüber der

Mehrheit durchsetzen kann und dieser Prozess der Machtakkumulation sich über die Zeit über einen Legitimitätsglauben stabilisiert, mag verwundern, doch dies bildet die alltägliche Realität ab. Wir können das aktuell beobachten am Beispiel der Finanzwirtschaft, der es immer wieder trotz Krisen und Bankencrashs gelingt, gesetzliche Regelungen der Besteuerung und Transparenz von Finanzgeschäften zu verhindern. Die Proteste der Occupy-Wall-Street-Bewegung zeigen, dass die Macht der Banken kritisiert und ihre Legitimität in Frage gestellt wird, es damit also nicht unwahrscheinlich ist, dass sich langfristig doch etwas verändern wird. "Individuen, Gruppen, Institutionen und Organisationen nehmen in diesem machtstrukturierten Netz jeweils unterschiedliche und sich verändernde Positionen ein." (Miller 2001, S. 71) Führungskräfte wechseln, Regierungsparteien werden abgewählt, d. h. Macht ist nichts Statisches, sie ist in Bewegung, sie zirkuliert, indem die Machtquellen sich immer wieder neu ausbalancieren.

(2) Die Perspektive der ontologischen Systemtheorie

Auch für unsere ontologisch-systemische Perspektive eignen sich die Ausführungen von Popitz, denn hier werden menschliche Bedürfnisse und Fähigkeiten ebenso als Voraussetzungen für das Entstehen von Machtbeziehungen hervorgehoben wie historisch bedingte, emergente Zustände von sozialen Beziehungen. Diese Sichtweise eröffnet weiterführende Fragen, wie:

o Ist eine Gesellschaft ohne Macht denkbar?
o Sind soziale Systeme wie Organisationen ohne Machtstrukturen denkbar?
o Warum sind Menschen auf Macht angewiesen?
o Wovor schützen machthaltige Strukturen Menschen, und womit bedrohen sie sie?
o Wann ist Macht legitim, wann ist sie illegitim?

Staub-Bernasconi (1995, S. 235ff.) und Geiser (2000, S. 172ff.; 2004, 203ff.) definieren Macht als Kontrolle über knappe Güter/Ressourcen, die für das Erreichen von Zielen bedeutend sind.

Macht ist das Vermögen eines Menschen, ein Gut in seinen Besitz zu bringen, Ziele durchzusetzen, soziale Beziehungen in seinem Sinne zu verändern, den Zugang zu Ressourcen zu kontrollieren und zu stabilisieren. Wie Weber und Popitz gehen die Autoren davon aus, dass der Zugang zu Ressourcen, vor allem zu knappen Ressourcen, die alle Menschen aufgrund ihrer biopsychischen Bedingtheit benötigen, abhängig ist von der Möglichkeit der Verfügung über Machtquellen. Ob ein Individuum Machtressourcen in sozialen Beziehungen besitzt und einsetzen kann, hängt von der Art der Machtquelle und von seiner Position in den sozialen Systemen ab, in denen er integriert ist. Machtquellen haben soziale Funktionen, sie strukturieren und stabilisieren soziale Beziehungen, sie reduzieren Abhängigkeiten und fördern Autonomie und Selbstbestimmung. (Z. B. kann eine Vorgesetzte die Aufgabenverteilung im Team so verhandeln, so dass jeder/jede seine Talente einbringen bzw. entwickeln kann).

Machtquellen
Alle individuellen Ausstattungsmerkmale eines Menschen sind auch seine potenziellen Machtquellen.

Körperliche Ausstattung → Physische Macht
Alter, Geschlecht, Gesundheitszustand, Erscheinungsbild, Hautfarbe, psychische Stärke, Attraktivität. Körpermacht bedeutet die Möglichkeit, allein aufgrund der körperlichen Erscheinung auf andere Eindruck zu machen, Respekt oder Angst, Attraktivität oder Abstoßung, Vorteile oder Nachteile zu erlangen **oder zu bewirken.**

Sozioökonomische Ausstattung → Ressourcen- bzw. Marktmacht
Bildung, Arbeit, Einkommen, Kapital. Machtquelle: Güter- und Marktmacht ist die Chance durch Kontrolle, Gewähren oder Vorenthalten grundsätzlich vorhandener Güter andere von sich abhängig zu machen.

Ausstattung mit Wissenskompetenzen → Modellmacht
Psychische Zustände: Erfahrungen, Erklärungen, Wertehorizont, Motivation und Ziele, Wissensbestände, Sprachkompetenzen. Modellmacht ist die Mög-

lichkeit, Ideen durchzusetzen, andere zu überzeugen und sie von sich abhängig zu machen.

Ausstattung mit Erlebniskompetenzen → Artikulationsmacht

Psychische Prozesse wie Empfinden, Aufmerksamkeit, Wahrnehmen, Denken, Fühlen, Bewerten. Artikulationsmacht ist die Möglichkeit, für sich, für andere Ereignisse zu thematisieren, zu interpretieren – mündlich wie schriftlich und unter Einsatz weiterer didaktischer Mittel (Rhetorik, Mimik, Intonation, Präsentation).

Ausstattung mit Handlungskompetenzen → Positions- und Organisationsmacht

Sichtbare Aktivitäten: Handlungsrepertoire, soziale Kompetenzen, kreativ strategisches Handeln, Gewohnheiten und Mitgliedschaften, soziale Rollen, Beziehungsnetze. Positionsmacht meint die Chance, über Menschen zu entscheiden, ihnen Arbeit zuzuweisen, zu entziehen, Arbeitsteilung und Geschlechterdifferenzierung zu definieren. Soziologisch spricht man von Organisationsmacht als sozialem Kapital (Bourdieu), die Fähigkeit, Beziehungen zu knüpfen und sie für die eigenen Interessen zu nutzen und Koalitionen zu bilden. So gelingt es Frauen nicht, trotz besserer oder gleichwertiger Qualifikation, in höhere Führungspositionen vorzudringen, von wenigen Ausnahmen[5] abgesehen, denn die Netzwerke der Männer und ihre Organisationsmacht sind stärker, und sie bilden eine undurchdringliche "gläserne Decke" gegenüber den Karrierewünschen von Frauen (vgl. Löw 2009, S. 9ff.).

Zu den individuellen Machtquellen zählen auch die sogenannten Prestigequellen, also Ausstattungsmerkmale, die in der Gesellschaft vorhandene Werte und Normen zu besonders "attraktiven" Ressourcen werden lassen, wie bevorzugter Lebensstil, Freizeitverhalten, Sport, Reisen, hoher Bildungsstand (Titel), gelungene Selbstperformance.

---

[5] Helga Jung gelang 2011 der Einstieg in den einstigen "Herrenclub", der Vorstandsetage der Allianz (vgl. SZ 16.12.2011, S. 19).

Kann Macht neutral sein? Wozu ist sie notwendig, wann wird sie problematisch?

Bisher ist der Machtbegriff neutral verwendet worden zur Beschreibung sozialer Beziehungen und ihrer Voraussetzungen. Macht als Ergebnis kultureller Entwicklung kann verstanden werden als Sicherung von gesellschaftlich konventionalisierten Werten wie Gerechtigkeit, Verantwortung, Solidarität, Chancengleichheit, Rechtstaatlichkeit. Ebenso kann Macht aber auch als die Festschreibung von Machtverhältnissen beschrieben werden, die über soziale Chancen und soziale Integration entscheiden, die soziale Ungleichheit manifestieren. Ob Macht problematisch ist, hängt von den Regeln ab, wie Zugänge zu Ressourcen und Positionen verteilt sind, welche Werte und Vorstellungen diese Regeln legitimieren und welche Sanktionen angewandt werden.

In diesem Sinne unterscheidet Staub-Bernasconi zwei Machttypen (vgl. Staub-Bernasconi 2007, S. 377ff.):

o **Begrenzungsmacht:** Eine gerechte und legitime Macht, die Zugang zu bedürfnisrelevanten, vor allem den knappen Ressourcen möglichst sozial gerecht regelt. Diese Macht schafft soziale Gerechtigkeit.

o **Behinderungsmacht:** Eine behindernde, illegitime Macht, die zu sozialem Ausschluss führt, Menschen und Gruppen den Zugang zu wichtigen Ressourcen verweigert und Ressourcen künstlich verknappt. Diese Macht schafft soziale Ungleichheit.

Begrenzungs- und Behinderungsmacht bezieht sich auf:

o **Schichtung:** Kriterien und Regeln für die Verteilung von Ressourcen, von Arbeitsmitteln, Bildungschancen, Stellen etc.

o **Arbeitsteilung / Herrschaft / Hierarchie:** Kriterien und Regeln, die Positionen und Status der Mitarbeiter, Leitungs- und Führungskräfte, Mitsprache und Partizipationsmöglichkeiten regeln.

o **Legitimation:** Ideen und Werte, die die Verteilung, den Zugang und die Positionen im Unternehmen legitimieren.

o **Durchsetzung / Kontrolle:** Regeln der Leistungskontrolle und die Art der Anwendung von Sanktionen bei Nichterfüllung der Arbeitsleistung.

Bezogen auf Organisation bedeutet Begrenzungsmacht:

o Im Unternehmen gelten Regeln, die einen nützlichen, transparenten Zugang und die Verteilung von verfügbaren Mitteln (Fortbildung, Arbeitsbelastung) für alle Mitarbeiterinnen je nach Qualifikation und Arbeitsbereich gewährleisten, Leistung honorieren und illegitime Ansprüche begrenzen.

o Das Unternehmen ist bemüht, Regeln anzuwenden, die eine gerechte und leistungsangemessene Verteilung von Positionen anstreben, die auch Frauen den Zugang zu höheren Positionen eröffnen.

o Für alle Mitarbeiter ist der Ressourcenzugang, die Verfügung und Kontrolle über organisationsbezogene Werte und allgemein gültige Werte nachvollziehbar und legitimiert. Werte begründen, wer was wann besitzen darf, wer über was verfügen und wer was kontrollieren darf.

Im Unterschied dazu sind Behinderungsregeln sozial selektiv, also ausschließend konzipiert. Sie beschränken, behindern, disziplinieren Menschen nach unten am Zugang zu Ressourcen, und sie öffnen nach oben eine Umverteilung von Ressourcen. Wenn z.B. die Budgets für Neuanschaffung, Neueinstellung und Weiterbildung gekürzt und zusammengelegt werden und sich Führungskräfte und Teams entscheiden müssen, ob sie sich weiterbilden und auf die neue Software verzichten oder umgekehrt – und gleichzeitig haben andere Teams und Führungskräfte im Unternehmen freien Zugang zu beidem.

Bezogen auf Organisation bedeutet Behinderungsmacht

o Regeln, die einen ungleichen Zugang zu Ressourcen festschreiben. Die verfügbaren Ressourcen werden von einigen kontrolliert und künstlich verknappt. Gewinn- und Nutzenmaximierung unterliegen keiner Begrenzung.

o Einzelne Gruppen im Unternehmen genießen Privilegien und einen bevorzugten Zugang zu den Ressourcen, z.B. wenn Vorstandsmitglieder sich hohe Boni zubilligen und der Belegschaft Kurzarbeit verordnen.

Macht- und Austauschbeziehungen von Menschen als Mitglieder von sozialen Systemen

Menschen stehen miteinander in horizontalen, symmetrisch strukturierten und/oder vertikalen, hierarchisch strukturierten Beziehungen, innerhalb eines Systems oder zwischen sozialen Systemen. In ersteren begegnen sich die Menschen in denselben Rollen (alle sind Mitglieder eines Teams), ihre Austauschbeziehungen beruhen auf Gegenseitigkeit und Gleichwertigkeit. Geben und Nehmen (vgl. Geiser 2004) hält sich die Waage. In Machtbeziehungen – sind sie hierarchisch geprägt – bestehen Abhängigkeiten zwischen den Individuen (Führungskraft und Mitarbeiter), die auf der Verfügung und Kontrolle von Ressourcen beruhen (Schichtung), die sich in unterschiedlichen Position ausdrücken. Je nach Ausstattung verfügen die Beteiligen über mehr oder weniger nachhaltige Ressourcen, die sie als Machtquellen einsetzen und ausbauen können, um andere von sich abhängig zu machen (Behinderungsmacht).

In Organisationen

Diese idealtypischen Positionsstrukturen, reine Austausch- und Machtbeziehungen, treten in Organisationen in verschiedenen Formen auf. Nach Geiser (2004, S. 183ff.) verlaufen die Unterschiede an der Schnittstelle zwischen horizontaler Differenzierung – Verteilung der Arbeitsaufgaben im Team – und vertikaler Differenzierung – Führungskraft und Teammitglieder. Die formal festgelegten Positionen und Rollen können sich durch die reale Interaktionsstruktur verändern, aus dem formalen "oben und unten" kann sich ein gleichwertiger Austausch entwickeln – die Führungskraft ist auf die Erfahrungen des Mitarbeiters angewiesen, der Mitarbeiter auf die Entscheidungskompetenz seiner Führungskraft, eine nach inhaltlichen Aspekten gleichwertige Tauschbeziehung. Aus formal gleichwertigen Beziehungen können je nach Inhalt der Interaktionen machthaltige Beziehungen entstehen. Oder die vertikale Positionsstruktur kehrt sich um: Ein Mitarbeiter genießt aufgrund seiner fachlichen und sozialen Kompetenzen den Status einer "heimlichen Führungskraft", wenn die formale Führungskraft nicht in Führungsverantwortung geht. Die Struktur kann sich temporär verändern und in andere soziale Systeme verlagern – sie zirkuliert auch kontextübergreifend: Eine Führungskraft unterhält bspw. ein Liebesverhältnis zu seiner Sekretärin, oder Chef und Mitarbeiter treffen sich in der Freizeit zum Tennisspielen oder um gemeinsam Musik zu machen. Was uns wichtig ist: Ein genauer Blick auf die Beziehungsstruktur lohnt sich, denn Macht ist omnipräsent, sie "verbirgt sich in allem; man muss sie nur sehen" (Popitz 1992, S. 17).

(3) Grundannahmen aus der ontologischen Systemtheorie

Welche Grundannahmen können aus der ontologischen Systemtheorie abgeleitet werden? Etwa:

- o Macht ist ein Strukturprinzip, sie schafft und erhält die Strukturen in Organisationen und Teams.
- o Macht ist eine Einflussquelle, sie erweitert oder beschränkt die Autonomie von Menschen und Gruppen in Organisationen.
- o Machtausübung kann mehr oder weniger legitim sein – sie kann Mitarbeiterinnen befähigen oder illegitime Abhängigkeiten produzieren.
- o Macht kann begrenzend (legitim) und behindernd (illegitim) wirken durch Verteilungs- und Anordnungsregeln sowie deren Kontrolle und Durchsetzung in der Organisation.
- o Macht und ihre Wirkungen lassen sich nicht wertneutral beschreiben – in Organisationen und deren Teams wirken Werte sich auf die Art und Weise aus, wie Machtprozesse gestaltet und von Individuen erlebt werden.
- o Machtquellen sind individuelle Ressourcen und bestimmen die Qualität der teaminternen Schichtung.
- o Die Art, wie individuelle Ressourcen erkannt, motiviert und Aufgaben bezogen ausgetauscht werden, bildet sich in der Positions- bzw. Hierarchiestruktur in der Organisation ab.

- Je nach Position und Motiven, verfügbaren Ressourcen und Kontext werden Menschen innerhalb von Machtbeziehungen Subjekte oder Objekte – oder auch beides.
- Sind sie Objekte solcher Beziehungen, so ist ihre Situation fremdbestimmt und kann sich beim Einzelnen in Form von Stress manifestieren (vgl. Geiser 2004, S. 208).
- Aus Stress, als individueller (oder gemeinsamer) Reaktion auf eingeschränkte Handlungsbereiche und illegitim bewertete Machtausübung, kann durch solidarischen Zusammenschluss in organisierter Form wiederum Macht entstehen (siehe Praxisbeispiel 2).

Für den Berater und die Beraterin kann diese ontologische Wissensbasis hilfreich sein, um Machtquellen von Machtstrukturen zu unterscheiden und, auf dieser Erkenntnis basierend, mögliche Erklärungen und Interventionen abzuleiten. Geht es darum, einzelne Teammitglieder oder die Führungskraft zu ermächtigen, empfiehlt es sich, die individuellen Machtquellen zu entdecken und die Beteiligten darin zu unterstützen, sie zu nutzen. Machtstrukturen hingegen bilden den organisierten Rahmen von Regeln über Verteilungen von Ressourcen, Positionen und Hierarchien, die im Unternehmen gelten und die sich im Team widerspiegeln.

(4) Die funktional systemtheoretische Perspektive

In der Systemtheorie von Luhmann wird Macht als das generalisierte Kommunikationsmedium des Funktionssystems Politik bezeichnet. Es generiert sich über die Differenz von Macht – keine Macht. Macht wird der Regierung zugeschrieben, keine Macht der Opposition. Macht hat die Funktion, kollektiv bindende Entscheidungen zur Sicherung sozialer Ordnung bereitzustellen. Luhmann beobachtet Macht nicht als Eigenschaft einer Person oder einer Gruppe, die im Besitz der Macht ist, sondern als ein Medium für die Produktion entsprechender Erwartungen der Umwelt an das Politiksystem. Im Unterschied zu anderen Machttheorien, die wir vorgestellt haben, ist in der "... Theorie der Kommunikationsmedien, das Phänomen Macht auf Grund einer Differenz von Code und Kommunikationsprozess" zu begreifen. Dies schließt aus, "Macht einem Partner als Eigenschaft oder Fähigkeit zuzuschreiben. Macht ist eine codegesteuerte Kommunikation" (Luhmann 1988, S. 15).

Im Falle der Macht interessiert Luhmann primär die Übertragung von Selektionsleistungen und nicht das konkrete Bewirken von Wirkungen (vgl. ebd., S. 11). Demnach ist Macht nichts anderes als jedes Kommunikationsmedium auch, nämlich die Beschränkung des Handlungsspielraumes des Partners und damit die Reduktion von Kontingenz. Macht ist eine Selektionsofferte von Systemen.

Macht als Kontextmarkierung kommt auch in anderen Systemen vor, z.B. in Organisationen und zwischen Personen, doch sie besitzt hier keine Reproduktionswirkung wie im Politiksystem. Wie dürfen wir uns eine solche machtcodierte Kontextmarkierung vorstellen, und wie entsteht Macht?

Ein Teammitglied und die Führungskraft führen ein Zielvereinbarungsgespräch. Sie kommunizieren miteinander und bilden so ein Interaktionssystem. Jeder von ihnen kann nur handeln (kommunizieren), weil der andere auch handelt. Für beide gibt es unterschiedliche Optionen, Entscheidungen zu treffen. Die Präferenzordnung sind beiden Beteiligten bekannt: gute/schlechte Leistungen, angenehm/unangenehm. Das gilt besonders für solche Entscheidungen, die einer der beiden vermeiden will. Die Führungskraft möchte den Mitarbeiter nicht sanktionieren, und der Mitarbeiter will keine zusätzlichen Aufgaben übernehmen. Strebt aber die Führungskraft gerade diese Entscheidung an, dann verringert sich der Optionsraum des Mitarbeiters, er hat keine Wahl, die Entscheidung seines Chefs abzulehnen. In diesem Fall ist der Mitarbeiter im Interaktionssystem Macht unterlegen. Folglich realisiert sich Macht in der Annahme des Kommunikationsangebotes, und sie reproduziert sich in Form des Gehorsams. Macht ist die Differenz zwischen Gehorsam und Sanktion – der zu vermeidenden Alternative.

Angenommen der Mitarbeiter verweigert die Anordnungen seines Chefs, ist dieser gezwungen, seine Drohungen wahr zu machen. Mit dieser Entscheidung endet seine Macht. Zur Machterhaltung muss die Vermeidung von Sanktionen – Luhmann spricht von einer symbiotischen Verknüpfung zwischen Macht als Kommunikationsmedium und physischer Gewalt (Luhmann 1988, S. 60) – die bevorzugte Alternative bleiben, denn Gewalt reduziert die Auswahl von Handlungsmöglichkeiten.

Nun stellt sich die Frage, wie die Führungskraft, um im Beispiel zu bleiben, ihre Macht erhöhen kann. "... nur zusammen mit einer Steigerung der Freiheiten auf Seiten (der) Machtunterworfene(n)". (ebd. 1988, S. 9)

Das heißt: Indem dem Mitarbeiter (er ist der Machtunterworfene aufgrund seiner niedrigeren Position) ein immer größerer Handlungs- und Entscheidungsspielraum zugestanden wird, etabliert und reproduziert sich Macht auf Dauer als erwartbare und verlässliche soziale Ordnung.

Der Code der Macht folgt der Differenz von positiv:überlegen (Wahlmöglichkeiten von mehreren Alternativen), negativ:unterlegen (eine Seite hat keine Wahl, das Angebot anzunehmen oder abzulehnen).

In jeder Organisation regeln Programme die konkrete Zuschreibung der Codewerte in Gestalt von Gesetzen (Arbeitsrecht), Leitbildern und den Normen und Werten über die Differenz von Recht und Unrecht. Doch nach Luhmann ist Macht als Kommunikationscode nicht moralisch zu verstehen, da sie nicht als Besitz oder Wirkung beobachtet wird.

> "Die moralische Forderung an den Machthaber, kein Unrecht zu tun, bleibt bestehen, aber sie verliert ihre gesellschaftsstrukturelle Relevanz. ... sie wird zur Sache 'bloßer Moral', für die in der Subjektivität des Bewusstseins eine autonome Begründung gesucht werden muss." (ebd., S. 57)

Mit dieser Begründung entzieht sich diese systemtheoretische Machtdefinition einer wertenden Perspektive darüber, ob ein System im Sinne ethischer Werte gerecht oder ungerecht handelt. Diese Frage ist für ihn obsolet, denn sein Erkenntnisinteresse gilt allein der Funktion von Systemen, nicht der Veränderung hin zu einer besseren Gesellschaft.

Kritik an der Machtkonzeption Luhmanns

Die Frankfurter Schule, vor allem Habermas, attestierte Luhmann, eine Theorie vorgelegt zu haben, die sozialtechnologisch sei und sich durch eine distanzierte Beobachterrolle unkritisch und herrschaftskonform gegenüber der Gesellschaft verhalte. Er forderte, in der Tradition der Neomarxisten stehend, die moralische Verpflichtung von Gesellschaftstheorie, die systematischen

Übergriffe von Wirtschaft und Politik auf die Lebenswelt als Ursache moderner Sozialpathologien zu kritisieren. Luhmanns Position befände sich jenseits der Errungenschaften der Aufklärung (vgl. Habermas 1974, S. 192ff.). Weitere Vorwürfe der Inhumanität, Selbstgefälligkeit und Machtblindheit kommen vonseiten der Ontologen. So titelt Staub-Bernasconi ihre Kritik an Luhmanns Systemtheorie als "Machtblindheit und Machtvollkommenheit" (vgl. Staub-Bernasconi 1999). Sie kritisiert in dezidierter und engagierter Form sein Machtkonzept (vgl. ebd., S. 3f.): Mit der Beschränkung der Machtthematik auf das politische System verkenne Luhmann auf groteske Weise die realen Machtgegebenheiten und Herrschaftsverhältnisse in den verschiedenen Gesellschaftsbereichen, wie z.b. Bildung und Wirtschaft, und er ignoriere das Leiden der Menschen an illegitimen Machtverhältnissen, z. B. wie die Macht das Geschlechterverhältnis durchdringe. Luhmann verzichtet auf eine Erklärung von Machtstrukturen, die Staub-Bernasconi als emergentes Produkt von interagierenden Menschen in unterschiedlichen sozialen Systemen verstehe. Diese Vernachlässigung verleite zu der Vorstellung, die Bedeutung des Machtcodes sei den beteiligten Akteuren bekannt, was jedoch eine schlichte Missachtung empirischer Befunde sei, die belegen, dass die Machtunterworfenen den Machtcode nicht kennen und ihre Situation als Schicksal, Pech, Unglück oder individuelles Versagen deuten. Und umgekehrt werde der Code von den Machthabern in der Regel ebenfalls nicht benutzt, sondern durch Begriffe wie Verantwortung, Freiheit und Pflicht, Solidarität oder Metaphern wie 'Sitzen im gleichen Boot' ersetzt. Menschen, die unter Ungerechtigkeiten, Ausbeutung, Herrschaft und Machtwillkür litten, werde kein Respekt gezollt (vgl. ebd., S. 4).

Nehmen wir die Kritiker und Kritikerinnen beim Wort, so dürfen wir festhalten: Bezogen auf die Wirkungen von Macht durch Menschen auf Menschen in Organisationen ist die Luhmannsche Konzeption eher unterkomplex angelegt. Sie weist an dieser Stelle einen blinden Flecken auf, weil sie Machtprozesse nur in einem sehr begrenzten Rahmen, ohne Wertekriterien, beobachtet. Sicher, von den systeminternen Beobachtern und Beobachterinnen der funktionalen Systemtheorie werden diese Kritiken als klassische Ideologiekritik abgewiesen, die andere Unterscheidungen beobachtet und nicht sehen kann, wo ihre eigenen blinden Flecken liegen (vgl. dazu: Kneer/Nassehi 2000, S. 186ff.; Schuldt 2003, S. 54ff.).

Was uns im Kontext der Teamberatung interessiert, ist nicht der Streit der Schulen, sondern die Frage, welchen handlungstheoretischen Nutzen die Beraterin aus den vorgestellten Theorien zur Beschreibung und Erklärung von Machkonstellationen und Machtprozessen, in denen sie sich bewegt, gewinnt.

Grundannahmen aus der funktionalen Systemtheorie
Welche Grundannahmen lassen sich aus der soziologischen Systemtheorie ableiten? Etwa:

o Kommunikation ist die Steuerung von Selektionsleistungen, da es für alle Beteiligte immer mehr Alternativen gibt (Kontingenzen), als aktuell realisiert werden können. Die Wahl der Optionen können die Beteiligten nach ihren Präferenzen steuern. Sobald eine Kommunikationsofferte vom Berater angenommen wird, übernimmt er die Vorentscheidungen des Teams, um gegenseitige Anschlussfähigkeit herzustellen. Er kann sie aber auch ablehnen und eine andere Wahl treffen. Das kann zu Konflikten (Dissens) führen, setzt aber die Kommunikation fort und stellt den Versuch dar, das System zu beeinflussen.

o Um das System Team nachhaltig zu Lernprozessen anzuregen, muss die Wirkung der Kommunikationsangebote vonseiten des Beraters so gesteigert werden, dass das Team sie im eigenen Interesse nicht ablehnen kann. Sie kann – machtbasiert – mit impliziten Drohungen oder Anreizen versehen werden. Ob allerdings das Team auf diese Kontextmarkierung reagiert, also das Kommunikationsangebot aufgreift, hängt von ihrem Verhältnis zum Machtanspruch ab (Willke 1998, S. 148). Stellt das "erfolgreiche" Absolvieren der Teamberatung die Bedingung für die weitere Existenz des Teams dar, besteht sicher ein enges Verhältnis zur Macht, und aller Wahrscheinlichkeit nach werden die Offerten des Beraters angenommen. Ist der Workshop eher ein "nice to have"-Event (vgl. Kapitel 15, Praxisbeispiel 3), wird wohl eher ein distanziertes Verhältnis zum Machtanspruch des Beraters bestehen.

o "Machtbasierte Kommunikation ist die Kommunikation in hierarchischen Organisationen. Von der Perfektion bis hin zur Perversion können hier alle Systemsteuerungen durch Macht beobachtet werden." (Willke 1998, S. 147) Hierarchien folgen der Logik funktionierender Ordnung, die nur deshalb funktioniert, weil sie sich von den in ihr handelnden Personen weitgehend unabhängig gemacht hat. Darüber hinaus sind Hierarchien Instrumente zur Koordination von Handlungszusammenhängen, die Leistungen produzieren, die von einzelnen oder unkoordinierten Gruppen nicht möglich sind. Der Berater darf und sollte wissen, dass

- er immer in hierarchischen Strukturen agiert,

- diese Entscheidungs- und Handlungskompetenzen festlegen,

- er die Hierarchie nicht übergehen darf (im eigenen Interesse),

- nahezu alle Beteiligten in der Organisation (mit Ausnahme des Vorstandes oder Leitungsgremiums) kaum Einfluss auf die Veränderung der Hierarchie haben und

- Hierarchien außerordentlich beständig und unflexibel sind, denn Hierarchie verstärkt Macht und Macht verstärkt Hierarchie (vgl. ebd., S. 150).

o Macht drückt sich als Kommunikationsmedium nicht nur in Sprache aus, sondern auch in Symbolen – sie erhöht darüber ihre Kraft. In Organisationen sind das Positionen, Titel, Größe der Büroräume, Ausstattung mit Mobiliar, Sekretärin, Gratifikationen etc. Für den Berater ist es hilfreich, wenn er die Bedeutung dieser Symbole kennt und in seinen Interventionen berücksichtigt.

o Und Macht in hierarchischen Organisationen relativiert sich hinsichtlich ihrer Wirkung. Fasst man Macht als Steuerungsmedium auf, wie Willke (ebd.) es vorschlägt, dann liegt das Problem der Erhaltung und Reproduktion komplexer sozialer Systeme (Unternehmen, Verwaltungen ...) in gelingender Steuerung. Doch zur Steuerung hochkomplexer Systemprozesse reicht die zur Verfügung stehende machtbasierte Kommunikation heute nicht mehr aus. Das Problem ist deshalb nicht zu viel, sondern zu wenig Macht (ebd., S. 156). Wie kann das sein? Macht in sozialen Systemen ist letztlich darauf angewiesen, sich durch

Sanktionen zu bestätigen. Aber je differenzierter und situationsabhängiger die Aufgaben werden, desto schwieriger, kostenintensiver und unglaubwürdiger wird machtgestützte Kontrolle. Mit zunehmender Kontrolle und Einschränkung des Aktionsradius für die Beschäftigten (steigender Steuerungsbedarf), wie in Verwaltungseinrichtungen und öffentlichen Organisationen (Schulen, Hochschulen) beobachtbar, offenbart sich die Schwäche der Macht bis hin zur Ohnmacht. Entsinnen wir uns der DDR, die Ende der 80er Jahre mehr als 50% des Staatshaushaltes in die innere Sicherheit investierte, was letztlich kontraproduktiv wirkte. Das soziale System DDR löste sich auf, die Macht war am Ende. Nach Willke garantieren heute in komplexen Organisationen Geld und Wissen als Steuerungsmedien viel sensibler und nachhaltiger deren Funktionieren.

(5) Zusammenfassung

Vielleicht dürfte es die Beraterin in ihrer Arbeit entlasten, die Relativität der Macht und ihrer Wirkungen zu erkennen und gelassen auf entsprechende Kommunikationsofferten zu reagieren.

Im Lichte der Luhmannschen Machtkonzeption erweist sich der Nutzen für das Erkennen und den Umgang mit Machtstrukturen als wenig ergiebig. Unter dem Differenzkriterium nützlich / nicht nützlich für die Funktion der Organisation, gerinnt jegliche Form von Machtausübung zum Funktionszweck und entlässt Machtausübende, auch die Beraterin, aus der Verantwortung für misslungene Interventionen. Dergestaltige Misserfolge können dem autopoietischen System zugeschrieben werden und lassen Rechenschaft für die Folgen professionellen Beraterhandelns obsolet erscheinen. Und da Macht nur ein Kommunikationscode ist, über den die Organisation und ihre Subsysteme sich selbst steuern, kann die moralische und ethische Verpflichtung gegenüber den Kunden schlicht ausgeblendet werden, salopp formuliert: m(M)acht auch nichts.

Wie bereits mehrfach beschrieben, bewegt sich die Beraterin in einem dichten Gestrüpp von Machtkonstellationen und übt durch ihre Präsenz und ihre Interventionen Macht aus. Die Tragweite der Verleugnung des Vorhandenseins und der Wirkungen von Macht gliche der Suche nach einem Gegenstand mit verbunden Augen, ohne zu bemerken, was bei der Suche alles zu Bruch gegangen ist. Aus diesem Grund halten wir ein Theorie gestütztes Wissen über Macht, deren Entstehung, ihrer Eigenschaften und potenziellen Wirkungen für unabdingbar in einer professionelle Beratertätigkeit.

Der Nutzen für professionelle Beratungstätigkeit

Professionelle Beratung heißt auch, sich für einige wenige Fragestellungen und daraus resultierende Interventionsformen zu entscheiden und damit naturgemäß gleichzeitig auf viele andere Möglichkeiten zu verzichten. So sind auch die unten aufgeführten Fragen als Möglichkeiten zu verstehen und wahrscheinlich nicht in ihrer Gesamtheit anzuwenden.

Um das Team zu unterstützen, eine eigene Beschreibung, Analyse und gegebenenfalls Veränderung der Machtverteilung – sie zirkuliert – und deren Konsequenzen im Team durchzuführen, bieten wir zwei Variationen an:

1) Die Fragestellungen aus den fünf Wissensebenen bezogen auf den Aspekt Macht.

2) Anhand von kleinen Beispielen werden konkrete Fragestellungen entworfen, aus denen der Berater dann, in der spezifischen Situation, Interventionen entwickeln kann.

1) Die fünf Wissensebenen unter dem Aspekt "Macht"

1. Auf der Ebene des **Beschreibungswissens** gewinnen wir ein Bild über die unterschiedlichen Machtformen und deren Ausprägung und wie sie von den jeweiligen Funktionsträgern und Teammitgliedern eingeschätzt werden:

    o Welche Machtformen sind in dieser Organisationskultur auf welcher Ebene vorhanden? Welche Machtformen werden bevorzugt, welche werden abgelehnt?

    o Wer verfügt auf welcher Ebene über welche Machtquellen?

    o Und wer nutzt sie legitim und illegitim?

- o Welche Werte sind für die Führungskraft ausschlaggebend, welche für das Team? Sind diese kompatibel?
- o Gibt es Entscheidungen in der Organisation, die als Konsequenz Angst auslösen?
- o Wie ist die Macht im Team verteilt?
- o Wie werden die vorhandenen Machtquellen innerhalb der Organisation eingesetzt und genutzt? Ist im Team genug Macht vorhanden?

2. Auf der Ebene des **Erklärungswissens** gewinnen wir ein Bild darüber, wie sich die Teammitglieder und die Führungskraft die Verteilung der Macht und ihre Konsequenzen erklären und zu welchen Einstellungen dies führt:
   - o Warum haben sich in dieser Firmenkultur bestimmte Machtformen und Ordnungen etabliert? Was ist der Sinn darin? Was stützt diese Machtverteilung? Was erhält den Status quo der Ressourcen- und Positionsverteilung?
   - o Angenommen, in der Vergangenheit wurden Veränderungen diesbezüglich versucht, welche Konsequenzen hatte das?
   - o Wie erklären die Teammitglieder und die Führungskraft die aktuelle Situation, und wie erklären sie ihren eigenen Beitrag dazu? (z.B. "ich kann nichts ändern, weil ..." oder "wenn wir ... hätten, dann ...)
   - o Wie wird Macht im Team und von Einzelnen definiert und bewertet?
   - o Welche Sanktionen werden für was, warum verhängt?

3. Auf der Ebene des **Werte- und Kriterienwissens** erzählen uns die Teammitglieder und die Führungskraft von ihren Hoffnungen, Sehnsüchten, Erwartungen, Wünschen und Zielen.
   - o Wie wird Macht bewertet und ist diese Bewertung für eine Zukunftsprognose eher hinderlich oder förderlich?

o Kann über die Bewertung und den Umgang mit Macht sowohl in der Organisation, auf der Führungsebene als auch im Team kommuniziert werden?

o Empfinden sich Mitarbeiterinnen in diesem Team eher hilflos ohnmächtig oder partizipieren sie an Gestaltungsmöglichkeiten?

o Ist die Machtverteilung und der Umgang mit Macht im Unternehmen / im Team gut – nicht gut und wofür?

o Welche / n Macht / Einfluss gesteht das Team / das Unternehmen dem Berater zu?

4. Auf der Ebene des **Veränderungswissens** geht es diesmal um die Macht der Beraterin, durch ihre Interventionen das Team zu ermächtigen, die vorhandenen und potenziell möglichen Machtquellen zu erkennen und zu nutzen. Die Beraterin spricht alle Ebenen an – von Einstellungen und Haltungen, Bewertungen, Wissen und Erfahrungen, Kommunikationsstilen, bis hin zu Handlungs- und Organisationsfähigkeiten:

o Welche Interventionen bringen das Team in seine Kraft?

o Was braucht wer im Team, um seine Fähigkeiten zu entwickeln / einsetzen zu können?

o Wer kann ihm / ihr dabei wie helfen?

o Welche Machtformen müsste die Führungskraft stärker als bisher einsetzen, um das Team zu fördern, zu schützen und zu entwickeln?

o Wie / von wem braucht die Führungskraft was, um die eigene Macht zu nehmen und angemessen zu realisieren?

o Wie viel Macht hat die Beraterin (bzw. ist ihr übertragen worden)?

o Setzt die Beraterin ihre Macht ein, um dem Team / der Führungskraft nützlich zu sein i.S. von Begrenzungsmacht?

o Kann die Beraterin eine stimmige Balance herstellen und halten zwischen Neutralität und Parteilichkeit?

o Kann die Beraterin ein positives Beispiel vom Umgang mit Macht anbieten und vorleben?

5. Auf der Ebene des **Evaluationswissens** gibt der Fokus auf die Macht-verhältnisse ein sehr direktes Bild über den Nutzen und die Wirkung einer Teamberatung.

   o Inwieweit haben sich Machtformen im Sinne von Begrenzungs-macht positiv verändert?

   o Welche neuen Machtstrukturen sind entstanden, haben sich Machtverhältnisse verschoben?

   o Welche Bilder und Bewertungen von Macht findet das Team jetzt?

   o Ist das Team befähigt, seine Machtquellen zu nutzen und wir-kungsvoll einzusetzen?

2) Drei kleine Beispiele

Beispiel 1: Macht ist nicht klar zuzuordnen, die persönliche Autorität des Teamleiters verschwindet in der Organisation.

Eine Teamberatung soll in einer Organisation stattfinden, in der im Rahmen von Vorgesprächen eine kontinuierliche Intransparenz und Inkonsequenz im Treffen von Entscheidungen deutlich wird. Auf der Teamebene spiegelt sich das Geschehen als Orientierungslosigkeit und in Stresssymptomen der Mit-arbeiter wider. Die Frage schwebt im Raum: Bleibt das Team so, wie es ist, bestehen oder nicht? Wer darüber letztendlich zu befinden hat, ist nicht wirk-lich zu identifizieren. Diese schon länger andauernde unsichere Situation hat zu Leistungsabfall, hoher Fluktuation und häufigem Krankheitsausfall ge-führt, und dies wiederum ist der Anlass für die Teamberatung.

Es stellen sich für den Berater folgende Fragen:

   o Wo sollte ein Veränderungsprozess ansetzen?

   o Welche unternehmensstrategischen Fragestellungen können im Rah-men einer Teamberatung geklärt werden, welche nicht?

   o Wo liegt die Macht der Entscheidung über die Existenz des Teams, und wer hat sie oder nimmt sie?

   o Könnten die Entscheidungsträger an einer Teamberatung beteiligt werden?

- Angenommen ja, wie wäre ein konstruktiver Prozess zu gestalten?
- Angenommen nein, wie kann ein Auftrag formuliert werden – vom Team, vom Vorgesetzten –, und wie wäre dann ein konstruktiver Prozess zu gestalten?
- Welche Werte werden in der Organisation kommuniziert und wie werden sie realisiert?

Beispiel 2: Macht wird ausgeübt über Vorschriften. Es gibt einen Wertekonflikt (Partizipation der Mitarbeiterinnen versus Sachzwänge), der aber nicht offen benannt und ausgetragen wird. Hier erzeugen die machthaltigen Strukturen Ohnmacht auf allen Hierarchieebenen und bei allen Beteiligten.

Ein Beispiel aus der öffentlichen Verwaltung: Im Zuge der Einführung des Neuen Steuerungsmodells (NSM) in den Kommunen werden Mitarbeiter gebeten, in Projekten mitzuarbeiten, die die Umsetzung auf der operativen Ebene vorbereiten sollen. Die Ergebnisse dieser Projekte werden dann in der konkreten Umsetzung erfahrungsgemäß wenig berücksichtigt. Die Mitarbeiter reagieren mit Enttäuschungen, Skepsis bis hin zur Ablehnung des neuen Modells, was sich auf den Leistungsabfall in der Projektarbeit auswirkt. Dies ist ein Anlass für eine Teamberatung eines Projektteams.

Es stellen sich für die Beraterin folgende Fragen:
- Wie laufen die Entscheidungswege in der Verwaltung?
- Welche rechtlichen Spielräume und Grenzen gibt es?
- Wie lautet der politische Wille?
- Wo liegen die Machtquellen? Wer verfügt über welche Machtquellen?
- Welche Funktionsträger in der Hierarchie sind in der Verantwortung, diesen Veränderungsprozess zu begleiten und zu steuern?
- Welche Veränderungen können durch eine Teamberatung erreicht werden, und welche nicht? (struktureller Blick)
- Wie werden die Leitbilder von den Entscheidungsträgern der Verwaltung intern umgesetzt?

Beispiel 3: Macht verführt?

Situation: Ein ehemaliger Mitarbeiter eines Teams ist seit einiger Zeit zum Vorgesetzten aufgestiegen. Alle Hoffnungen und Erwartungen, die sich für die Teammitglieder mit seiner Beförderung verbunden haben, sind enttäuscht worden. Der Vorgesetzte führt das Team mit einem stark ausgeprägten, hierarchischen Bewusstsein, aus Mitarbeiterperspektive wird sein Führungsstil autoritär wahrgenommen. Er beteiligt die Mitarbeiterinnen selten an Entscheidungen, die das Team betreffen, er verkauft an höherer Stelle die Leistungen des Teams als eigenen Erfolg, er ist für die Teammitglieder selten greifbar, Gespräche mit ihm über das Tagesgeschäft oder Anliegen der Mitarbeiterinnen finden nur sporadisch statt. Und wenn es zu kurzen Gesprächen kommt, haben die Teammitglieder das Gefühl, ihn zu stören. Weil die Klagen über die Situation im Team nicht verstummen, hat die Personalabteilung eine Teamberatung empfohlen.

Es stellen sich für den Berater folgende Fragen:

- o Wie beschreibt und erklärt der Vorgesetzte seine Funktion, seine Rolle als Teamleiter, und wie seine Entscheidungen und seine Handlungen?
- o Was ist ihm wichtig, welche Werte hat er, und welche kommuniziert er an das Team?
- o Wie erklärt er sich die Vorwürfe des Teams?
- o Worin besteht aus seiner Sicht der Auftrag für den Berater?
- o Welche Machtressourcen nutzt er, welche nicht?
- o Worin besteht die Macht des Teams?
- o Welche Werte werden mit Macht verbunden? Was ist gute Macht, was ist schlechte Macht?
- o Wer übernimmt wofür Verantwortung? Und wie ist die Kommunikation darüber?
- o Wer muss empowert werden in der Situation?

9 Professionalität und Kompetenzprofile eines Teamberaters, einer Teamberaterin

"Träume, Utopien und Handlungstheorien müssen an der Praxis, der Erfahrung scheitern können, um neuen Träumen, differenzierteren Utopien, angemesseneren Theorien und menschen- wie gesellschaftsgerechten Lebensformen Platz zu machen."

Silvia Staub-Bernasconi (1986)

(1) Was ist Professionalität?

Unser Professionalitätsverständnis folgt einem auf aktuellen wissenschaftlichen Wissen basierenden und über Werte begründeten Handeln (wider allen Luhmannschen Einredens). Die externe Steuerung von Teamprozessen in Organisationen, Unternehmen und Verwaltungen ist keine Tätigkeit, die sich in ein paar Fortbildungen erlernen lässt. Vielmehr ist es ein Geschäft für Profis, die die erforderlichen Qualifikationen über eine Ausbildung erworben haben und die vor dem Hintergrund faktischer Praxisanforderungen in unterschiedlichen Kontexten Erfahrungen sammeln und reflektieren konnten, die ihr aktuelles Wissen und individuelles persönliches Repertoire an Beratungskompetenzen ausmachen. Professionalität zeigt sich in der Fähigkeit, Theorie und Praxis miteinander zu verbinden, "nach den genannten Regeln zu suchen, und dann – unter Berücksichtigung der Rahmenbedingungen – zu versuchen, sie anzuwenden". (Staub-Bernasconi 2002, S. 42) Die gedankliche Verknüpfung von wissenschaftlichem Bezugswissen in konkrete professionelle Handlungsschritte basiert auf der Transformationskompetenz der Beraterin, die folgenden Aspekte authentisch zu verkörpern:

- o **fundiertes theoretisches Wissen** zur Analyse und Erklärung der Situation, wie wir es im Theorieteil vorgestellt haben.

- o **Erfahrungswissen** im Sinne von Kontextbewusstsein, was in der spezifischen Kultur der Organisation verstanden wird und möglich ist.

- o **Werte- und Kriterienwissen**, also Wissen darüber, welche Werte in der Organisation begleitet werden, und eine Reflexion der Werte und Grundhaltungen, die der Berater verfolgt, o eine breite Palette von **Handlungswissen,** Verfahren und Techniken, die sie der Situation angemessen und flexibel einsetzen kann

o **Evaluationswissen** als Kriterienkatalog, nach dem die Wirkungen von Interventionen hinsichtlich ihrer nachhaltigen Veränderungen überprüfbar sind, die zu einer Verbesserung der Leistungen im Team führen.

o Eine individuelle **Persönlichkeit** als Beraterkompetenz, die ein Spektrum an Selbstvertrauen, gesundem Selbstmisstrauen (eigene Grenzen kennen), Zuversicht und Liebe zu den Menschen und der Welt umfasst.

Geiser charakterisiert die Merkmale professionellen Handelns (Geiser 2005, S. 104a) als:

o Reflektiert
o Systematisch
o Objektivierbar
o Effektiv
o Effizient
o Ethisch legitimiert

(2) Zur Unterscheidung von Qualifikation und Kompetenzen

In Ausbildung, Studium und Weiterbildung werden Qualifikationen erworben. Unter dem Begriff **Qualifikation** verstehen wir, bezogen auf die Bereiche Organisationsentwicklung, Personalentwicklung und Teamberatung, die potenziell notwendigen theoretischen, systemübergreifenden Kenntnisse, die eine Beraterin benötigt, um ihre Rolle in diesem Feld ausfüllen zu können.

Was sind Kompetenzen?

Kompetenzen hingegen beschreiben kontextgebundene und personenabhängige Fähigkeiten, die den Regeln, Eigenlogiken und Werten eines bestimmten Systems entsprechen und nur dort als solche verstanden und gedeutet werden (vgl. Sagebiel 1994, S. 250; Schäffter 1990, S. 308).

So wird die Fähigkeit eines Beraters im Kontext einer Teamberatung qualifizierte Kommentare über Autorennen abzugeben, bei einem Kunden, der sich als Sponsor für Autorennen betätig, als Kompetenz verstanden werden. Denn um in diesem Kontext professionell handeln zu können, bedarf es neben methodischer auch einer sozialen und kommunikativen Kompetenz, die im Feld anschlussfähig ist. Kompetenzen beschreiben also den persönlichen Stil, eine Rolle auszufüllen.

Qualifikationen und Kompetenzen bedingen sich gegenseitig und sind nur im Doppelpack zu haben. Die Aneignung von Kompetenzen als berufsspezifisches Erfahrungs- und Handlungswissen ist kontextabhängig, und diese können somit notwendigerweise nur innerhalb des jeweiligen Tätigkeitsbereiches erfahren und erlernt werden. Sie stehen als subjektiv verfügbare Fähigkeiten im Zusammenhang mit der jeweils individuellen Lern- und Berufsbiografie des Beraters. Kompetenz meint die Gesamtheit von verfügbaren Kenntnissen und Fähigkeiten, die sich in der Person der Beraterin in einer Interaktionssituation zur Professionalität verdichten. Die Balance zwischen Kontext und Kompetenz verkörpert sich individuell in der Person der Beraterin als ihr spezifisches professionelles Kompetenzprofil.

(3) Persönlichkeit als Beraterkompetenz

Professionalität im Beratungs- und Trainingsbereich bezieht sich auf die Steuerung von komplexen, der spezifischen Eigenlogik folgenden Interaktions- und Kommunikationssystemen. Wie die Kunst der Steuerung gelingen kann, haben wir im Theorieteil beschrieben. In Anbetracht des unsicheren Terrains, auf dem sich die Beraterin bewegt, gewinnt die Person der Beraterin eine nicht zu vernachlässigende Bedeutung für die Wirkungen und den Erfolg ihrer Interventionen. Denn Professionalität im pädagogischen Bereich (Teamberatungen sind Lernsituationen) beruht nur zu einem Teil auf angeeignetem Wissen und erlernten Methoden und Techniken. Der andere Teil der Tätigkeit ist stark an die Person der Beraterin gebunden, wie sie ihre Erfahrungen und Fähigkeiten einsetzt, sich dem Auftraggeber, dem Team präsentiert (Self-Performance), wie sie Situationen beschreibt, bewertet und handelt. Es soll hier nicht um die Frage gehen, welche Persönlichkeitsfaktoren sich zur Anregung von Lernprozessen und Steuerung in Teams als Kompetenzen erweisen, vielmehr geht es um eine nüchterne Selbstreflexion und Selbsteinschätzung, über welche Ressourcen der Berater, die Beraterin verfügt, um Teamberatung professionell zu gestalten. Auf den Punkt gebracht: Professionalität besteht also darin, dass der Profi-Berater weiß, was er kann und was er nicht kann. Und dass er das, was er kann, weiterentwickelt. Wir möchten diesen Aspekt von Professionalität **persönliche Beraterkompetenz** nennen. Dazu gehören z.b.:

o Vertrauen in die eigenen Fähigkeiten und darin, sich auf sich selbst und die eigene Intuition verlassen zu können.

o Mut zum Risiko, die Aufgabe von Gewissheiten.

o Zuhören und abwarten können, sich selbst zurücknehmen und dem Team zu dienen (nicht es zu bedienen!).

o Gelassenheit, Ruhe und Geduld auch in unstrukturierten, konfliktreichen Situationen zu bewahren.

o Sich selbst während des Beratungsprozesses zu beobachten, um offen bleiben zu können, vieldeutige Situationen konstruktiv zu deuten und zu nutzen.

o Vertrauen in die Ressourcen und Lernpotenziale der Teammitglieder haben, Veränderung aus eigener Kraft bewältigen.

o Humor als die Fähigkeit über sich selbst zu lachen und in bedrohlich erscheinenden Situationen die komischen Aspekte zu beschreiben.

o Die eigenen emotionalen und geistigen Möglichkeiten und Verhaftungen kennen und zur Verfügung stellen können.

o Die eigene Intuition immer wieder pflegen, schärfen und überprüfen.

o Mit Übertragung / Gegenübertragung / Projektion oder vergleichbaren Phänomenen umgehen können.

o Spaß, Neugierde und Interesse an der Arbeit.

o Das Bewusstsein und Wissen darum, dass die Beraterin als Person mit ihren Einstellungen und ihrer Art des kommunikativen Umgangs die Grenzen und Spielräume in der Lernsituation markiert.

o Der ästhetische Aspekt, sich der Wirkung von Äußerlichkeiten bewusst sein und das eigene Erscheinungsbild der Kultur der Organisation anpassen.

Unsere Erfahrungen zeigen, dass in Zeiten des Überangebotes von Beratung mehr und mehr ein Einpersonenkult stattfindet (und auch von den Medien unterstützt wird), der den Mythos nährt, die Lösung des Problems läge darin, die "richtige" Person auszuwählen.

Vor dem Hintergrund dieser gesellschaftlichen Entwicklung kommt der Persönlichkeit des Beraters immer mehr Bedeutung zu. Wir haben bewusst den eher aus der Mode gekommenen Begriff "Persönlichkeit" gewählt, weil dieser Begriff ein Zuschreibungsspektrum von vermutetem Können beinhaltet (lat. per-sonare – durchklingen), das von außen wahrgenommen wird, wohingegen der aktuell favorisierte Identitätsbegriff den Prozess der inneren Selbstbeschreibung charakterisiert, der hier nicht in Rede steht. Vielmehr geht es um die Resonanz, die die Person des Beraters, der Beraterin beim Gegenüber erzeugt, ob er oder sie vom Auftraggeber als anschlussfähig und kompetent eingeschätzt werden.

Im Unterschied zur Rolle, die sich auf die Funktion einer Beratertätigkeit bezieht, scheinen sich die persönlichen Qualitäten eines Beraters auf die Wahrscheinlichkeit seines Erfolgs zu beziehen.

Persönlichkeit als Beraterkompetenz, sich als Person zu zeigen, verstehen wir als eine Verbindung von Methode und Erfahrung, dazu gehört:

o Die Fähigkeit haben, Kraft zu schöpfen – sich selbst genug sein (nach einem intensiven Trainingstag mit sich alleine im Hotelzimmer einen Zustand von Zufriedenheit herstellen zu können).

o Seine eigene Mitte kennen, betreten und gestalten zu können, als Quelle von Kraft und Inspiration.

o Innovativ zu sein, durch vertrauensvolles Hören und Erspüren der eigenen Intuition.

o Die eigenen Grenzen sprengen, durch eine tiefe Liebe zur Welt und den Menschen – überpersönliche Aktivität und Motivation.

o Unabhängig und frei sein können von Lob und Anerkennung der Teammitglieder / Auftraggeber.

o Ausreichend Intelligenz für einen tiefen und respektvollen Humor, der sich traut, Grenzen zu überschreiten.

(4) Der Umgang mit Macht als Teilaspekt von Beraterkompetenz

Das Feld, in dem Beratung von Teams in Organisationen stattfindet, ist charakterisiert von einer hohen Machtdichte. Um sich darin souverän und angemessen bewegen zu können, braucht der Berater Bewusstsein, Wissen, Instinkt und Gefühl für Machtkonstellationen und deren Spielregeln.

Die Macht, die einem Berater in einer Teamberatung übertragen wird, ist nur eine geliehene, sie kann ihm oder ihr jederzeit wieder entzogen werden. Um es in einem Bild zu beschreiben, die Macht des Beraters ist auch ein Schleudersitz, Team / Auftraggeber könnten jederzeit auf den roten Knopf drücken.

Diese von außen geliehene (verführerische) Gestaltungs- und Steuerungsmacht gilt es anzunehmen und zu benutzen. Um Macht verantwortungsvoll auszuüben, braucht der Berater

- o ein Bewusstseins für Macht, er muss erkennen können, wo die Macht sitzt und wie sie wirkt;
- o Kriterien, um die gelebten Formen von Macht zu analysieren und in ihrer Wirkung zu bewerten und ihre Konsequenzen (Gewinn und Verlust) abzuschätzen zu können;
- o ein neutrales, reflektiertes Verhältnis zu Macht, zu ihren Sonnen- und Schattenseiten, Verantwortung und Einflussnahme;
- o Wissens über unterschiedliche Machtformen, um abschätzen zu können, welche Machtquellen aktiv genutzt werden, welche als Ressource potenziell verfügbar wären.

Ausführlich haben wir den Umgang mit Macht in Teamberatungsprozessen in Kapitel acht diskutiert. Wie diese persönlichen Kompetenzen in einem Teamberatungsprozess gelebt werden, bleibt jedem Einzelnen nach seinen unverwechselbaren Eigenschaften überlassen. Denn: "Jedermann soll wohl achten, zu welchem Weg ihn sein Herz zieht, und dann soll er sich diesen mit ganzer Kraft erwählen." (Buber 1986, 14f).

III Praxistransfer

"Handle stets so, dass Du die Anzahl der Möglichkeiten vergrößerst!"

Heinz von Foerster (1993)

In der Arbeit mit Teams sind die Beraterin und der Berater immer mit einer Vielzahl an Möglichkeiten zu entscheiden und zu handeln konfrontiert. Denn abhängig davon, welche Beraterpersönlichkeit eine Teamberatung durchführt, wird, auch wenn die identischen Interventionen und Übungen verwendet werden, immer eine andere Prozessmarkierung erfolgen. Wir verstehen unsere Beispiele nicht als Anweisung oder Rezept im Sinne von "nur" so geht es, sondern als Anregung zur Erweiterung des vorhandenen Repertoires, um allen möglichen Teamsituationen eine jeweils authentische Resonanz für Entwicklung bieten zu können.

Denn Suchprozesse und Versuche sind kreative, schöpferische Vorgänge, ebenso wie die Interpretation und der Umgang mit unerwarteten, unbeabsichtigten Wirkungen, die neue Hypothesen und den Einbezug von Intuition erfordern (vgl. Staub-Bernasconi 2002, S. 42). Die Kriterien für die Auswahl sind klassische, exemplarische Situationen, die in Teamberatungen immer wieder auftauchen und die sich eignen, die Verknüpfung von theoretischem Bezugswissen (Theorieteil) und dessen Umsetzung in einer konkreten Situation in professionelle Handlungs- und Lösungsschritte aufzuzeigen.

Die Systematik der Beschreibung variiert je nach Aufgabenstellung und Zielsetzung. Die im Kapitel 11 beschriebene Auftragsklärung steht immer am Anfang einer Beratung.

Aufbau der Praxisbeispiele

- o Beschreibung eines Szenarios
- o Formulierung von Erklärungsmodellen und Hypothesen
- o Parallel zur Hypothesenbildung läuft die Auftragsklärung
- o Schilderung eines möglichen Designs und Ablaufes
- o Beschreibung der ausgewählten Intervention, Übungen und Techniken

(1) Arbeitstechniken als professionelles Handlungsinstrument

Wir verzichten auf die Verwendung des Begriffs Methoden, da diese sich wesentlich von Übungen und Techniken unterscheiden. Handlungstheoretisch formuliert bezeichnen Methoden ein anerkanntes systematisches Vorgehen zur Lösung von praktischen und kognitiven Problemen bzw. zur Erreichung eines praktischen Ziels (vgl. Obrecht 2005, S. 6). Methoden basieren auf umfassenden Handlungskonzepten, wie beispielsweise der Gruppendynamik oder der systemischen Familientherapie. Methoden sind zu unterscheiden von Techniken und Übungen. Während Methoden den gesamten Prozess einer Abfolge von Handlungen bezogen auf eine konkrete Situation bezeichnen, sind Techniken und Übungen klar umrissene Handlungen, die auf Teilaspekte der Situation gerichtet sind. Ein Beispiel: Im Konzept der Gruppendynamik gibt es die Methode des Soziogramms, in der verschiedene Techniken angewandt werden, z.B. die des Feedbacks.

Methoden und Techniken bilden das professionelle Interventionswissen und die Fähigkeit der Beraterin in einer konkreten Situation mit bestimmten Arbeitsweisen und Strategien verändernd einzugreifen. Die Techniken und Übungen, die im Folgenden beschrieben werden, stammen unter anderem aus Konzepten der Gruppendynamik (Levin 1953, Antons 1976, Doppler 2008, Rosenkranz 1990), der systemischen Familientherapie (Satir 1987, de Shazer 2009) und der Organisationsentwicklung (Comelli 1985, Fatzer 2004, Königswieser, Hillebrand 2005). Die von uns gewählten Beispiele orientieren sich in der Ablaufbeschreibung an den Phasen der Gruppenentwicklung.

(2) Über den Umgang mit Fragen

Im nun folgenden Praxisteil finden sich ganze Fragenkataloge, die wir nicht als Informationsfragen (Wie viele Mitarbeiter haben sie?) verstanden wissen wollen, sondern als eine Form der Intervention, mit der sich Spuren legen lassen in neue Möglichkeitsräume. Denn jede Frage beinhaltet auch ein Angebot zu einer alternativen Erklärung oder Vorstellung von dem, was ist oder sein könnte.

Für den Berater haben die Antworten zum einen Informationswert über das System und die Menschen, die er befragt, und zum anderen haben die Antworten für die Beraterin einen Erklärungswert, wie hängt was mit wem, auch mit meiner Frage und meiner Person, zusammen. Als Nebenwirkung, die schließlich eine Voraussetzung für das weitere Arbeiten sein wird, entstehen über den Umgang mit Fragen persönliche Begegnungen und Vertrauen. Deswegen ist auch das Einzige, auf das ein Berater bei der Auswahl der folgenden Fragen zu achten hat, ob ihn eine Antwort wirklich interessiert.

Wir haben die Phase der **Auftragsklärung** in unserer Beschreibung sehr verdichtet mit dem Ziel, die Grundelemente einer jeden Auftragsklärung deutlich zu machen, auch wenn die eine oder andere Situation Variationen davon verlangen mag.

Ein **Training / Workshop** mit einem Team, bei dem das Team das Thema ist, baut auf folgenden Grundschritten auf:

o Es braucht einen gemeinsamen Blick auf den Ist-Zustand, verbunden mit einem öffentlichen und offiziellen Betrachten der verschiedenen Perspektiven im Team.

o Veränderungspotenziale und Stabilität werden gemeinsam ausgelotet, zusammen mit den damit verbundenen Konsequenzen bzw. den daraus wieder neu entstehenden Themen.

o Vereinbarungen zur konkreten Arbeitsfähigkeit werden getroffen und eine Unterstützung dafür sichergestellt.

Unter **Evaluation** verstehen wir eine Intervention, die überprüft, inwieweit die während der Beratung gelernten und implementierten Veränderungen zu einer wirklichen Verbesserung der Leistungen des Teams geführt haben, was sich als sinnvoll, nützlich erwiesen hat (und was nicht) und welche neuen Lernthemen für die Einzelnen oder das Gesamtteam anstehen.

Warum in Unternehmen / Organisationen um die Jahrtausendwende ausgerechnet die beschriebenen Themen – Verbesserung der Zusammenarbeit, Lösung von Konflikten – in Teams Bedeutung haben, ist an anderer Stelle diskutiert worden (vgl. dazu: Beck/Schwarz 2000; Schwarz 2001; Wöhrle

2002; Beck/Schwarz 2004). Wir beobachten sehr große Unterschiede, was die Lernbereitschaft sowie die Veränderungs- und Anpassungsbereitschaft in verschiedenen Branchen anbelangt. So gibt es z.B. in der IT-Branche, wahrscheinlich aufgrund einer permanenten Weiterentwicklung der Produkte, einen leichteren Zugang zur persönlichen Weiterentwicklung als in Branchen, deren Produkte eher auf Sicherheit und Stabilität beruhen (z.B. Versicherungen, Kreditwesen). Es wird sich zeigen, welche weiteren Kompetenzen in Teams – und bei Beratern – ausgebildet und verfeinert werden müssen, um auch in Zukunft nachhaltigen Erfolg erreichen zu können.

11 Systemische Auftragsklärung

(1) Was ist eine Auftragsklärung

Eine Auftragsklärung ist ein gestalteter Prozess, in dem ein externer oder interner Berater als neutrale Instanz allen Beteiligten die Möglichkeit eröffnet, ihre jeweilige Perspektive auf den aktuellen Zustand sowie den etwaigen Veränderungsbedarf und die dafür angemessenen Wege zu formulieren. Während dieses Prozesses werden Dialoge und Reflexionen im Team und seiner Umgebung angestoßen. Diese mentale Beschäftigung und die Diskussion folgender Fragestellungen dienen der Vorbereitung des Teams auf einen Veränderungsprozess. Alle fünf Wissensebenen werden thematisiert:

o Was ist aus den verschiedenen Perspektiven der Beteiligten aktuell los? (Ist-Zustand)

o Wie erklären sich die Beteiligten den Ist-Zustand?

o Welche Ziele, Hoffnungen, Wünsche, Sehnsüchte werden von den Akteuren formuliert?

o Welcher Handlungsspielraum und welche Mittel für Veränderung stehen zur Verfügung?

o Welche neuen Themen werden sich wahrscheinlich nach einer Realisierung ergeben?

Dieser Prozess – bestehend aus Interviews, Hypothesenbildung, Reflexion und Empfehlung – wird durch den Berater gestaltet und durchgeführt. Die Ergebnisse daraus werden den Auftraggebern rückgemeldet und gemeinsam mit ihnen reflektiert mit dem Ziel, einen sinnvollen Rahmen für die Bearbeitung der anstehenden Themen zu finden und damit den einfachsten und zugleich wirkungsvollsten Hebel für Veränderung im Team zu identifizieren.

Danach wird vom Auftraggeber die Entscheidung für die geeignete Maßnahme und ihre Planung getroffen. Einflusskriterien dabei sind natürlich auch der finanzielle und zeitliche Aufwand, gemessen an der Bedeutung und der Notwendigkeit der Leistung des Teams.

Es gibt auch andere mögliche 'Eingangstüren', Varianten, um eine Weiterbildungsmaßnahme / einen Lernprozess für ein Team anzustoßen.

Ziel einer jeden Auftragsklärung ist nicht, dass die Beraterin aufgrund detaillierter Kenntnisse eine stimmige Diagnose erstellt. Vielmehr ist es das Ziel, dass das System angeregt wird, über sich und seine Potenziale nachzudenken, und anfängt, darüber in einen Austausch zu gehen, der einen Unterschied zu den bisher üblichen Vorstellungen und Verfahrensweisen macht. Idealerweise fängt das Team an, sich selber zu fragen, wie es anders gehen könnte.

Variante 1 – Teamberatung im Rahmen eines Veränderungsprojektes im Unternehmen mit dem Ziel, sich an veränderte Gegebenheiten anzupassen und die Leistung im Team beizubehalten bzw. zu steigern:
Dabei kann der Schwerpunkt eher auf einer standardisierten Vorgehensweise liegen als in der detaillierten Betrachtung eines Ist-Zustandes. Auftragsklärung hat dann eher den Fokus einer klaren und transparenten, gemeinsam getragenen Beschreibung eines Zielzustandes, einer Vision sowie der Ausleuchtung aller möglichen Wege dahin.

Variante 2 – Teamberatung als ein Standardinstrument im Rahmen einer kontinuierlichen Organisationsentwicklung:
Wenn es in einer Organisation üblich ist, dass sich Teams regelmäßig eine Reflexionszeit / Auszeit nehmen können, werden sich die Themen der reinen Entwicklungsphasen mit den aktuellen Arbeitsthemen mehr und mehr vermischen. Eine Vorbereitung besteht dann eher in der Auswahl der relevanten Geschäftsthemen für einen Team-Workshop bezüglich ihrer Relevanz, ihrer Komplexität und ihrer Potenziale für Lernschritte im Team.

Variante 3 – Teamberatung als ein situativ eingesetztes Instrument in einer Organisation zur Prävention oder Behebung von Minderleistung sowie zur Unterstützung und Beschleunigung von Höchstleistung:
Es gibt verschiedene Anlässe in einer Organisation, sich externer Unterstützung für die Gestaltung eines Lernprozesses in Teams zu bedienen: Es kann sein, dass Reibungsverluste in einem Team unübersehbar hoch geworden sind, dass mehr Potenzial im Team vermutet wird als sichtbar ist, oder einfach, dass die Erwartungen an neu gestaltete Teams sehr hoch sind und ein

solcher Workshop zur Unterstützung und Beschleunigung der Erreichung eines Höchstleistungsniveaus eingesetzt wird.

Wir beschränken uns für die Beschreibung einer Auftragsklärung auf die **Variante 3**, weil sie den Wert eines solchen Vorgehens am deutlichsten aufzeigt.

(2) Varianten der Gestaltung

Folgende Schritte der Auftragsklärung schlagen wir vor:[6]

1. Schritt: Perspektiven der Auftraggeber
2. Schritt: Der Berater interviewt die Führungskraft des Teams
3. Schritt: Der Berater interviewt die Mitarbeiter im Team
4. Schritt: (nicht immer obligatorisch) Interviews mit Schnittstellen / Partnern / anderen Abteilungen
5. Schritt: Der Berater fasst alle Informationen zusammen und meldet das Ergebnis der Vorgespräche zusammen mit einer Empfehlung dem Auftraggeber zurück
6. Schritt: Gemeinsame Zielformulierung – ist oft schon Bestandteil des nächsten Schrittes

1. Schritt: Perspektiven der Auftraggeber

Manchmal ist der Auftraggeber mit der Führungskraft identisch, manchmal ist der Auftraggeber auch der Vorgesetzte der Führungskraft, die Geschäftsleitung oder eine andere interne Stelle wie z.B. die Personalabteilung. Aus diesen Perspektiven sind vor allem Unterschiede interessant:

o Woran würde es der Auftraggeber merken, dass eine – wie auch immer geartete – Maßnahme erfolgreich war?

o Wer würde dann was tun?

o Was wären signifikante Unterschiede zum Ist-Zustand?

o Welche Konsequenzen hätte es, wenn alles so bleibt, wie es ist?

o Wer würde dann was tun?

---

[6] Die dabei verwendeten Fragestellungen basieren auf den Erkenntnissen aus der systemischen Beratung – genannt seien Bernd Schmid, Gunther Schmid, Steve de Shazer u.a. sowie die im Buch vorgestellten Wissensebenen.

Auch die Bedeutung der Unternehmenskultur für die spezifische Situation könnte an dieser Stelle erörtert werden:

- o Angenommen, das Team würde seine Leistungsfähigkeit signifikant in die Höhe schrauben – wie viel Überlebenszeit hätte dies in der aktuellen Firmenkultur?
- o Welche neuen Themen tauchen dann – eventuell auch für andere Teams – auf?

2. Schritt: Die Beraterin interviewt die Führungskraft des Teams
Mögliche Fragen für das Erstgespräch mit der Führungskraft:

- o Was sind Ihre Zielvorstellungen bzw. was soll nach einer solchen Maßnahme anders sein?
- o Welche Themen sollen behandelt werden, welche nicht?
- o Wer würde wann wie reagieren, wenn ich als Beraterin den Auftrag so annehme?
- o Wie tragen Sie selbst dazu bei, dass es so ist, wie es ist? Wie haben Sie in der Vergangenheit dazu beigetragen, dass es heute so ist, wie es ist?
- o Welche unterschiedlichen Perspektiven auf die Situation kennen Sie? Können Sie die in Ihren Worten beschreiben?
- o Was wäre, wenn nichts passiert?
- o Wer definiert wann, wie und wem gegenüber welche Probleme?
- o Was könnten Sie tun, um diese Probleme zu verstärken?
- o Sind im Team Ihre Sichtweisen, Prioritäten und Hintergründe bekannt?
- o Wie reagieren die Teammitglieder auf Ihre Vorstellungen?
- o Welche bisherigen Versuche einer Teamentwicklung in Ihrem Sinne hat es schon gegeben?
- o Welche Fähigkeiten und Stärken sehen Sie in diesem Team?
- o Woran würden Sie erkennen, dass die Fähigkeit im Team für bessere Ergebnisse steigt?
- o Angenommen, ihr Zielzustand wäre erreicht, womit wären Sie dann beschäftigt?
- o Woran werden Sie Erfolge erkennen?

3. Schritt: Interview mit den Mitarbeitern

Nach dem Erstgespräch mit der Führungskraft benötigt der Berater die Erlaubnis, mit den weiteren Beteiligten in einen Dialog zu gehen, sie über die Möglichkeiten eines Beratungsprozesses zu informieren, ihre Erwartungen dazu abzufragen und die Ergebnisse dieses Gespräches sowohl dem Vorgesetzten als auch dem Team zur Verfügung zu stellen. Die Beteiligten sind alle Personen, die in diesem Team arbeiten, unabhängig von ihrer Funktion und der Dauer ihrer Teamzugehörigkeit. Auch sogenannte temporäre Arbeitskräfte oder die klassische Teamassistenz können aufgrund ihrer besonderen Perspektive oft wichtige Informationen geben.

Mögliche Fragestellungen für die Teammitglieder:

- o Wie erleben Sie dieses Team?
- o Welches Image hat das Team in der Organisation?
- o Was läuft gut im Team?
- o Was läuft nicht so gut?
- o Was fehlt?
- o Wie wird Führung erlebt?
- o Wie klar und verständlich sind Visionen, Ziele und Strategien?
- o Ist die Aufgabenverteilung bzw. die operative Ebene effizient genug?
- o Welche Rollenvielfalt gibt es im Team, und wie flexibel können unterschiedliche Rollen von unterschiedlichen Personen genutzt werden?
- o Welche Funktion hat das Team für die Teammitglieder? Welche sollte es haben?
- o Für welche Aufgaben und Themen wird überhaupt ein Team gebraucht?
- o Welche Aufgaben werden besser von Einzelnen erledigt?
- o Was wird als hilfreich wahrgenommen?
- o Was wird als störend erlebt?
- o Gibt es eine Problemdefinition oder einen konkreten Veränderungswunsch?
- o Spielt die Historie des Teams eine Rolle?
- o Wie hoch auf einer Skala von 0 – 10 ist die Bereitschaft bei den Einzelnen zum Lernen zusätzlicher Kooperationsmöglichkeiten?

o Welche Maßnahme wäre aus dieser Perspektive hilfreich?

Diese Fragen können den Teammitgliedern sowohl einzeln gestellt werden als auch in einem Gruppeninterview. Bei einem Gruppeninterview geht es darüber hinaus auch noch um den Prozess, der mit o.g. Impulsfragen im Team in Gang kommt oder vermieden wird, bzw. welche Aussagen in der gefühlten Atmosphäre vermutet werden.

Prozessfragen können dabei hilfreich sein, z.b.:

Angenommen, alle schweigen und es gibt nur wenige, zögerliche Antworten auf die Fragen des Beraters von Einzelnen:

o Wenn wir jetzt auf einem Teamworkshop wären und das Engagement in der Gruppe wäre genauso – wäre das eher typisch oder eher untypisch für das Team?

o Was müssten die Berater tun – oder lassen – um das Schweigen zu verstärken?

o Fehlen Informationen? Ist z.b. unklar, was Vertraulichkeit hier bedeutet?

o Welche anderen Fragen müssten wir stellen, um auf die wirklich relevanten Themen zu kommen?

o Welches Zutrauen gibt es in den Sinn einer solchen Maßnahme?

o In die Kompetenz der Berater?

Je größer ein Team ist, desto eher macht es Sinn, einen solchen Prozess mit mehreren Beratern durchzuführen. So kann eher sichergestellt werden, dass die meisten Informationen dokumentiert werden können, und die Wahrnehmungen und Hypothesen der einzelnen Berater können im Austausch überprüft werden.

4. Schritt: (nicht immer obligatorisch) Vorgespräche mit Schnittstellen / Partnern / anderen Abteilungen

Der Berater führt ggf. Vorgespräche mit Schnittstellenpartnern des Teams, wenn deren Sichtweise für die Themenstellung relevant ist. Je größer und differenzierter ein Unternehmen ist, desto mehr sollte der Berater darauf achten, wer in anderen Bereichen noch Einfluss auf die Leistungsfähigkeit dieses Teams hat. Auch deren Perspektiven können vom Berater eingeholt werden.

(Z. B.: der Vorgesetzte der Führungskraft, die Geschäftsführung, Kunden, Stabstellen etc.)

Mögliche Fragen für Partner, Schnittstellen, Kunden:

o Wie wird das Team aus diesen Perspektiven wahrgenommen?

o Welche Stärken und Schwächen dieses Teams haben Bedeutung für die Organisation und den Unternehmenserfolg?

o Woran würde aus diesen Perspektiven deutlich werden, dass eine positive Veränderung eingetreten ist?

o Und welche neuen Herausforderungen würden sich dann für das Team ergeben?

5. Schritt: Zusammenfassung und Rückmeldung nach den Vorgesprächen

Nach den Interviews gibt es meistens eine zeitliche Pause. In dieser Zeit fasst der Berater die genannten Themen zusammen und meldet das Ergebnis der Vorgespräche, verbunden mit einer Empfehlung, dem Auftraggeber zurück. Das daraus erstellte, anonymisierte Dokument wird dann allen Interviewten zur Verfügung gestellt.

Zusammengefasst hat der Berater folgende Aufgaben:

o Er benennt die Hauptthemengebiete.

o Er fasst die Ergebnisse anonymisiert zusammen – in den Beispielen haben wir die Themen als Fragestellungen umformuliert, um dem Team die Möglichkeit anzubieten, eigene Antworten darauf zu finden.

o Er greift alle Vorschläge für ein weiteres Vorgehen auf.

o Er bewertet diese bezogen auf das vorhandene Problem, die aktuellen Themenstellungen sowie die vorhandenen Potenziale und Fähigkeiten im Team.

o Er spricht eine Empfehlung aus.

Beispiel 1, Teambuilding, Zusammenfassung der Vorgespräche:

Nehmen wir an, ein Team hat erst vor kurzem seine Arbeit aufgenommen, und es geht darum, sich gemeinsam auf eine tragfähige Kultur, Regeln, ein gemeinsames Selbstverständnis zu einigen und eine Basis für zu erwartende anspruchsvolle Situationen zu legen.

Zusammenfassung der Themen aus den Vorgesprächen (vgl. Teamtraining 1. Beisp.)	Folgende Fragestellungen sind im Team zu bearbeiten
Kennenlernen	Welches Selbstverständnis haben die Kollegen bezogen auf die Arbeit im Team? Wo liegen Fähigkeiten und Stärken der Einzelnen? Welche dieser Stärken werden genutzt und könnten noch mehr genutzt werden? Welche Struktur braucht es dazu? Wie kann von den Erfahrungen / Stärken der Kolleginnen profitiert werden?
Team	Gibt es ausreichend Rollenflexibilität zur Erledigung der anstehenden Aufgaben? Gibt es genügend Innovation, Kreativität und eine hilfreiche Streitkultur für aktuelle und zukünftige Fragestellungen? Sind die gegenseitigen Wünsche, Ziele, Visionen im Team bekannt und in einem konstruktiven Austausch? Gibt es im Team ausreichend Unterstützung?
Führung	Wie können unterschiedliche Erwartungen an die Führungskraft in einen Dialog gebracht werden? Braucht es dazu Spielregeln?
Empfehlung	Zwei zweitägige Workshops im Abstand von ca. 9 Monaten zur Bearbeitung der oben genannten Fragestellungen sowie parallel dazu ein Einzelcoaching mit der Führungskraft mit dem Ziel, sie zu unterstützen, den Prozess im Team zu gestalten und auch über die Workshops hinaus erfolgreich zu führen.

Beispiel 2, ein Team von Führungskräften, deren Mitarbeiter selbst Führungskräfte sind:

Nehmen wir an, vor kurzem hat eine Reorganisation im Unternehmen stattgefunden und in der neu gestalteten Abteilung treffen sich verschiedene, historisch gewachsene Sichtweisen – was zu tun ist, wie es zu tun ist und warum dies nur so geht.

Es geht also sowohl um eine neu zu definierende, gemeinsame Ausrichtung und Effizienz aller Führungskräfte und Mitarbeiter als auch um die Beseitigung hinderlicher Kooperationskonzepte und darum, Möglichkeiten zu finden, wie sich verschiedene Arbeitsstile eher bereichern und ergänzen als behindern. Dahinter steht die existentielle Frage der Organisation, welchen Erfolg (am Markt) diese Abteilung überhaupt erreichen kann.

	Zusammenfassung der Themen aus den Vorgesprächen
Historie	Welche Bedeutung hat die unterschiedliche Herkunft der Mitarbeiter im Tagesgeschäft? Wo entstehen dadurch Ressourcen, wie werden sie genutzt? Wo entstehen dadurch Reibungsverluste, wie wird damit umgegangen? Wie sind die Mitarbeiter in diesen Prozess der Neustrukturierung miteinbezogen? Zu welchen Verhaltensweisen ermuntert das Managementteam?
Vision	Welche Visionen / Zukunftsszenarien gibt es im Managementteam? Gibt es ein gemeinsam getragenes Verständnis im Blick auf die Zukunft, die Produkte, die Kunden, den Markt, die Mitarbeiter? Welche Prioritäten setzt das Managementteam, um diese Vision zu erreichen?
Kooperation	Welche Erfahrungen mit erfolgreicher und schwieriger Kooperation prägen heute die Zusammenarbeit in der Abteilung? Wie kann sich ein unterschiedliches Verständnis von Kundenzufriedenheit ergänzen? Welche gemeinsamen Themen werden im Team bewegt, und welche Vorstellung von Qualität gibt es?
Empfehlung	Training on the job: Über den Zeitraum eines Jahres regelmäßige externe Begleitung der Team-Besprechungen, um die Umsetzung der angesprochenen Themen zu reflektieren

Nach diesem 5. Schritt gibt es in der Regel noch mal einen ausführlichen Kontakt mit den Auftraggebern bzw. der zuständigen Führungskraft, um die Ergebnisse zu diskutieren und eine Entscheidung bezüglich der anstehenden Maßnahmen zu treffen.

6. Schritt: Ziele

Aus den in den Interviews deutlich gewordenen Themen und Fragestellungen gilt es, in einem nächsten Schritt Ziele für das Team zu formulieren. Dieser Prozess kann sehr gut im Rahmen des Teamtrainings getätigt werden, wenn es sinnvoll erscheint, gleichzeitig an einem Inhalt (Ziele) und an der Arbeitsweise und den Kommunikationsstilen im Team zu arbeiten.

Die Ziele können aber auch als Zwischenschritt im Rahmen der normalen Teamarbeit formuliert werden. Die Verantwortung für die Formulierung der Ziele liegt bei dem Vorgesetzten und den Teammitgliedern, der Berater bietet seine Perspektive dazu an. Da wir den Umgang mit Zielen in vielen Organisationen sehr unterschiedlich erleben, verzichten wir an dieser Stelle auf eine konkrete Beschreibung dieses Prozesses und wollen beispielhaft ein Ergebnis aufzeigen.

Team Y hat sich auf folgende Ziele für den ersten Teamworkshop geeinigt:

- o Die Teammitglieder haben eine konkrete Vorstellung darüber, wie sie als leistungsfähiges Team funktionieren könnten und was dafür notwendig ist.
- o Die Teammitglieder wissen, welche Erwartungen im Team an sie in der jeweiligen Funktion gestellt werden und welche eigenen Erwartungen und Bedürfnisse sie im Team realisieren können.
- o Zwischen den Teammitgliedern und der Führungskraft sind die gegenseitigen Erwartungen offen ausgesprochen und es gibt einen verbindlichen Modus, sich darüber regelmäßig abzustimmen.
- o Die Teilnehmer haben sich auf Regeln und Bedingungen der Zusammenarbeit geeinigt.
- o Die Teilnehmer haben eine gemeinsame Vision für das Team entwickelt und sind in der Lage, diese weiter zu entwickeln.
- o Fördernde und hindernde Faktoren der Zielerreichung sind bekannt.

(3) Der Nutzen einer Auftragsklärung

Der Nutzen für den Auftraggeber:

o Der Auftraggeber kann die Bedeutung und die Konsequenzen seines Auftrages ausloten und hinsichtlich der erwartbaren Resultate abwägen.

o Der Handlungsspielraum für den Auftraggeber vergrößert sich durch das Ausloten von alternativen Vorgehensweisen.

o Die Perspektiven des Auftraggebers bezüglich der Notwendigkeit des Auftrages werden entweder bestätigt, ergänzt oder neu formuliert.

o Der Auftraggeber kann sich ein Bild über die Kompetenz des Beraters machen und entscheiden, ob der Berater in der Lage ist, den Auftrag zu erfüllen.

Der Nutzen für die Beteiligten:

o Jeder Beteiligte kann seine Bewertung und Erwartung an die Situation formulieren.

o Jeder Beteiligte kann seine bisherigen Deutungen und Lösungsversuche vorstellen und wird in seinem Beitrag wertgeschätzt.

o Unterschiedliche Perspektiven werden ausgesprochen und gleichwertig behandelt.

o Jeder Beteiligte kann Einfluss nehmen auf die Ziele einer wie auch immer gearteten Maßnahme.

o Individuelle Interessen können vertreten werden.

Der Nutzen für die Berater:

o Der Berater kann eruieren, ob die eigene Beraterkompetenz für dieses System einen Mehrwert darstellt, oder ob die folgende Maßnahme eher von anderen Kollegen mit einem passenderen Kompetenzprofil durchgeführt werden sollte.

o Die Auswahl der Interventionen für den Berater wird systemadäquat reduziert, im Unterschied zu Standardlösungen können zum System passende Interventionen entwickelt werden.

- Wiederholungen von bisher erfolgten, nicht erfolgreichen Lösungsversuchen werden vermieden.
- Der Auftrag wird konkret.
- Der Berater kann über seinen Trainings- / Beratungsansatz informieren, kann seine eigenen Werte, Grundhaltungen und sein Wissen mit der der Organisation abgleichen und erfahren, inwieweit diese kompatibel sind.

Nutzen für alle:

- Ein gemeinsames Verständnis für die Ausgangssituation entsteht und sinnvolle Ziele und geeignete Maßnahmen werden generiert.
- Auftraggeber, Führungskraft, Berater und Team lernen sich kennen und erfahren, ob gegenseitiges Vertrauen möglich ist und ob der Berater einen eventuell nötigen Schutz anbieten kann.
- Die Wahrscheinlichkeit, Zeit und Aufwand effektiv zu investieren, steigt.
- Bereits im Vorfeld kann eine Reflexion oder Diskussion über Standards, Gewohnheiten, eingeschliffene Muster, Normen und Regeln, Erwartungen bei allen Beteiligten stattfinden.
- Die Wechselwirkungen unterschiedlicher Deutungen, Bewertungen und Erwartungen können bereits im Vorfeld Veränderungsprozesse in Gang setzen.
- Wahrnehmungsgewohnheiten im Team werden aufgedeckt und überprüft.
- Die Entwicklungsphase des Teams wird sichtbar.
- Möglichkeiten und Grenzen einer Entwicklung des Teams werden deutlich.
- Die Qualität der Maßnahme erhöht sich.
- Ein erstes Klären von Verantwortlichkeit und Zuständigkeit geschieht, Möglichkeiten und Grenzen werden deutlich.
- Die Handlungs- und Entscheidungsspielräume werden ausgelotet.
- Die Verteilung vorhandener Ressourcen und die Qualität der Rollenverteilung werden deutlich, aber auch ungenutzte Potenziale und Grenzen im Team können erkundet werden.

- Ein gemeinsamer Prozess wird vorbereitet, der alle Perspektiven berücksichtigt und in eine Richtung geht.
- Aufgabenverteilung, Arbeitsabläufe und Schnittstellen im Team für Kooperation können nach Effizienz und Sinnhaftigkeit überprüft werden.
- Einzelanliegen, bilaterale Themen und gemeinsame Teamthemen werden unterschieden.

(4) Schlussbemerkung

Die Qualität einer Auftragsklärung ist mit der Struktur der W- Fragen und ihrer Verdopplung im System garantiert. Im Sinne unseres systemischen Verständnisses wird bereits über die Dauer der Auftragsklärung ein Veränderungsprozess angestoßen. Die ökonomische Situation und die Philosophie einer Beraterfirma tragen maßgeblich dazu bei, welche Umsetzungsschritte empfohlen werden. Der Unterschied zwischen interner und externer Durchführung des oben beschriebenen Prozesses liegt in der Neutralität einer Betrachtung von außen, die oft deshalb einen Vertrauensvorschuss genießt, weil sie Themen bearbeiten kann, die manchmal für interne Mitarbeiter schwieriger zu bearbeiten sind. Was wir oft als hilfreich erleben, ist eine Kooperation zwischen internen und externen Beratern.

(1) Das Zusammenspiel zwischen Teamberaterin und Führungskraft

Für den Erfolg einer Teamberatung ist auch der Kontakt, den der Berater zu der Führungskraft des Teams aufbauen kann, entscheidend. Ganz allgemein verstehen wir die beraterische Dienstleistung einer Teamberatung als eine temporär "delegierte" Führungsaufgabe. Wir übernehmen in Teilen den Platz der Führungskraft, setzen unsere Impulse und Interventionen, arbeiten mit deren Wirkungen und verlassen das Szenario dann wieder. Die mit unserer Unterstützung bearbeiteten Themen werden von der Führungskraft aber auch alleine behandelt. Das verlangt ein klar abgesprochenes Zusammenspiel zwischen Führungskraft und Berater.

Dies erfordert vom Berater zum einen Kenntnisse in der Handhabung moderner Managementtechniken (die in der jeweiligen Firmenkultur adäquat sind) und zum anderen die Fähigkeit, die Führungskraft zu befähigen, den durch die Teamberatung angestoßenen Prozess im Team eigenständig fortführen zu können.

Die Rolle der Führungskraft

In der Rolle der Führungskraft bewegt man sich in dem Spannungsfeld zwischen Organisation und Teambedürfnissen und ist gefordert, dieses immer wieder auszubalancieren und mit den daraus resultierenden Dilemmata so konstruktiv als möglich umzugehen. (vgl. Eidenschink 2003)

Hierzu sind für die Führungskraft folgende Kompetenzen notwendig:
1. Organisatorische Kompetenz:
   Sich orientieren und erfolgreich bewegen können innerhalb der vorhandenen Strukturen.

2. Persönliche Kompetenz:
   Sich seiner mentalen Konzepte, seiner Gefühle, Reaktionen und seiner Wirkung bewusst sein und zwischen der Notwendigkeit, in Führung zu gehen oder sich zurückzunehmen, unterscheiden können.

3. Handwerkliche Kompetenz:
   Führungsinstrumente im Umgang mit Einzelnen und im Umgang mit einer Gruppe und deren Dynamik anwenden können.

4. Fachliche Kompetenz:
   Die Qualität der Leistung im Team einschätzen können, sie im Unternehmen vermarkten und sie mit den zuständigen Schnittstellen in der Organisation und eventuellen Partnern etc. verbinden können.

Um der Führungskraft während der Beratungsdauer die angemessene Unterstützung geben zu können, ist ein sensibler Wechsel zwischen Vieraugengesprächen und Gesprächen des Beraters mit der Führungskraft in der Öffentlichkeit des Teams notwendig. (In diesen Situationen gibt der Berater ein Modell für den Umgang mit der Führungskraft).

Im Vieraugengespräch werden die Handhabung passender Führungsinstrumente, der persönliche Stil, die innere Haltung und persönliche Struktur der Führungskraft sowie deren Ausdrucksformen zum Thema gemacht. Die Perspektive auf Mitarbeiter und deren Potenziale bzw. Leistungsfähigkeit sowie die Einflussmöglichkeiten der Führungskraft können Thema sein, genauso wie die im Spannungsfeld zur Organisation erlebten Dilemmata in der Führungsrolle. Basis einer solchen Beratung ist eine wertschätzende, vertrauensvolle Grundhaltung.

In dieses Vieraugengespräch gehören die folgenden Themen:
o Die persönliche Haltung der Führungskraft zur Organisation, deren Zielen und Strategien.
o Die persönliche Haltung zu den Menschen in der Organisation und im Team.

- Der Führungsstil und Möglichkeiten, diesen zu optimieren.
- Die persönlichen und beruflichen Perspektiven der Führungskraft.
- Ängste und Befürchtungen, Hoffnungen, Möglichkeiten.
- Aktuelles.

Zusammen mit dem Team, der Führungskraft und dem Berater werden folgende Themen be- und verhandelt:
- Feedback zwischen der Führungskraft und dem Team.
- Gegenseitige Erwartungen, Wünsche etc.
- Die Perspektiven des Teams, Vision, zukünftige Szenarien, Strategie.
- Die aktuellen Aufgaben und Aufgabenverteilung.
- Die Rollen im Team und der Umgang damit.
- Normen und Regeln im Team.
- Die Qualität der Zusammenarbeit mit anderen Teams/Bereichen/Kunden.

⇨ Dem Berater kommt die Aufgabe zu, die autonomen Systeme Führung und Team/Mitarbeiter darin zu unterstützen, ihre jeweiligen Anliegen und Problem so zu beschreiben, dass sie vom anderen System wahrgenommen werden können. (Luhmann)

(2) Die Zusammenarbeit zwischen internen und externen Teamberatern

Viele Organisationen haben in der Vergangenheit in die Ausbildung ihrer internen Berater investiert und wollen heute diese Kenntnisse und Fähigkeiten in ihrer Organisation nutzen. Es gibt allerdings einen großen Unterschied zwischen internem und externem Berater/Beraterin: Der interne Berater ist Teil des Systems und ihm stehen damit alle die Möglichkeiten zur Verfügung, die ein Systemmitglied hat: Information, Ressourcen, Status, Macht etc. Und gleichzeitig unterliegt er in seiner Wahrnehmung und seinem Handeln (Entscheidungen) den Grenzen und Beschränkungen des Systems Organisation. Er sieht nur das, was er sehen kann, und er versteht nur das, was in der Organisation verstanden wird. (vgl. Luhmann 1990)

Der Vorteil eines externen Beraters während eines Veränderungsprozesses liegt darin, dem System durch seine Beobachtungen und Beschreibungen eine Außenperspektive zur Verfügung zu stellen.

Durch diese Einheit von System- und Umweltperspektive ist potenziell ein Lernprozess möglich, von dem nicht nur das Team, sondern auch die Organisation profitieren kann. So können aus Lernprozessen im Team Standards im Unternehmen werden, z. B. können Feedbackprozesse (eher Aufgabe des internen Beraters) oder das Lernen aus verschiedenen Perspektiven Standard in der Teamarbeit werden, etwa in der Gestaltung einer effizienten Besprechungskultur (eher Aufgabe des externen Beraters).

Diese Kooperationsform erfordert aus unserer Erfahrung Behutsamkeit und Achtsamkeit, weil zwei oberflächlich gesehen ähnliche, in der Tiefe aber sehr unterschiedliche Rollen und Funktionen zusammen kommen. Diese Unterschiede haben das Potenzial, sich zu ergänzen oder sich zu behindern. Der externe Berater bewegt sich daher in einem nicht zu unterschätzendem Spannungsfeld. Werden diese Themenfelder nicht vor einem Beratungsprozess geklärt bzw. während des Prozesses im kollegialen Gespräch vertieft, können daraus Konfliktpotenziale erwachsen, die die Kraft haben, den ganzen Teamberatungsprozess zu sprengen.

Wir empfehlen folgende Themenfelder vor, während und nach einer Teamberatung gemeinsam mit dem internen Kollegen zu besprechen:

o Führung: Wer hat für welche Themen, Prozessschritte, Organisation die Verantwortung?
o Wie geschieht der Führungswechsel/geht die Übergabe?
o Wie wird mit Vertraulichkeit umgegangen?
o Wer hat welche Kompetenz und welche Aufgaben?
o Wie geht gemeinsame Vorbereitung?
o Wie passiert eine fortlaufende Rollenklärung?
o Wie passiert ein flexibler Rollentausch (good guy, bad guy, Papa, Mama, Praktiker, Theoretiker etc.)
o Welche Reflexionsstile werden gepflegt?

o Wie wird mit den tiefer liegenden Unterschieden im Trainingsstil, in der Position (intern, extern), im Wesen, in den Bedürfnissen (nach Anerkennung) umgegangen?

Aus der Perspektive der Teammitglieder verkörpert ein interner Berater auch die Arbeitgeberseite und wird oft auch als ein Repräsentant der Personalabteilung wahrgenommen. Die daraus resultierenden mentalen Konzepte bei den Teammitgliedern entwickeln manchmal eine Eigendynamik und nehmen Einfluss auf den Erfolg der Beratungsarbeit. Themen wie Offenheit, Vertraulichkeit und Konsequenzen für die Karriereentwicklung der Teammitglieder gehören mit in die Agenda. Dieses Gespräch moderiert der neutrale, externe Berater.

Für den externen Berater eröffnet sich aus dieser Konstellation ein zusätzliches Feld der Aufmerksamkeit: Neben der eigentlichen Teamberatung bedeutet die Zusammenarbeit mit internen Kollegen einen hohen Zeit- und Energieaufwand, der sowohl den Erfolgsdruck als auch die Erfolgschancen für den Beratungsprozess wesentlich beeinflusst.

(1) Szenario, Erklärungsmodelle, Hypothesen

Welches Szenario finden wir vor: Im Unternehmen ABC wurden nach einer Reorganisation Teams neu zusammengestellt. Team Y bekommt über die Personalabteilung Kontakt zu externen Beratern und ein Teamberatungsprozess startet – wie oben beschrieben – mit der Phase der Auftragsklärung.

Im Team sind heute 9 Mitarbeiter aus verschiedenen Bereichen, 6 erfahrene und 3 neu eingestellte Mitarbeiter. Führungskraft ist eine ehemalige Kollegin von zwei Mitarbeitern. Dieses Team arbeitet mittlerweile ein halbes Jahr zusammen, ist im Bereich Marketing angesiedelt und zuständig für die Zusammenarbeit mit den Partnern des Unternehmens. Ausgesprochenes Anliegen der Führungskraft ist es, das Team in der Kooperation zu unterstützen und etwaigen Konflikten vorzubeugen, etwas leiser wird die Frage der Leistungssteigerung im Team sowie die der Leistungskontrolle geäußert. Die Teammitglieder haben eigentlich kein spezielles Anliegen, für sie ist ein Teamworkshop eher eine Art Belohnung vonseiten des Unternehmens, und die Frage nach dem Freizeitbereich im Hotel ist wichtig. Die Zusammenfassung der Themen aus den Vorgesprächen (vgl. 1. Beispiel in Auftragsklärung S. 153ff.) erhalten sowohl die Mitarbeiter als auch die Führungskraft per E-Mail vorab.

Wie erklären wir uns das Szenario: Reorganisationen sind in dem Unternehmen seit einiger Zeit ein gewohntes Instrument, auf Veränderungen am Markt zu reagieren. Die Anlässe oder Notwendigkeiten für eine Umorganisation sind im Unternehmen einfach kommuniziert und verstanden worden. Die Mitarbeiter können meistens gut damit umgehen und sich relativ schnell und unkompliziert auf ihre neuen Aufgabenbereiche und neuen Kollegen einstellen. Die damit verbundenen Veränderungen werden als Chancen für die persönlichen Entwicklungs- und Karrieremöglichkeiten erlebt.

Im Folgenden werden wir die vorne vorgestellten theoretischen Konzepte nacheinander als mögliche Brillen benutzen, mit denen man Situationen betrachten kann, und erklären und begründen, was wir mit der jeweiligen Brille wahrscheinlich sehen. Darauf basierend entwerfen wir Hypothesen, mit denen wir dann eine Umsetzungsvariante beschreiben. Der Vorteil dieses transformativen Dreischritts (vgl. Staub-Bernasconi, 2003) liegt in der Erweiterung des professionell begründeten Repertoires.

Gruppendynamische Perspektive

Jede sich neu bildende Gruppe durchläuft die typischen Phasen der Gruppenentwicklung (vgl. Kapitel 3, (3)). Um diesen Prozess zu beschleunigen und das Team möglichst ohne größere Reibungsverluste in eine dauerhafte Produktivität zu bringen, ist ein Teamtraining ein in der Firmenkultur übliches Mittel. Über den Prozess der Findung im Team, sich über die jeweiligen Kooperationsvorstellungen kennenzulernen und verbindliche Vereinbarungen zu treffen, soll ein eigenes Selbstverständnis kreiert werden.

Unsere Annahme ist, dass sich das Team in der ersten Phase seiner Entwicklung befindet. Wir wissen, dass es sich hierbei nur um eine Annahme handelt, denn einige Teammitglieder kennen sich schon längere Zeit, und es könnte sein, dass das Team sich bereits im Übergang zur zweiten Gruppenphase befindet. Aus dieser Perspektive stellen sich z. B. folgende Fragen:

- o In welcher Phase erleben sich die Teammitglieder, und was bedeutet das für dieses Team?
- o Wer hat welche Rolle im Team?
- o Wer erwartet was von wem?
- o Welche zukünftigen Rollen werden im Team notwendig?

Ontologisch-systemistische Perspektive

Mit dieser Brille werden wir unsere Wahrnehmung vor allem auf die Bedürfnisse der einzelnen Individuen, deren Austausch- und Machtbeziehungen sowie die für die Einzelnen relevanten Werte richten. Aus dieser Perspektive stellen sich z. B. folgende Fragen:

- o Welche Werte, Standards und Normen sind für das Team sinnvoll, um dauerhaft effizient bleiben zu können?

o Welche Regeln sind für das Team notwendig, um elastisch nach innen und außen Höchstleistungen erbringen zu können?

o Was für Wünsche und Erwartungen werden offen ausgesprochen oder sind verdeckt vorhanden?

o Inwieweit sind diese individuellen Bedürfnisse und Wünsche legitim, so dass sie andere nicht benachteiligen?

o Wie sind bei den einzelnen Mitarbeitern die Potenziale verteilt, wer verfügt über welche Fähigkeiten und könnte sie als Teamressource zur Verfügung stellen und damit Einfluss (Machtquellen) gewinnen?

o Was braucht es, damit die Einzelnen ihre Ressourcen einbringen und sie miteinander verbinden können?

Funktional-systemtheoretische Perspektive

Mit dieser Brille richtet sich unsere Beobachtung insbesondere auf die Funktionslogik des Systems und seiner relevanten Umwelt. Aus dieser Perspektive stellen sich z.B. folgende Fragen:

o Wie „spielt" das Team die Organisation?

o Welche Rolle / Funktion nimmt das Team im Unternehmen ein?

o Ist das Team aufgrund seiner internen Differenzierung in der Lage, die Erwartungen der Umwelt zu erfüllen?

o Welche erweiterten Differenzkriterien bräuchte das Team, um die Erwartbarkeiten anderer Unternehmensbereiche/Kunden/Partner optimal zu erfüllen?

o Was kann vom Team selbst beobachtet werden, und was sieht das Team nicht?

Zur Bewertung und Hypothesenbildung werden die drei Sichtweisen miteinander verknüpft.

1. Ein Teamtraining, so wie es sich die Führungskraft vorstellt, dient der Steigerung der Motivation, der Konfliktprophylaxe und soll einen dichteren Zusammenhalt der Teammitglieder erzeugen.

2. Aufgrund unterschiedlicher Erfahrungen, Erwartungen, enttäuschter und erfüllter Hoffnungen für die eigene Karriere gibt es im Team unterschwellige Spannungen, die ein offenes Miteinander erschweren.

3. Die Chefin möchte gerne eine starke Gruppe hinter sich spüren, um ihre Stellung (und auch die des Teams) im Unternehmen deutlich zu positionieren – und eventuell bei der nächsten internen Veränderung den nächsten Karriereschritt zu machen. Trifft das zu, wäre das Team ein Mittel zu diesem Zweck.

4. Es bestehen existentielle Machtbeziehungen zwischen einzelnen Teams im Unternehmen. Das könnte die Teammitglieder auch untereinander in verdeckte Konkurrenz bringen. Verdeckt, weil das Spannungsfeld zwischen individuellen Ambitionen und Teamleistung für den Einzelnen zu einem Dilemma führt, das sowohl Team- als auch Einzelleistung behindert.

5. Aus Beraterperspektive gibt es zum gegenwärtigen Zeitpunkt nicht notwendigerweise einen Veränderungsbedarf. Aus der Perspektive der Führungskraft besteht der Bedarf nach externer Steuerung, um die Funktionalität des Teams zu optimieren.

6. Es ist eine gefährliche Situation: Die gute Kooperation im Team kann sich eventuell nur durch offenes Austragen vorhandener Konflikte entwickeln – der Eindruck entsteht: Mit einem Berater wird es schwierig ...

7. Oder der Berater bleibt auf der funktionierenden Kooperationsebene – der Eindruck entsteht: Ein Berater ist überflüssig ...
... und weitere Hypothesen wären möglich.

Hypothesen sind ihrer Natur nach vorläufige Annahmen und beeinflussen in diesem Kontext die nachfolgenden Interventionen. Es geht nicht darum, deren Richtigkeit zu überprüfen, sondern darum, den passenden Hebel für Veränderung zu finden, der das Team in der konkreten Situation inspiriert und zu einer Erweiterung der Sichtweisen und des Repertoires beiträgt. Danach wird die Hypothese überflüssig. Hypothesen braucht der Berater einzig zur Vorbereitung des jeweils nächsten Interventions- und Lernschrittes. Sie auch danach noch weiter als Arbeitsgrundlage zu benutzen, führt zu einer verkümmerten und verkürzten Sichtweise.

(2) Ein möglicher Trainingseinstieg

Mit den Informationen aus den Vorgesprächen treffen sich die Mitarbeiter, die Führungskraft, die Sekretärin und wir Berater in einem Hotel, ca. 20 km vor der Stadt. Für zwei Tage ist dort Unterkunft und ein Seminarraum gebucht. Wir treffen uns nach einem kurzen Imbiss im Seminarraum. Dort stehen die Stühle im Stuhlkreis, und nach einer kurzen Begrüßung beginnt eine von uns mit einer Anfangsrede.

Anfangsrede (1)

Wie bei jeder dieser Art von Anfangsinterventionen geht es darum, mit offenen Fragen einen Reflexionsprozess anzuregen, Impulse für mögliche Zukunftsszenarien zu setzen und in das Thema einzuführen. Der Trainer beginnt mit einer kleine Einführungsrede:

Jeder von uns war schon mal Mitglied einer Gruppe. Die meisten wissen auch wie es ist, Mitglied einer erfolgreichen Gruppe zu sein oder aber Teil einer Gruppe zu sein, die nicht erreicht, was sie sich vorgenommen hat. Egal ob in Schule, Ausbildung, Freizeit oder Beruf: Über die verschiedensten Erfahrungen in Gruppen verfügen wir alle. Wann haben Sie sich schon mal Zeit genommen, darüber nachzudenken, wie eine Gruppe genau funktioniert und wovon Erfolg oder Misserfolg in Gruppen bestimmt wird?

Dieses Training kann ein Ort sein, an dem Sie sich Ihrer vorhandenen Erfahrungen bewusster werden, Ihr Repertoire erweitern können und auf die Leistungsfähigkeit Ihres Teams heute anwenden können.

Lassen Sie uns einen kleinen Ausflug in ihre Erfahrungen machen ...
Erinnern Sie bitte eine Gruppe, in der sie Mitglied waren und die sehr erfolgreich war, egal auf welchem Gebiet – ob in der Freizeit oder im Beruf. Wahrscheinlich fallen Ihnen hierzu all die Menschen ein, die beteiligt waren, Orte, Szenen und Empfindungen.
Nehmen Sie sich die Zeit, die Sie brauchen.
Welche verschiedenen Rollen erinnern Sie?
Wer hat was bewegt? Wer hat Impulse gesetzt?
Wer hat wen wie unterstützt?

Wer hat für ausreichend Reibung und Kritik gesorgt?

Wer hatte den Rahmen, das Umfeld, das Gesamtgeschehen im Blick?

Waren es immer die gleichen Menschen, die diese Funktionen in der Gruppe übernahmen, oder gab es einen eher flexiblen Rollentausch – je nach Situation?

Und dann erinnern Sie bitte das Gegenteil: Eine Gruppe, in der sie Mitglied waren, egal in welcher Funktion, die weniger oder gar nicht erfolgreich war ...

Bitte stellen Sie die gleichen Überlegungen an:

Welche verschiedenen Rollen erinnern Sie?

Wer hat was bewegt? Impulse gesetzt?

Wer hat wen wie unterstützt?

Wer hat für ausreichend Reibung und Kritik gesorgt?

Wer hatte den Rahmen, das Umfeld, das Gesamtgeschehen im Blick?

Waren es immer die gleichen Menschen, die diese Funktionen in der Gruppe übernahmen, oder gab es einen eher flexiblen Rollentausch – je nach Situation?

Welche Unterschiede fallen Ihnen auf, wenn Sie vergleichen?

Und was fällt Ihnen zu Ihrem eigenen Repertoire ein?

Haben Sie bevorzugte Rollen in Gruppen?

Wie zeigt sich das in Ihrem Verhalten? Wenn diese Rolle einen Namen hätte, welcher würde am ehesten passen? Und wie ist es in dieser Gruppe? Wer bewegt was? Wer setzt Impulse? Wer unterstützt wen und wie? Wer sorgt für ausreichend Reibung und Kritik?

Wer hat den Rahmen, das Umfeld, das Gesamtgeschehen im Blick?

Welche dieser Rollen nehmen Sie in dieser aktuellen Gruppe ein?

Danach gibt es eine **Vorstellungsrunde (2)**

Jede/r eröffnet mit dem was er/sie zu sagen hat.

Unsere Runde orientiert sich an folgenden Fragen, die auf einem Flipchart stehen:

Jedem seine Anfangsrede:

- o Was mich bewegt ...
- o Was ich bewege ...

- o Erwartungen / Befürchtungen
- o Einen Erfolg dieses Trainings messe ich an ...

Dann besprechen wir mit der Gruppe den **organisatorischen Ablauf (3)** des Trainings, den zeitlichen Rahmen und geben uns eine **Agenda (4)**. Für die Kooperation empfehlen wir **Regeln (5)**, wie z.b.:

- o Vertraulichkeit
- o Verbindlichkeit
- o Selbstverantwortung
- o Störungen haben Vorrang[7]
- o Radikaler Respekt

Jeder hat in seinen Unterlagen das Handout **Einzelpräsentation (6)** und bereitet dazu auf einem Flipchart eine kurze Selbstpräsentation vor:

Mein aktueller Job	Was ich daran liebe ...
	Was mich motiviert/demotiviert ...
	Herausfordernde Perspektiven für mich sind ...
Unsere Abteilung	Ungeschriebene Gesetze in dieser Abteilung:
	Bei uns muss jeder ...
	Bei uns darf keiner ...
	Darüber freuen sich wirklich alle ...
Dieses Team	Worauf andere bei mir achten sollten ...
	Was Kollegen tun können, wenn sie mich gut behandeln wollen ...
	Wie die Kollegen von mir noch mehr profitieren könnten ...
	Was ich wirklich gut kann – und mir auch andere schon bestätigt haben
	Woran ich noch arbeiten möchte
	Was mir fehlt

---

[7] Störungen haben Vorrang: Diese Regel aus der Themen zentrierten Interaktion meint nicht das Klingeln von mobilen Telefonen oder anderen Störungen dieser Art, sondern alles, was die Aufmerksamkeit des Einzelnen hindert, an dem aktuellen Geschehen teilzunehmen. Zum Beispiel: "Ich hänge gedanklich noch an dem Ausspruch von XY und brauche dazu erst einige Erläuterungen, bevor ich wieder aktiv mitmachen kann."

Führung   Was mein Chef tun könnte, wenn er
mich motivieren/demotivieren will ...
Mit welchen Themen ich meinen Chef wirklich her-
ausfordern könnte ...

(3) Einzelpräsentationen

Der/die Vorgesetzte hat natürlich bei der letzten Frage die Variation zu beantworten: - Was mein Team tun könnte

Nachdem jeder diese Fragen schriftlich auf einem Flipchart beantwortet
hat, werden die Antworten im Plenum präsentiert. Während der einzelnen
Präsentationen hat jeder die Möglichkeit, Fragen zu stellen, Rückmeldungen
anzubieten, sein Bild des Vortragenden zu hinterfragen und zu überprüfen.
Meistens wird während dieser Präsentationen schon viel von den Themen
aus den Vorgesprächen angesprochen, diskutiert und kann sich klären.

Um Informationen über den aktuellen Stand in der Gruppe zu erhalten,
machen wir zum Abschluss der Einzelpräsentationen eine **Runde (2)** mit folgenden Fragestellungen:

o Wie haben Sie diese Übung erlebt?

o Gab es Überraschungen, neue Erkenntnisse?

o Was beschäftigt Sie im Moment?

Das nächste Thema wäre aufgrund der vereinbarten Zielsetzung (vgl. Auftragsklärung) die Klärung der gegenseitigen Erwartungen, sowohl untereinander als auch mit der Führungskraft. Ein oft benutztes Instrument dazu
findet sich in der Literatur unter dem Stichwort Rollenverhandlung (vgl.
Comelli 1985, S. 358). Dort wird auch eine genaue Handhabung beschrieben.

Wir benutzen dieses Instrument manchmal pur, manchmal auch in Variationen. So könnten z.b. weitere Fragestellungen im Rahmen der Rollenverhandlung sein:

Vereinbarungen (Teil der Rollenverhandlung)

Der wesentliche Punkt bei der Arbeit mit einer Rollenverhandlung liegt in den am Schluss getroffenen, entweder bilateralen oder gemeinsamen Vereinbarungen und deren Veröffentlichung im Team. Je nach Größe der Gruppe und Intensität der Themen kann mit dem Ende der Rollenverhandlung schon ein Großteil der Zeit des Workshops vorbei sein.

Reflexion (7)

Wir empfehlen, einen solchen Workshop mit der Reflexion des stattgefundenen Lernprozesses und einem Ausblick auf die zu erwartenden nächsten Schritte, die Herausforderungen der nächsten Gruppenphase zu beenden.

Dies gibt allen Beteiligten ausreichend Gelegenheit, ihre persönliche Lerner-fahrung zu reflektieren und zu vertiefen.

Schlussrunde (2)

Im oben genannten Beispiel könnten folgende Leitfragen zu einem Schluss-kommentar der Teammitglieder stehen:

- o Was hat mir dieser Workshop gebracht?
- o Was wird für mich in Zukunft wahrscheinlich anspruchsvoll werden?
- o Auf was freue ich mich?
- o Auf was werde ich in Zukunft besonders achten?

(4) Beschreibung der verwendeten Übungen

Wir verweisen in diesem Zusammenhang darauf, dass die Wahl der Techni-ken abhängig ist vom Können und der Persönlichkeit des Beraters. Es gibt nicht **die** richtige Technik. Es gibt nur mehr oder weniger hilfreiche, Spaß machende, im Trend liegende, veraltete Methoden. Wir empfehlen, nur mit den Übungen zu arbeiten, die sicher beherrscht werden, Spaß machen und die zielorientiert die Arbeit mit den anliegenden Themen unterstützen.

(1) Anfangsrede, Einführungstrance

Wir arbeiten gerne mit dieser Eröffnung, weil sie den Teilnehmern die Mög-lichkeit zum langsamen Ankommen und zum Nachdenken über eigene Er-fahrungen gibt. Dadurch entsteht ein Raum, der die Möglichkeit zum Inne-halten, Reflektieren und Ausloten der eigenen Perspektiven und Szenarien bietet. Die verschiedenen Wirklichkeitskonstruktionen werden eingeladen und die Selbstverantwortung bzw. die Möglichkeit der Mitgestaltung und Einflussnahme auf einen Erfolg oder Misserfolg des Workshops als ein Rah-menfaktor gesetzt. Dabei werden die wesentlichen Phasen des Trainings und der Entwicklung des Teams vorweggenommen – Vergangenheit, Gegenwart, Zukunft – und jeder hat die Möglichkeit, über seinen Beitrag zu einem Gelin-gen nachzudenken. Unterstellt ist beim Berater eine Kompetenz in Hypno-techniken, NLP oder anderen Formen des Anleitens und Führens von Reisen in innere Welten.

(2) Runden

Aus unserer Erfahrung haben Runden nur Vorteile, man muss sie aber steuern können. Dieses einfache Führungsinstrument für Gruppen ist universell einsetzbar und variabel. Eine Runde schafft einen Raum, in dem jede/r in seiner Einzigartigkeit sichtbar werden kann, und betont gleichzeitig die Verbindung und Gemeinsamkeit. Wir variieren sehr mit diesem Instrument, je nach Situation werden Fragen anders formuliert. Anfangsrunde, Runde nach einem inhaltlichen Schritt, Schlussrunde. Anlass dazu ist immer, einen Überblick über den aktuellen Zustand einer Gruppe zu erhalten, entweder zum Beginn eines Themas, mitten im Prozess, oder um ein Thema abzuschließen. Auch die allerletzte Intervention eines Trainings ist eine Runde. Ob darin Feedback für die Berater enthalten sein soll, entspricht dem persönlichen Geschmack.

(3) Rahmen und Organisation

Das sogenannte Selbstverständliche:

Natürlich kann ein Teamworkshop auch in den Räumen des Auftraggebers stattfinden. Wichtig ist allerdings, dass für die Dauer des Workshops so wenige Störungen wie möglich vonseiten der innerbetrieblichen Abläufe in den Workshop hinein spielen.

Wir halten die Teilnahme aller Teammitglieder einschließlich der Führungskraft für unabdingbar. Meistens bewegt sich die Personenanzahl in einem solchen Workshop dann zwischen 8 oder maximal 15 Personen. Bei größeren Teams braucht es andere Vorgehensweisen!

Der Tagungsraum sollte ausreichend Bewegungsfreiheit ermöglichen, Tageslicht, frische Luft, Moderationsmaterial, Flipcharts, Pinnwände. Ein Beamer oder andere notwendige Techniken erleichtern das Arbeiten. Die Unterlagen (Handouts) für die Teilnehmer sind auf die Sprache und Kultur der Organisation abgestimmt und passen zu den im Vorfeld benannten Zielen und Inhalten.

(4) Agenda

Wir geben in den Agenden einen thematischen Überblick über den Tag bzw. die jeweils veranschlagte Zeit. Dies geschieht meist in einer Form, die zur firmeninternen Kommunikation passt und genügend Transparenz und Flexibilität ermöglicht.

(5) Regeln

Einige der vorgeschlagenen Regeln sind Erfahrungswerte, nicht alle sind nötig. Welche Regel immer wieder erklärt oder betont werden muss, ist die Vereinbarung der Vertraulichkeit. Vertraulichkeit meint aus unserer Sicht nicht, dass Nichts über diesen Workshop nach außen dringen darf, sondern macht klar, dass alles, was persönlich ist, vertraulich behandelt wird, dass aber inhaltliche Themen und die allgemeine Vorgehensweise durchaus auch anderen mitgeteilt werden können oder müssen. Bei sensiblen oder kritischen Themen ist es hilfreich, sich auf eine gemeinsame Sprachregelung zu verständigen. Für den Berater ist es allerdings selbstverständlich, dass er keinerlei Information aus einem Teamworkshop weitergibt.

Wir raten davon ab, Kommunikationsregeln, wie "wir lassen den anderen aussprechen", zu Beginn eines Workshops aufzustellen. Stilformen der Kommunikation sind Ausdruck der momentanen Tiefenstruktur des Teams und eher als Symptom, denn als Ursache zu behandeln.

(6) Einzelpräsentationen

Diese Form des Einstiegs hat sich für ein Team in der Phase des Kennenlernens bewährt. (Dabei sei noch einmal darauf hingewiesen, dass die Zeitspanne, wie lange ein Team schon zusammenarbeitet, nichts darüber aussagt, in welcher Entwicklungsphase es sich befindet.)

Die einzelnen Themenblöcke und Fragestellungen richten sich nach den Ergebnissen aus den Vorgesprächen (vgl. Kapitel Auftragsklärung) und sind daher sehr variabel bzw. an die Unternehmenskultur sowie den Zustand des Teams angepasst.

Diese Form des Einstiegs empfiehlt sich bei Gruppen von maximal 10 - 12 Teilnehmern, da die Aufmerksamkeit für den Einzelnen in der Gruppe sonst schwierig wird. Diese Übung kann je nach Gruppengröße und Intensität zwischen einer und sechs Stunden dauern.

Kriterien, die bei der Auswahl dieser Methode eine Rolle spielen:

o Jeder Einzelne wird sichtbar in der Gruppe, hat Zeit und Raum, seinen Beitrag zu gestalten.

o Informationen über persönliche Haltungen, Positionen etc. werden gegeben und damit im Team öffentlich.

o Jeder kann den Grad seiner Offenheit selbstverantwortlich steuern.

o Selbstbilder und Fremdbilder können sich gegenseitig zur Verfügung gestellt und überprüft werden.

o Es dauert lange, die Teilnehmer müssen sich lange zuhören und sich gegenseitig viel Aufmerksamkeit widmen.

o Es ist ein pragmatischer Einstieg, kein spielerischer oder indirekter.

(7) Reflexion

Bei jeder Reflexion während eines Teamtrainings geht es um eine Wiederholung der zurückliegenden Lernschritte durch ein gemeinsames Bewusstwerden der einzelnen Schritte:

o Wodurch genau wurde ein Unterschied erreicht? (Im Vergleich zur Situation im Team vor der Maßnahme.)

o Wie hat dazu jeder Einzelne beigetragen?

o Was wurde gelernt?

o Wie kann das Gelernte im Tagesgeschäft umgesetzt, modifiziert, erhalten werden?

o Welche Konsequenzen werden daraus wahrscheinlich entstehen?

14a Praxisbeispiel 2   Konflikt im Team?
"Ein Team ist neben der Spur...."

(1) Szenario, Erklärungsmodelle, Hypothesen

Welche Situation finden wir vor? (Eindrücke aus den Vorinterviews) Die Führungskraft beschreibt die Situation im Team als stagnierend, es fallen Worte wie Leistungsverweigerung oder Minderleistung. Das Team wird insgesamt als unzugänglich oder sich abkapselnd erlebt. Außerdem ist die Führungskraft verärgert, weil die bisher von ihr angebotenen Vorschläge (gemeinsames Abendessen, Ansprechen der Schwierigkeiten im Rahmen des Teammeetings) zu wenig spürbaren Veränderungen geführt haben. Das Team wird als resistent gegenüber jeglicher Veränderung beschrieben. Es kursiert das Gerücht, das Team "kultiviere seine eigene Kultur".

Die Teammitglieder schildern uns ihrerseits, dass sie mit den neuesten Entwicklungen und Veränderungen im Unternehmen sehr unzufrieden sind. Sie empfinden eine große Orientierungslosigkeit, sie erwähnen eine Führungsschwäche nicht nur beim direkten Vorgesetzten, sondern auch bei der Geschäftsführung und befürchten, dass ihnen ein Arbeitsplatzverlust droht. Spannungen im Team gibt es laut Aussagen der Mitglieder keine. Das Team bietet stattdessen Sicherheit, Schutz und Verständnis angesichts der von außen wahrgenommenen Bedrohung.

Auf das Thema ihrer Leistungsfähigkeit angesprochen, beschreiben sich die Teammitglieder als durchaus motiviert, leistungsstark (unter Berücksichtigung der Umstände) und erklären, sie wären auch bereit, eine Mehrbelastung in Kauf zu nehmen.

Von anderen Schnittstellenpartnern erfahren wir, dass früher einmal darüber nachgedacht wurde, den Zuständigkeitsbereich des Teams ins Ausland zu verlagern, außerdem werden Zweifel an der Führungsfähigkeit des Vorgesetzten geäußert.

In Kenntnis der engen Marktsituation des Unternehmens wissen wir, dass ein dringender Veränderungsbedarf in dieser Branche ansteht. Die Mitbewerber sind sehr aggressiv, das Unternehmen kann und will sich keine internen Reibungsverluste leisten und wird alles tun, um seine Position am Markt nicht nur zu halten, sondern auch auszubauen.

Wie erklären wir uns das Szenario?

Historisch:

Das Unternehmen kommt aus einer gesättigten und erfolgreichen Zeit und stand in der Vergangenheit wenig unter dem Druck knapper Ressourcen. Die Notwendigkeit für Lernen und Veränderung war in der Vergangenheit sehr stark individuell motiviert, war aber nicht in die Unternehmenskultur integriert. Es haben bereits verschiedene Reorganisationsprozesse stattgefunden, mit dem Ziel, das Unternehmen flexibler aufzustellen und die Arbeitsabläufe zu optimieren. Dabei wurden viele Funktionen neu besetzt und einige Bereiche neu definiert oder geordnet. Einige Stellen wurden auch nicht mehr besetzt. Das heißt, die Mitarbeiter mussten lernen, sich von vertrauten Gewohnheiten zu verabschieden und sind bis heute in der Situation, sich immer wieder auf neue Kollegen, neue Aufgabenstellungen, neue Ablauf- und Entscheidungsstrukturen einzustellen. Ein Nebeneffekt dieser Reorganisationen ist, dass der Einzelne eine deutliche Mehrbelastung an Arbeitsumfang, Eigenverantwortung, Stressmomenten und zeitlichem Aufwand in seinem Zuständigkeitsbereich hat. Z.B. werden frei werdende Stellen nicht mehr besetzt und die individuelle Weiterbildung ist gestrichen worden.

Uns wird beschrieben, dass es zwei verschiedene Strömungen innerhalb der Belegschaft gebe: Diejenigen, die sehr verunsichert sind oder sich überfordert fühlen und zum Teil schon zynisch reagieren, und diejenigen, die ganz froh sind über die neuen Entwicklungen und sich davon günstige Zukunftsperspektiven versprechen.

Allgemein wird aber doch eine große Unruhe erlebt, Empfindungen von Angst und Bedrohung haben wohl zugenommen.

Gruppendynamische Perspektive

Aus dieser Perspektive identifizieren wir verschiedene Formen von Widerständen. Widerstände sind Teil eines jeden gesunden Veränderungsprozesses und als Lernthemen für die Beteiligten umzudeuten. Widerstand macht Sinn, weil er auf Themen hinweisen kann, die im Veränderungsprozess vernachlässigt wurden. Danach wäre die Haltung des Teams als konstruktiver Beitrag zur Gesamtveränderung des Unternehmens zu bewerten – es achtet gleichsam als Stellvertreter des Systems auf die Elemente, die es zu bewahren gilt. Diese Widerstände könnten begrüßt oder auch verstärkt werden, um dem Team deutlich zu machen, welchen wichtigen Beitrag es zur Unternehmensentwicklung leistet. Veränderungspotenzial wäre dann auf der Ebene des Rollentausches zu suchen: Wer außer ihnen könnte dafür sorgen, dass für die Identität des Unternehmen Wesentliches nicht verloren geht. Dieses Vorgehen macht nur Sinn, wenn die Identität des Unternehmens bestehen bleibt.

Ontologisch-systemistische Perspektive

Es besteht eine Machtbeziehung zwischen dem Team und anderen Systemen im Unternehmen. Die Verteilung der Ressourcen im Unternehmen wird als ungerecht erlebt. Das Team fühlt sich im Vergleich mit anderen Teams benachteiligt und von der Organisation in seiner Leistungsfähigkeit behindert, weil bisher vorhandene und zugängliche Ressourcen (materiell, personell, Rahmenbedingungen, Perspektiven) nicht mehr uneingeschränkt oder auch ohne konkrete Perspektive zur Verfügung stehen.

Es gibt keine Karriereperspektiven mehr, die erlebte Abhängigkeit führt eher zu Gefühlen von Ohnmacht als zur Entwicklung von Selbstständigkeit und Initiative. Das Selbstwertgefühl des Teams ist in seinen Grundfesten erschüttert, die Anerkennung fehlt.

Parallel dazu ist der Austausch unter den Teammitgliedern durch unterschiedliche Bewertungen, Vorstellungen und Empfindungen beeinträchtigt. Die Interaktionsstruktur im Team generiert und verfestigt permanent den Ist-Zustand. Die als gemeinsame Basis gefundene Bewertung und Interpretation der Situation wird eher beschworen und Abweichler davon als Verräter empfunden. Es bestehen bereits Anzeichen, dass sich im Team vertikale Interaktionsstrukturen bilden, z.B. wird unter der Hand über ein Ranking gesprochen, das auflistet, wer diesen Prozess überlebt und wer nicht. Weil diese Dynamik so ist, kann sich das Team seiner eigenen Ressourcen nicht bewusst werden und sie auch nicht nutzen. Dies hindert das Team z.B. an der Entwicklung einer notwendigen Flexibilität und einer produktiven Nutzung der internen Unterschiede, um den Leistungsansprüchen zu entsprechen.

Funktional-systemtheoretische Perspektive

Das Team erfüllt im Unternehmen keine relevante Funktion mehr. Daher ist die Kommunikation zwischen anderen Unternehmensbereichen und dem Team reduziert. Das Team fühlt sich in seiner Existenz bedroht, zieht sich in seine operative Geschlossenheit zurück und kommuniziert weniger mit der Umwelt. Das Team verfügt über zu geringe Differenzkriterien, die relevante Umwelt zu beobachten. Darüber hinaus versteht es Informationen (beispielsweise von der Geschäftsleitung) nicht als Mitteilung. Und weil es diese Informationen nicht versteht und sie nicht so integrieren kann, dass sich die Komplexität im Team erhöht, ist die Kommunikation reduziert und bedroht das Team in seiner Existenz.

Zur Bewertung und Hypothesenbildung werden die drei Sichtweisen miteinander verknüpft.

1. Hypothese: Es gibt von verschiedenen Seiten der Hierarchie unterschiedliche Aufträge bezüglich der Ziele und Erfolge einer Teammaßnahme.

2. Hypothese: Wenn nichts passiert, wird sich das Unternehmen in absehbarer Zeit von dem Team trennen (lohnt sich eigentlich eine Teamberatung oder sind die Würfel schon gefallen?), und das Hinzuziehen des externen Beraters dient zur Legitimation ("sogar mit externer teurer Beratung schafft dieses Team es nicht..."). Der Berater läuft Gefahr, instrumentalisiert zu werden.

3. Hypothese: Die Führungskraft und das Team brauchen frische, attraktive Zukunftsszenarien und realistische Möglichkeiten, diese umzusetzen, um motiviert, selbstverantwortlich und innovativ die Leistung zu erbringen oder sogar zu übertreffen, die erwartet wird. Damit einher gehen die Identifikation mit den Teamzielen und das Engagement, sich dafür einzusetzen.

4. Hypothese: Es gibt einen Wertekonflikt zwischen dem Unternehmen und dem Team. Das Team kann sich mit den neuen Werten des Unternehmens nicht oder noch nicht identifizieren.

5. Hypothese: Das Team braucht eine Erweiterung seiner Beobachtungskriterien, um in Kontakt mit anderen Unternehmenseinheiten gehen zu können und Impulse für die eigene Weiterentwicklung aufzunehmen.

6. Hypothese: Es gibt einen Konflikt im Team – Unzufriedenheit über die Leistung der Führungskraft oder mit sogenannten Minderleistern – und das Team verfügt nicht über adäquate Mittel, damit umzugehen, ohne stillschweigend anerkannte Werte im Team (z.B. Loyalität) zu verraten.

Basierend auf der 1. Hypothese
"Es gibt von verschiedenen Seiten der Hierarchie unterschiedliche Aufträge bezüglich der Ziele und Erfolge einer Teammaßnahme."

Ausgehend von dieser Hypothese, würden wir die Phase der Auftragsklärung verlängern, mit dem Ziel, eine konkrete Beschreibung eines Soll-Zustandes von allen Beteiligten zu erreichen.

"Auftragsklärung" umschreibt in diesem Kontext die Haltung des Beraters, die es möglich macht, Zukunftsszenarien mit den Beteiligten auszuloten und in deren konkreten Beschreibung neue Wirklichkeiten zu konstruieren. Ziel wäre die Überprüfung der Praxistauglichkeit von anderen Wirklichkeitskonstruktionen und deren Konsequenzen. Ziel wäre auch, herauszufinden, wie die verschiedenen Wirklichkeitskonstruktionen im Team aufeinander wirken, und dabei Methoden einzuüben, die einen pragmatischen und leistungsbetonten Umgang damit fördern.

Z. B. könnten wir die Führungskraft fragen, was sie aus ihrer Sicht alles schon getan hat, um das, was als Problem beschrieben wird, zu verändern. Geschieht dies in Anwesenheit der Teammitglieder, können sofort die verschiedenen Bilder voneinander, Interpretationen übereinander und gegenseitige Unterstellungen und Erwartungen aufgedeckt und als Rohstoff für eine verbesserte Zusammenarbeit verwendet werden. Umgekehrt könnte man auch die Teammitglieder in Anwesenheit der Führungskraft fragen, was sie konkret tun würden, angenommen, die Schwierigkeiten wären vorbei. (vgl. de Shazer 2006; Berg 2008) Die Intention dabei ist, herauszuarbeiten, wie diese Möglichkeiten auf einer Arbeitsebene umgesetzt werden könnten, auch wenn die Situation so ist, wie sie ist.

Basierend auf der 2. Hypothese

"Wenn nichts passiert, wird sich das Unternehmen in absehbarer Zeit von dem Team trennen (lohnt sich eigentlich eine Teamberatung oder sind die Würfel schon gefallen?), und das Hinzuziehen des externen Beraters dient zur Legitimation ('sogar mit externer teurer Beratung schafft dieses Team es nicht ...'). Der Berater läuft Gefahr, instrumentalisiert zu werden."

Ausgehend von dieser Hypothese, würden wir den Auftrag ablehnen.

Wenn, was selten vorkommt, ein Auftrag eigentlich eine Art "Alibi-Veranstaltung" ist und es im Hintergrund eine deutlich andere Agenda gibt, lehnen wir es ab, diesen Auftrag so anzunehmen. Interessant ist dann natürlich, ob und wie es gelingen kann, den Auftrag entsprechend den Bedürfnissen oder den Notwendigkeiten im Team zu verändern oder eventuell auch einen ganz anderen Auftrag – wahrscheinlich dann eher im Rahmen einer Organisationsentwicklung – zu generieren. Hierbei bewegen wir uns auf der Ebene der Werte und der Unternehmensleitbilder, und es stellt sich die Frage, wie die Unternehmenswerte formuliert und gelebt werden und ob diese kompatibel mit den Werten der Berater sind.

Basierend auf der 3. Hypothese

"Die Führungskraft und das Team brauchen frische, attraktive Zukunftsszenarien und realistische Möglichkeiten, diese umzusetzen, um motiviert, selbstverantwortlich und innovativ die Leistung zu erbringen oder sogar zu übertreffen, die erwartet wird. Damit einher gehen die Identifikation mit den Teamzielen und das Engagement, sich dafür einzusetzen."

Ausgehend von dieser Hypothese, würden wir die Situation im Team während eines Workshops aufgreifen und an den Bedingungen arbeiten, die das Team motivieren. Dazu ist es notwendig, einen Lernprozess einzuleiten, durch den das momentane Erleben der Wirklichkeit als e i n e Möglichkeit erkannt wird, durch den dieselbe Situation auch anders wahrgenommen werden mag und der inspiriert, über alternative Erlebens- und Handlungsmöglichkeiten nachzudenken.

Dabei können paradox systemische Fragen verwendet werden, diese sind ausreichend irritierend, um gewohntes Denken in eine andere Richtung zu lenken. Darüber können mögliche neue Wirklichkeiten gedacht und bewertet werden.

Z. B.:

o Angenommen, die Schwierigkeiten wären behoben, mit welchen neuen Herausforderungen wäre das Team dann konfrontiert?

Dahinter steht die Frage nach dem Sinn der momentanen Situation bzw. die Frage danach, welche Funktion die aktuelle Situation für das Team hat. Z. B. könnte es sein, dass durch eine Veränderung im Team die individuellen Unterschiede deutlicher werden würden und das Team Möglichkeiten finden muss, damit umzugehen. Oder eine Veränderung würde einen Wertewandel im Team bedeuten, und das Team müsste lernen, alte, lieb gewordene Vorstellungen zu verlassen, mit der daraus resultierenden Unsicherheit umgehen und sich tauglichere Werte, Haltungen und Handlungsmöglichkeiten erarbeiten.

Oder:

o Was ist der Gewinn der momentanen Situation?
o Was ist der Preis?
o Um die Situation noch schlimmer zu machen, wer müsste im Team was tun?
o Welche Leistung liegt darin, dass es so ist, wie es ist?

Bei dieser Art von – scheinbar – provokanten Fragen, ist eine wertschätzende Haltung des Beraters unabdingbar. Nur durch die empathische Erlaubnis, auch in ihrer Problemtrance bleiben zu dürfen, kann sich bei den Einzelnen eine reflektierende Distanz zu ihrem eigenen Beitrag zur Aufrechterhaltung der Situation einstellen. "Wie trägt der Einzelne dazu bei, dass es so ist, wie es ist?"

Im nächsten Schritt würden wir an einer gemeinsamen Vision arbeiten und daran, welchen Beitrag jeder Einzelne zu dieser Vision leisten will oder kann. Ziel dieses Workshops wäre die Entwicklung einer Team-Vision und die Umsetzung dieses Bildes auf den Arbeitsalltag (vgl. Senge 1996, S. 284ff.).

Basierend auf der 4. Hypothese

"Es gibt einen Wertekonflikt zwischen dem Unternehmen und dem Team. Das Team kann sich mit den neuen Werten des Unternehmens nicht oder noch nicht identifizieren."

Ausgehend von dieser Hypothese würden wir die Geschäftsleitung zu einer Veranstaltung mit dem Team einladen, bei der alle offenen Fragen bezüglich der zukünftigen Perspektiven des Teams etc. geklärt werden können.

Die Vorbereitung einer solchen Veranstaltung besteht vor allem darin, sich im Team auf die Fragen und Anliegen zu einigen, die mit der Geschäftsleitung diskutiert werden sollen und eine entsprechende Präsentation vorzubereiten. Die Anwesenheit oder Abwesenheit der Führungskraft während dieses Vorbereitungsprozess macht wahrscheinlich einen Unterschied sowohl für den Prozess als auch für die identifizierten Themen. Diese Vorbereitung kann auch in mehreren Schritten passieren, je nach organisatorischer Verankerung des Teams. So können erst die Teammitglieder ihre Themen zusammentragen und diese in einem ersten Schritt mit ihrer Führungskraft diskutieren, im zweiten Schritt geht es gemeinsam zur Geschäftsleitung oder dazwischen liegenden zuständigen Stellen. Wir haben mit allen Varianten, die einen bereichsübergreifenden Dialog unterstützen, gute Erfahrungen gemacht.

Unterstellt, in dieser Veranstaltung gelingt es, sich auf eine gemeinsame Vorstellung bezüglich der Ausrichtung des Unternehmens und der Bedeutung des Teams innerhalb dieses Szenarios zu einigen, könnte sich daran ein Team-Workshop anschließen, mit der Fragestellung: Was muss sich in der Haltung und der Arbeitsweise der Teammitglieder (einschließlich der Führungskraft) ändern, um die erwartete Leistung zu erbringen? Ziel eines solchen Workshops wäre ein sehr konkreter Maßnahmenplan für die nächste Arbeitsperiode.

Basierend auf Hypothese 5

"Das Team braucht eine Erweiterung seiner Beobachtungskriterien, um in Kontakt mit anderen Unternehmenseinheiten gehen zu können und Impulse für die eigene Weiterentwicklung aufzunehmen."

Ausgehend von dieser Hypothese würden wir anregen, teamübergreifende, relevante Aufgaben zu identifizieren und dazu Netzwerke bereichsübergreifender Zusammenarbeit implementieren.

Dabei läge unser Fokus auf den unterschiedlichen Perspektiven, die jeder Beteiligte auf die gemeinsame Aufgabe hat. Ein leitendes Grundthema wäre, an welcher Stelle sich diese unterschiedlichen Perspektiven ergänzen, wo sie sich im Wege stehen und was ein hilfreicher Umgang damit sein könnte. Die Lernerfahrungen der Einzelnen würden dann wiederum im Team ausgetauscht und auf eigene Belange hin überprüft werden. So wird ein indirekter Lernprozess im Team in Gang gesetzt, der weder die im Team vorhandenen Fähigkeiten noch Unfähigkeiten zum Thema hat, sondern Impulse aus der Beschäftigung mit noch weitaus anderen Perspektiven gewinnt.

Z. B. kann die eigene Sicht über Qualität, Kundenzufriedenheit, Effizienz oder Leistung im teamübergreifenden Zusammenhang sowohl relativiert als auch erweitert werden und dazu anregen, in einen Austausch über die verschiedenen Perspektiven innerhalb des Teams zu gehen.

Basierend auf Hypothese 6

"Es gibt einen Konflikt im Team – Unzufriedenheit über die Leistung der Führungskraft oder mit so genannten Minderleistern – und das Team verfügt nicht über adäquate Mittel, damit umzugehen, ohne stillschweigend anerkannte Werte im Team (z.B. Loyalität) zu verraten."

Ausgehend von dieser Hypothese würden wir die Konfliktthemen während eines Teamworkshops öffnen und in deren Bearbeitung nach Lösungsmöglichkeiten suchen.

Dabei sind folgende Voraussetzungen gegeben:

o Der Konflikt bzw. seine Lösung ist für das ganze Team relevant.

o In den Vorgesprächen wurde eine Erlaubnis eingeholt, im Rahmen eines Workshops dem Thema eine Öffentlichkeit zu geben.

o Niemand wird von dem Konfliktthema überrascht. Das bedeutet, dass schon in den Vorgesprächen die Bereitschaft aller, sich damit zu beschäftigen, ausgelotet wurde.

o Mögliche Lösungsansätze wurden mit den Beteiligten im Vorfeld diskutiert und auf ihre Tauglichkeit hin überprüft.

o Regeln wurden gefunden und akzeptiert.

o Jeder wird mit Respekt behandelt: Niemand "verliert sein Gesicht" – individuelle Grenzen werden respektiert. "Problemträger" werden nicht stigmatisiert, sondern gewürdigt.

o Der Konflikt wird gemeinsam analysiert und auf seine Bedeutung im Team hin untersucht.

o Es liegen keine fachlichen Defizite bei der Führungskraft oder bei Mitarbeitern vor.

Grundsätzlich wollen wir aufzuzeigen, dass Konflikte im Team Teil einer gesunden Entwicklung sind und es meistens eher um die Bereitschaft geht, dem, was "schwierig" erscheint, angemessen zu begegnen.

Folgende Überlegungen unterstützen den Lernprozess:

o Wer trägt wie dazu bei, dass es so ist, wie es ist?

o Welchen Sinn macht das Problem eventuell?

- Wer müsste was verändern, damit das Problem nicht mehr existiert?
- Ist so ein Thema schon mal aufgetaucht und wenn ja, wie wurde es damals gelöst?

(2) Mögliche Umsetzung

Beschreibung eines möglichen Trainingseinstieges für Variante 6
Angenommene Teilnehmerzahl: 8 - 15 Personen, Zeitrahmen: 1,5 - 2 Tage

Raumgestaltung: Stuhlkreis, ohne Tische, im Raum gibt es Flipcharts, Pinnwände, Moderationsmaterial und hoffentlich Tageslicht.
Materialien für die Teilnehmer passend zu den vereinbarten oder zu erwartenden Themen sind zusammengestellt.

1. Anfangsrede

Der Trainer beginnt mit einer kleinen Einführungsrede:
Wie bei jeder dieser Art von Anfangsinterventionen geht es darum, mit offenen Fragen einen Reflexionsprozess anzuregen, Impulse für mögliche Zukunftsszenarien zu setzen und in das Thema einzuführen.

Ein Beispiel:
Jeder von uns war schon einmal Mitglied einer Gruppe. Die meisten wissen auch, wie es ist, Mitglied einer erfolgreichen Gruppe zu sein oder aber Teil einer Gruppe zu sein, die nicht erreicht, was sie sich vorgenommen hat oder unterwegs in Schwierigkeiten gerät. Egal ob in Schule, Ausbildung, Freizeit oder Beruf: Über die verschiedensten Erfahrungen verfügen wir alle. Welche Erfahrungen haben Sie, wie in Gruppen Schwierigkeiten überwunden werden? Bleibt man zusammen? Trennt man sich? Wie geht es Ihnen mit der Idee des Lernens in schwierigen Situationen? Kennen Sie das von sich aus anderen Situationen? Und wenn ja, was braucht es für Sie, um in schwierigen Situationen lernen zu können?

Über welche Bilder verfügen Sie, die hilfreiche oder weniger hilfreiche Beispiele sein können im Umgang mit einer schwierigen Situation in einem Team? Tendieren Sie eher zu einer harmonisierenden Art, die das, was schwierig ist, gar nicht anzusprechen braucht, sondern sich einfacher auf neutrale oder unbelastete Themen beschränkt? Um so wieder eine Basis zu schaffen? Oder sind Sie eher der Typ, der die Dinge beim Namen nennt und in einer offenen Aussprache die Auseinandersetzung liebt, wie ein "reinigendes Gewitter"? Wie auch immer für Sie Lösungswege ausschauen, wahrscheinlich hat jeder von Ihnen schon mehrere Analysen der vorhandenen Situation gemacht.

Hoffentlich nicht nur mit der Frage: Wer ist schuld? Sondern auch mit der Betrachtung der verschiedenen Anteile und Muster, die dabei zu beobachten sind. So z. B.: Was muss passieren, damit Sie wieder ein unangenehmes Gefühl bekommen? Oder wer muss was tun, damit Sie im Team sich zusammensetzen, um über Unmöglichkeiten zu reden?

Wir neigen dazu, wenn es schwierig ist, über uns und andere laut oder leise nachzudenken. Wenn Sie sich jetzt bitte leise Ihre Gedanken vergegenwärtigen: Wer leistet hier welchen Beitrag zu der aktuellen Situation? Wie tragen Sie alle – durch Ihr Tun oder Lassen – dazu bei, dass es ist, wie es ist? Was ist eventuell Ihr eigener Beitrag? Es ist oft schon ein wichtiger Schritt, wenn Menschen in der Lage sind, ihren eigenen Anteil an einer Situation zu erkennen. Dabei kann dieser sowohl aktiv als auch passiv sein. Natürlich haben auch andere Anteil an der Situation. Aber wenn es um lernen oder um verändern geht, kann man – leider oder Gott sei Dank – nur bei sich anfangen. Es liegt wenig Hoffnung in dem Ansatz, dass wenn andere sich ändern, die Dinge besser werden. Ist Ihnen bewusst, wie Sie aktiv oder passiv zu dem beitragen, was ist? Sie brauchen bitte überhaupt nicht darüber zu sprechen.

Aber überprüfen Sie bitte noch etwas Weiteres: Haben Sie Lust, Kraft, Motivation, Ihren bisherigen Beitrag zu verändern? Wie könnte das ausschauen? Sie haben während dieses Workshops die Gelegenheit, zu einem quasi heimlichen Experiment: Ohne darüber mit anderen zu sprechen, könnten Sie ein anderes Verhalten, eine andere Rede ausprobieren und dabei gleichzeitig beobachten, wie Sie sich damit fühlen und welche Wirkung dies in der Gruppe hat. Z. B.: Wie verändert sich die Situation, wenn Sie kritischer miteinander sind? Oder freundlicher?

Welche Vorteile hätten Sie?

Welche Nachteile?

Und jetzt richten Sie bitte Ihre Aufmerksamkeit auf das Team als Ganzes: Manchmal machen Konflikte aufmerksam auf etwas, das fehlt: Was fällt Ihnen ein, wenn Sie dieser Spur gedanklich folgen – was fehlt eventuell in diesem Team?

Wer könnte das Fehlende ins Team einbringen? Was könnten Sie einbringen?

Was müsste in dieser Gruppe gelernt werden?

Angenommen, dieser Konflikt wäre aus der Welt, welche neuen Schwierigkeiten könnten dann auftreten? Meistens gibt es ja neben dem, was schwierig ist, auch Bereiche, die gut oder sehr gut funktionieren. In diesem Teamtraining soll auch diese Seite ausreichend Platz finden. Was läuft gut in dieser Gruppe? Worauf können Sie stolz sein? Was könnten auch andere Teams ggf. von Ihnen lernen?

Wofür stehen Sie – im Unternehmen?

Zum Schluss noch ein Blick nach vorne: Stellen Sie sich vor, dieses Training war erfolgreich, was würden Sie tun?

2. Anfangsrunde:

Jeder kann so viel erzählen, wie er mag. Diejenigen, die eine Struktur bevorzugen, mögen folgende Fragen nutzen:

FLIP   Jedem/r seine/ihre Anfangsrede!

Die bisherige Vorgehensweise, die Fragen und Anregungen haben bei mir zu folgenden Überlegungen geführt ...

Dieses Training ist für mich ein Erfolg, wenn ...

Ich glaube, dass wir ...

Wichtig ist für mich, dass ...

Verzichten kann ich auf ...

Stärken bei uns sind für mich ...

3. Zeitlicher Rahmen

In dieser Phase der Entwicklung eines Teams (storming) gewinnen Regeln und Vereinbarungen zwischen Berater und Team eine andere Bedeutung. (vgl. Gruppenphasen) Die Gruppe testet die Stärke, Konsequenz und Verführbarkeit des Trainers, und der Trainer muss zeigen, dass er diese Gruppe führen kann.

Gemeinsames Betrachten und Bewerten der Ist-Situation

4. Der nächste Schritt ist eine **Kleingruppenarbeit.**

Die Aufteilung des Teams in kleine Gruppen erfolgt nach eigenem Gusto.

Die Kleingruppen arbeiten parallel an folgenden Fragen:

- o Bisher erfolgte erfolgreiche und nicht erfolgreiche Lösungsversuche zu den Themen im Team
- o Welche Vorteile hat das Team davon, dass es ist, wie es ist?
- o Welche Nachteile?
- o Welche Herausforderung liegt in dem "Konflikt"?
- o Wie könnte jeder Einzelne dazu beitragen, dass es so bleibt, wie es ist?
- o Was müsste er / sie dann genau tun?
- o Welche Lernthemen liegen darin?
- o Vorschläge für Lösungsszenarien
- o Wie könnte jeder Einzelne dazu beitragen, dass es besser wird?
- o Was müsste er / sie dann genau tun?

5. Danach erfolgt eine **Präsentationen** der Kleingruppen im Plenum und eine Diskussion. Der Berater achtet darauf, dass wirklich alle Sichtweisen angemessenen Raum finden.

- o Wie können die Vertreter der verschiedenen Standpunkte unterstützt werden?
- o Welche Gemeinsamkeiten gibt es?
- o Welche Unterschiede?

6. Zum Abschluss dieser Kleingruppenarbeit machen wir eine Runde:

- o Was hat mich überrascht?
- o Was habe ich gelernt?
- o Wohin führt mich das?
- o Was sind für mich Möglichkeiten und Chancen?

Lösungswege: Mögliche Szenarien für eine neue Arbeitsfähigkeit

Wenn eine problematische Haltung im Team über lange Zeit andauert und das Klima davon sehr in Mitleidenschaft gezogen wurde, hat eine Intervention auf der Beziehungsebene an dieser Stelle oft eine reinigende, klärende oder Mut machende Wirkung. Das kann im Prinzip alles sein, was den Einzelnen hilft, miteinander konstruktiv ins Gespräch zu kommen. Oft wird dazu ein Feedbackprozess eingeleitet. Weil Feedback in vielen Unternehmenskulturen aber eng verbunden ist mit Bewertung oder Sanktionen, bevorzugen wir das Instrumentarium von Chris Agyris, Peter Senge u.a., in der Literatur bekannt unter Dialog.

Einführung in einen Dialog (vgl. Bohm 1998)

Um das Prinzip dieser Art von bilateraler Begegnung deutlich werden zu lassen, beginnen wir mit einer kleinen Übung.

Übung in 4 Schritten:
Die Teammitglieder stellen sich zu zweit gegenüber,
1. Schritt: Ich beobachte – z.B., dass Du Dich hinter dem Ohr kratzt.
2. Schritt: Ich beobachte und ich interpretiere – z.B. beobachte ich, dass Du Dich hinter dem Ohr kratzt, und ich vermute, dass Du verlegen bist oder Dir die Situation peinlich ist.
3. Schritt: Ich beobachte, ich interpretiere und das löst in mir aus – Ich beobachte, dass Du Dich hinter dem Ohr kratzt, und ich vermute, dass Du verlegen bist oder Dir die Situation peinlich ist und für mich wird die Situation dadurch unerträglich und ich ziehe mich zurück.
4. Schritt: Ich überprüfe meine Interpretation und beginne einen Dialog mit Dir – z. B. könnte ich Dich fragen, wie Du die Situation einschätzt ...

Auswertung: Meistens wird diese Übung als "komisch" empfunden, weil dabei etwas in die Länge gezogen wird, was in der Realität in Bruchteilen von Sekunden passiert. Was allerdings sehr deutlich wird, ist, dass unsere Reaktionen meistens auf unseren Interpretationen basieren. Und wir wissen nicht wirklich, ob unsere Interpretation mit der Absicht des Gegenübers identisch sind.

In einen Dialog zu gehen, meint deshalb einen Prozess, in dem wir gleichzeitig

- o uns unserer eigenen Interpretationen bewusst sind oder werden,
- o diese dem Gegenüber anbieten,
- o sie überprüfen,
- o uns von den Interpretationen etc. des Gegenübers berühren oder sogar beeinflussen lassen
- o und wiederum überprüfen, zu welchen weiteren Interpretationen und Reaktionen dies bei uns führt. (Zu der Arbeit mit Dialogos vgl. Senge 1996, S. 290ff.; Argyris 1997; Dohm 1998)

Nach dieser einführenden "künstlichen" Übung wird es konkret:

Jeder bereitet einen Dialog mit einem oder mehreren Teammitgliedern, auf jeden Fall aber mit der Führungskraft, schriftlich nach folgenden Fragestellungen vor. Die Führungskraft bereitet einen Dialog mit jedem Mitarbeiter vor.

Beobachtungen	Was ist mein Eindruck, mein Bild von Ihnen?
Interpretationen	Was interpretiere ich?
	Was vermute ich?
	Was unterstelle ich?
Meine Reaktionen	Wie reagiere ich darauf?
Überprüfung	Können Sie mir Ihre Perspektive erklären?
Wünsche	Welche Wünsche, Anfragen habe ich?
Vereinbarungen	Wie können wir uns gegenseitig unterstützen?

Nach diesem Schema werden so viele bilaterale Gespräche geführt, wie nötig sind oder gewünscht werden. Die Ergebnisse der Zweiergespräche werden auf einer Pinnwand zusammengefasst und sind so im Team transparent.

Alternativ oder ergänzend erzählen wir Geschichten, in denen deutlich wird, wie Menschen über gut gemeinte oder subjektiv einzig mögliche Handlungen dazu beitragen, dass eine Situation so ist, wie sie ist und auch so bleibt wie sie ist (Martin Buber, Ein Bauer beschwert sich beim Rabbi über seine Frau). Die Grundidee ist, einen Reflexionsprozess anzustoßen, in dem sich jeder, ohne Scham und Schuldvorwürfe, seines eigenen Beitrages zu der als schwierig erlebten Situation bewusst werden kann (vgl. Watzlawick 1992, S. 56ff.) und die Wahl hat, sich weiter so zu verhalten, dass alles so bleibt, wie es ist, oder er neugierig wird auf Alternativen, eigene Suchprozesse startet und mit sich und seinen Möglichkeiten experimentiert, variiert und so allmählich seine Erkenntnisse und sein Handlungsrepertoire erweitert.

Dazu kann auch gehören, die paradoxe Frage zu stellen, was die Einzelnen tun müssten, damit es schlimmer wird. Diese Frage geschieht in Respekt vor dem Adressaten, mit der Intention, ihn darauf aufmerksam zu machen, wie er durch sein eigenes Handeln seine Welt gestaltet und dass es in seinem freien Willen liegt, dies beizubehalten oder zu ändern. Ein solches Gespräch kann auch ohne Berater unter Kollegen geführt werden.

Z. B.:

o Worin siehst Du meinen Beitrag in der momentanen Situation?
o Welche Rolle spiele ich, Deiner Meinung nach, in dieser Situation?
o Was würdest Du Dir von mir stattdessen wünschen?
o Was tue ich schon, was hilft, die Situation zu verbessern?

Mit einem so gestalteten Dialog kann der Einzelne Informationen über seine Rolle im Team erhalten und inspiriert werden, Variationen zu finden. Diese Vorgehensweise setzt großen Mut zur Offenheit in einer Gruppe voraus und braucht ein Einverständnis von allen.

Prozessreflexion

Wenn sich auf diese oder andere Weise angestaute Spannungen, Verhärtungen gelöst haben und in konkrete Arbeitsschritte umgewandelt sind, ist es nützlich, noch einmal zurückzublicken auf die Natur des jetzt bewältigten

"Konfliktes" mit dem Ziel, die Notwendigkeit (vgl. Glasl 1994; Schwarz 1990), darin zu verstehen und darüber den eigenen Lernprozess zu reflektieren. Zu klären ist auch:

- o Wer übernimmt für die Gestaltung der weiteren Schritte in welcher Weise Verantwortung?
- o Welche Elemente des Trainings sollen eventuell unter realen Bedingungen wiederholt werden?

Welche der oben genannten Interventionen oder Varianten davon auch immer Verwendung finden:
Ziel ist, zu konkreten Vereinbarungen zu kommen, die helfen, die Anschlussfähigkeit des Teams an die Organisation zu verbessern!

Abschluss und Transfer
Wir achten darauf, dass die Gruppe alle schriftlichen Vereinbarungen mit nach Hause nimmt (Fotoprotokoll oder Abschrift der Flipcharts). In der Schlussrunde machen wir noch einmal aufmerksam auf die Macht der Gewohnheit (das Team ist immer noch an den bisherigen Zustand gewöhnt!) und erlauben Rückfälle aller Art, mit dem Unterschied, dass bei Rückfällen in alte Muster eine Gruppe wirklich einen Vorteil bietet: Der eine kann den anderen aufmerksam machen und an die getroffenen Vereinbarungen erinnern.

(1) Noch eine Variante

"Wirkt die Wunderfrage Wunder?"
Eine andere Variante, einen Konfliktlösungsworkshop zu gestalten, bedeutet den Verzicht auf die erste Phase des gemeinsamen Erkundens des Ist-Zustandes und ein sofortiges Fokussieren auf Lösungswege und deren Praktikabilität.

Ablauf:
a. Lösungsmöglichkeiten werden erkundet.
b. Lösungsszenarien werden auf mögliche Auswirkungen in der Realität überprüft.
c. Vereinbarungen werden getroffen und Bedingungen für eine Realitätstauglichkeit ausgehandelt.

Im Folgenden gehen wir davon aus, dass sich während der Vorgespräche folgendes Bild ergeben hat:
Die als schwierig erlebte Situation ist sowohl im Team und als auch mit anderen häufig genug, ohne Ansatz für eine positive Veränderung, durchdacht und besprochen worden.

Wir haben deshalb mit dem Team die Vereinbarung getroffen, mögliche Lösungsszenarien zu erkunden und auf ihre Praxistauglichkeit hin zu überprüfen. Dafür haben wir einen eindeutigen und kraftvollen Auftrag erhalten.

Als Berater bedeutet dies, zu keiner Zeit die Nöte oder Sorgen im Team zu vergessen. Ganz im Gegenteil. Es braucht für diesen Ansatz ein großes Maß an Empathie für die Schwere und Ernsthaftigkeit des Problems, eventuell kann dem Problem sogar ein besonderer Platz im Raum gegeben werden.

Der Fokus des Trainings liegt allerdings im Entdecken und kreativem Erfinden und Auffinden von möglichen Lösungsszenarien und deren Praktikabilität. Das bedeutet einen kontinuierlichen Realitätscheck der Lösungen angesichts des Problemzustandes.

Wir lehnen uns in dieser vorgestellten Variante sehr an die Arbeiten von de Shazer und Berg an und verweisen auf deren Weiterbildungen bzw. Literatur.

Anfangsrunde mit der "Wunderfrage":
Stellen Sie sich vor, während Sie hier auf diesem Training sind, passiert über Nacht ein Wunder, und das Wunder besagt, dass alles, was in diesem Team schwierig ist, sich für Sie gelöst hat: Weil Sie geschlafen haben, wissen Sie nicht, dass dieses Wunder passiert ist.
Woran würden Sie merken, dass das Wunder passiert ist?
Was würden Sie in diesem Team dann tun?
Ein Teilnehmer nach dem anderen fängt an, laut im Dialog mit dem Trainer und der Gruppe Szenarien für das eigene Handeln in einer problemfreien Zukunft zu entwickeln.
Diese werden vom Trainer aufgegriffen, wertgeschätzt und auf einer Pinnwand notiert.
Dauer: 0,5 – 1 Tag
Je intensiver diese Arbeit ist, desto eher stellt sich für die Teilnehmer die Frage: Was hindert mich eigentlich, mich im Heute schon genauso zu verhalten, wie ich es für die Zukunft entwerfe?
Nachdem der Trainer darauf keinen Fokus legt, entsteht für die Teilnehmer eine positive, erlaubende Atmosphäre, die Energien und Ideen freisetzt.
Der Trainer arbeitet mit der Gruppe immer im Lösungsbereich, mit der inneren Haltung, dass er das Problem der Gruppe ernst nimmt.
Die Fragestellungen des Trainers konkretisieren und verdichten sich zunehmend, und er lässt sich immer mehr auf neue Wirklichkeitskonstruktionen im Team ein.
Der Trainer spiegelt, zeigt deutlich Wertschätzung für Lösungsideen, entwirft neue, erfrischende Deutungen.

Dialog Beispiel

Nach der Wunderfrage:

Albert: "Ich würde meine Konzepte und Ideen gerne mit den anderen teilen und diskutieren und weiter entwickeln."

Trainer: "Mit wem würdest Du dann sprechen?"

Albert: "Mit Jochen und Hannah."

Trainer: "Wie würdest Du denn mit den beiden Kontakt aufnehmen?"

Albert: "Ich würde die beiden am liebsten persönlich ansprechen."

Trainer: "Was würdest Du sagen?"

Albert: "Ich möchte mit Euch enger zusammenarbeiten, und Ihr seid mir dabei wichtig, aufgrund Eurer inhaltlichen Nähe zu mir und weil ich Euch mag."

Trainer: "Ja prima, so würdest Du Deine Kollegen ansprechen! Schön!"

Albert: "Ja, das würde ich gerne machen, wenn ich mir sicher wäre, dass sie auch gerne mit mir zusammenarbeiten möchten."

Trainer: "Dir ist wichtig, Dir sicher zu sein?"

Albert: "Ja, und da kann ich mir eben nicht sicher sein."

Trainer: "Und was könntest du tun, um Dir etwas sicherer zu werden?"

Albert: "Ich könnte Sie ja fragen?"

Trainer: "Könntest Du Dir vorstellen, wie Du sie mit dieser Unsicherheit fragen könntest?"

Albert: "Ja, indem ich sage, dass ich befürchte, sie wollen nicht."

Trainer: "Ah, Du hast einiges an guten Ideen und Konzepten ..."

....

Gleichzeitig, nachdem diese Dialoge in der Öffentlichkeit des Teams stattfinden, können die verbalen und nonverbalen Reaktionen der anderen Teammitglieder mit einbezogen werden.

Kommentar zu den beiden Varianten

Die Frage Entweder/Oder stellt sich aus unserer Sicht nicht, sondern eher die Frage, mit welcher Vorgehensweise eine bessere Anschlussfähigkeit an das vorhandene System gelingt. Im Verlauf der Arbeit – vor allem, wenn man mit

Teams über einen längeren Zeitraum arbeitet – wird man wohl beide Variationen nutzen können.

Es gibt Systeme, deren Sinnlogik auf Veränderung und Weiterentwicklung bzw. Erfindung von permanent neuen (z.B. technologischen) Lösungen angelegt ist. In diesen Systemen ist ein lösungsorientiertes Arbeiten manchmal eher kompatibel zu den sonst üblichen Arbeitsstilen. Und es gibt andere Organisationssysteme, die in ihrer Funktion oder ihrem gesellschaftlichen Auftrag nach einen anderen Umgang mit Problemsituationen haben und ein spielerischer, kreativer Umgang mit dem, was als unüberwindliches Hindernis erlebt wird, stößt auf Unverständnis oder wird als unangemessen betrachtet.

Unser beraterisches Handeln gründet sich auf einen radikalen Respekt zu den Menschen in den jeweiligen Systemen. Es ist deshalb für uns notwendig, die Balance zwischen dem Auftrag und den realen Möglichkeiten zu halten. Konkret bedeutet das, immer wieder neu auszuloten, bei welchen Themen das System sich auf einen Blick nach vorne einlassen kann (feed forward) und bei welchen Themen das System den Blick zurück braucht (feed back).

15 Praxisbeispiel 3 Teamberatung als Event – ein Livebericht: Beratung als Schutzimpfung gegen Veränderung

"Wasch mich, aber mach mich nicht nass ... "

Szenario: Wir begleiten das Team der Geschäftsführung einer mittelständischen Firma im Finanzdienstleistungsbereich zum zweiten Mal in ihrer jährlichen Klausur. Das Team besteht aus 8 Bereichsleitern, einem Geschäftsführer sowie zwei Mitgliedern des Vorstandes. Die Firma beschäftigt ca. 500 Mitarbeiter an drei Standorten in Deutschland, der Umsatz ist seit Jahren stabil, starkes Wachstum gibt es nicht, aber eben auch kein Minuswachstum. Ab und zu wurde schon mal über eine Ausweitung des Geschäftes z.b. im europäischen Ausland nachgedacht, dies aber mit dem Hinweis auf den hiesigen florierenden Markt wieder verworfen.

Die Phase der Auftragsklärung war für uns in diesem Jahr schwieriger. Wir hörten Sätze wie "Sie kennen uns doch", dennoch wurde der Aufwand für die Vorgespräche mit einem Achselzucken akzeptiert ("Haben wir schon immer so gemacht") und die Zeit dabei gerne verwendet, um über die neuesten Interna zu informieren ("Wussten Sie schon, dass ...").

Versuche, aus unserer Perspektive aktuell brisante Themen wie z.B. die Marktsituation, die Kundenbindung, interne Veränderungen zur Sprache zu bringen, wurden eher als übliche beraterische Unhöflichkeit gewertet ("Das müssen die so machen") und damit gleichzeitig nicht ernst genommen. Wir verstehen an dieser Stelle, dass wir mit diesen (unseren!) Themen nicht anschlussfähig sind. Wir sind uns bewusst, dass von uns einerseits Irritationen erwartet werden, andererseits aber werden wir laufend vom System geschluckt und das System wird dadurch immer resistenter gegenüber Impulsen von außen. Uns treibt die Alibifunktion um, zwar engagiert zu sein, aber gleichzeitig mit gebundenen Händen nur den Hofnarren spielen zu dürfen.

Interventionsvorschläge von uns, wie z.b., zu der Klausur auch Mitglieder anderer Führungsebenen zu einer offenen Diskussion einzuladen oder via einer Mitarbeiterbefragung Aufträge für die Klausur der Geschäftsführung aus der Firma zu generieren ("Woran sollte aus Ihrer Sicht die Geschäftsleitung während der Klausur auf jeden Fall arbeiten?"), werden als zu aufwendig oder zu wenig ergiebig im Keim erstickt.

Die Vorbereitungen für die Klausur der Geschäftsführung auf Auftraggeberseite erstrecken sich in erster Linie auf die Wahl eines geeigneten Hotels. Klassischerweise beginnt das Beisammensein mit einem üppigen Abendessen – wir haben die Erlaubnis, auch schon während des Essens ein bisschen zu arbeiten(!). Beim lockeren Smalltalk bringen wir das Gespräch auf die für Mitbewerber bedrohliche Marktsituation sowie deren Bedeutung im Geschäft unseres Kunden. Die Resonanz ist selbstverständlich nichtssagend höflich, einige Kommentare gibt es bezüglich unseres Hangs zu ernsten Dingen, dann wird ein Scherz gemacht und das Gespräch wendet sich anderen Themen zu.

Die Herausforderung für uns wird während des gesamten Workshops die Gleiche sein: Herauszufinden, wann wir einen guten Job tun. Wenn wir uns inhaltlich zurücknehmen und "nur" moderieren, oder wenn wir uns auf die Suche nach den Themen begeben, in denen eventuell ein für den Kunden wesentliches Potenzial liegt? Ganz eigennützig, mögliche Folgeaufträge im Blick habend, entscheiden wir uns für beides.

Uns ist die klar definierte Rollenaufteilung in dieser Gruppe gut bekannt, es gibt den Gründervater (heute Vorsitzender des Aufsichtsrates), dessen Wort noch immer das größte Gewicht hat, seine Adlaten (der 2. Aufsichtsrat und der Geschäftsführer) und der Rest ist eifrig, fleißig, nickt ab, ist eloquent aber nie kritisch (soweit uns bekannt).

In Einzelgesprächen ist der Gründervater allem Neuen gegenüber aufgeschlossen, spricht sich deutlich für Wachstum, Innovation etc. aus, insgeheim weiß aber jeder im Unternehmen, dass an dem, was er geschaffen hat, nichts verändert werden darf.

Folgende Hypothesen und Fragen beschäftigen uns:

o Werden Veränderungen im Markt und in den Kundenstrukturen ausreichend wahrgenommen und darauf reagiert? Beziehungsweise ist dies für das Unternehmen wirklich von Bedeutung – oder treibt das nur uns?

o Ist die scheinbare (oder wirkliche) Stabilität und Veränderungsresistenz in dem Geschäftsführungsteam und der gesamten Organisation langfristig erfolgreich?

o Ist die intern wahrnehmbare "Ruhe" als produktive Gelassenheit oder eher als stillschweigendes Übereinkommen, an ehemals definierten Grundfesten nicht zu rütteln, zu deuten?

o Ist die Komplexitätsreduktion des Geschäftsführungsteams für die Stabilität der Organisation förderlich? Gibt es genügend sinnvolle Offenheit zur Umwelt?

o Wozu gibt es einen Auftrag?

o Gibt es einen heimlichen Auftrag? Z. B. die Art der Unternehmensführung entweder zu bestätigen oder ausreichend zu irritieren?

o Ein Autoritätskonflikt mit dem Gründervater ist wahrscheinlich zur Emanzipation der nächsten Generation nur bedingt förderlich, wenngleich notwendig – wie könnte, müsste dieser Prozess aussehen?

o Wer verfolgt im Geschäftsführungsteam welche Bedürfnisse, Werte, Interessen?

o Hat sich die Machtverteilung zwischen den Mitgliedern im Geschäftsführungsteam verändert? Zu wessen Gunsten / Ungunsten?

Nachdem es uns in den Vorgesprächen nicht gelungen ist, einen klaren Auftrag zu erhalten, nutzen wir den Einstieg am nächsten Morgen für eine weitere Klärung mit folgender Fragestellung:

Um sowohl als Unternehmen als auch in diesem Team langfristig erfolgreich zu sein:

o Was muss so bleiben, wie es ist?

o Was muss sich ändern, was fehlt?

o Welche Themen sollten dann noch auf die Agenda?

o Welche Lernthemen entstehen dadurch eventuell für dieses Team, für das Unternehmen?

Wir empfehlen, sich mit den Fragen in zwei Schritten zu beschäftigen. Im ersten Schritt macht sich jeder kurze Notizen zu dem, was ihm jeweils dazu einfällt. Im zweiten Schritt setzen sich die Teilnehmer in kleinen Gruppen zusammen und diskutieren ihre Punkte. Jede kleine Gruppe präsentiert dann die Ergebnisse im Plenum. Nach einer knappen Stunde Diskussion werden uns folgende Themen präsentiert:

Frage: Was muss so bleiben, wie es ist?
Antwort: So gut wie alles (in der Beantwortung dieser Frage wird sehr viel Wertschätzung gegenüber dem Gründer ausgesprochen).

Frage: Was muss sich ändern, was fehlt?
Antwort: Gewünscht wird eine gemeinsame Vision, mehr Möglichkeiten, Mitarbeiter fördern zu können, und es gibt einige Ideen zur Entwicklung neuer Geschäftsfelder.

Frage: Welche Themen sollten dann noch auf die Agenda?
Nach einem kleinen Diskussionsprozess werden, weil vom Gründer durch Nicken erlaubt, alle oben genannten Themen zusätzlich auf die Agenda aufgenommen.

Frage: Welche Lernthemen entstehen dadurch für dieses Team?
Zu dieser Frage haben einige der Geschäftsführer keine Antwort, andere meinen, dass man vielleicht mehr Risikobereitschaft lernen könne, sind sich aber nicht wirklich sicher.
Wir empfehlen noch ein weiteres Thema: Einen Austausch über mögliche Zukunftsszenarien und Potenziale.

Diese Themensammlung, zusammen mit den bereits geplanten Agendapunkten (die meisten betreffen das Tagesgeschäft), erfordert eine neue oder veränderte Agenda für diese Klausur. Wir machen den Vorschlag, dass die

Gruppe die noch verbleibende Zeit bis zur Mittagspause nutzt, um sich eine passende Agenda zu geben. Wir gehen in die Rolle des Prozessbeobachters. Innerhalb von wenigen Minuten hat der Geschäftsführer die neuen Punkte in die bestehende Agenda integriert, einige Themen gestrichen und präsentiert uns stolz sein "Konsensergebnis".

Um den bereichsübergreifenden Dialog anzuregen, empfehlen wir in einem nächsten Schritt einen Feedbackprozess, der die unterschiedlichen Sichtweisen über die einzelnen Unternehmensbereiche zum Thema haben soll.

Jeder ist aufgefordert, sein Bild, seine Wahrnehmung, aber auch seine Annahmen über andere Bereiche nach folgender Ordnung auf einem Flipchart zusammenzustellen:

o Wenn ich auf den Bereich X schaue, fällt mir auf:
o Wahrscheinlich läuft dort .... gut
o Wahrscheinlich ist dort .... verbesserungsfähig
o Potenziale liegen wahrscheinlich in ....
o Führung versteht sich dort als ....
o Meine Empfehlung wäre ....

Dieses Szenario rüttelt auf, macht wach, jeder ist gespannt, was die anderen über seinen Bereich zu sagen haben. Aus den Präsentationen entwickeln sich sehr spannende, offene Diskussionen, die sowohl Nachdenklichkeit als auch Ideen für Veränderungen wecken.

Für konkrete Maßnahmen ist es jedoch noch zu früh, Einzelne entscheiden sich, auch noch andere Führungsebenen in diese Art von Fragen und Diskussionen mit einzubeziehen. Ein Nebeneffekt ist, dass plötzlich das Unternehmen als Ganzes sichtbar wird und die Verzahnung der einzelnen Bereiche oder deren Schnittstellen, aber auch die verschiedenen Möglichkeiten, die sich daraus ergeben, an Bedeutung gewinnen. Auch die Grenze zum Markt und zu Kunden wird transparenter und Ideen in diese Richtung werden diskutiert. Gleichzeitig beobachten wir, wie der individuelle Führungsstil im Bereich indirekt zum Thema wird und Einzelne darüber nachdenken, wie sich Veränderungen entsprechend auswirken könnten.

Unsere Hypothese ist, dass der Verzicht auf gegenseitiges persönliches Feedback es möglich machte, sich auf einer persönlichen und geschäftlichen Ebene konkret zu begegnen und Veränderungen zu erwägen.

Beraterkompetenz

Das Besondere in dieser Situation ist, dass der Berater keinem vorgefertigten Konzept folgen kann, dass er gezwungen ist, wenn er Anschlussfähigkeit an das System halten will, immer wieder neue Interventionen zu erfinden und zu probieren und sich damit in einem ersten Schritt in die Unsicherheit begibt, die sich das System im Moment nicht erlaubt. In einem zweiten Schritt gibt der Berater dem Team peu à peu die Möglichkeit, mit Unsicherheiten fein dosiert und strukturiert umzugehen. Der Berater reflektiert seine eigenen Wahrnehmungskriterien im Bewusstsein, dass seine Beobachtungen und Interventionen nur Wirkung haben, wenn sie vom System verstanden werden. Die innere Übung des Beraters wird sein, sich gleichzeitig zurückzunehmen und präsent zu bleiben, um den Teammitgliedern Gelegenheiten zu geben, ihre eigenen Talente und Fähigkeiten mehr zu zeigen und zu nutzen und die für sie relevanten Themen einzubringen.

Perspektive

Wir vereinbaren am Ende dieses Workshops einen Folgetermin und schlagen schon mal die folgenden Agendapunkte vor:

o Welche Konsequenzen hatte dieser Workshop?
o Welchen Veränderungen wurden durch die Rückmeldungen der Teammitglieder in den jeweiligen Bereichen angestoßen?
o Wozu führte das? Positiv, negativ, welche Nebenwirkungen gab es?

Fallbeispiel einer ökumenischen Erziehungsberatungsstelle: *"Das Team spielt nicht mehr mit"*

Das Spielfeld

Zwei unterschiedliche kirchliche Träger – evangelisch und katholisch – mit dem starken Wunsch nach Kooperation bzw. dem Auftrag, ein funktionierendes Modell für eine ökumenische Kooperation zu werden, mehrere Hierarchieebenen und ein schwieriges Klientel sind an sich schon ein Dauerspannungsfeld, das es in einer Erziehungsberatungsstelle zu bewältigen gilt.

Auslöser für die externe Beratung war ein Führungswechsel und die mit dem neuen Führungsstil verbundene konflikthafte Zuspitzung von unterschiedlichen Erwartungshaltungen an die Führung: Das Team fühlte sich einerseits im Stich gelassen, andererseits autoritär behandelt. Es verweigerte der neuen Leitung – eine Doppelspitze (evangelisch und katholisch) – schlicht die Gefolgschaft. Die Leitung wiederum beklagte, keinen Einfluss mehr auf das Team zu haben. An einberufenen Teamsitzungen wurde nicht mehr teilgenommen und die Kommunikation untereinander beschränkte sich auf das notwendige Mindestmaß. Es wurden nur noch organisatorische Themen behandelt, der notwendige fachliche Austausch unterblieb. Die Bilder übereinander hatten sich über die Zeit so stark verfestigt, dass immer "der/die andere schuld" war. Jeder und jede machte ihre Arbeit, aber man arbeitete nicht mehr zusammen.

Die evangelische und die katholische Leitung suchten sich jeweils Unterstützung bei ihren eigenen Trägern. Das führte dazu, dass bei jedem Leitungstreffen immer auch die jeweils höhere Ebene vertreten war und die fachlichen und organisatorischen Themen nicht mehr partizipativ behandelt, sondern nur noch verhandelt wurden, nach dem Motto: Wer gibt wem was, und was bekommt wer dafür. Ein Ergebnis dieser Sitzungen war ein sehr detailliertes Leitungskonzept, das festlegte, wer was wann zu tun oder zu lassen hatte.

Freude an der Arbeit war abhandengekommen, produktive Kooperation, spontanes Miteinander oder das Umsetzen von Ideen waren nicht mehr möglich. Das Team, bestehend aus sozialpädagogischen Fachkräften und Psychologinnen, die bis vor kurzem noch, ohne auf Konfession und Arbeitgeber zu achten, "einfach" zusammengearbeitet hatten, rieben sich jetzt in endlosen Krisenmeetings auf, fühlten sich enttäuscht, frustriert und isoliert.

Unsere Beratung erstreckt sich auf zwei Beratungstage pro Jahr mit dem Gesamtteam, parallel dazu findet Führungscoaching nach Bedarf statt mit dem Ziel, die Kommunikation wieder anzuregen, Möglichkeiten der Kooperation auszuloten und die Bedürfnisse und Erwartungen aller Beteiligten transparent zu machen.

Im Zuge der Auftragsklärung ist es uns wichtig, die Perspektiven aller Beteiligten, des Teams und der Führungskräfte, einzuholen. Da uns in diesem Fall die Teammitarbeiter seit langem bekannt sind, erhält die Auftragsklärungsphase den Charakter eines "Jahrmarkts der Deutungsmuster": Kollegen tauschen sich untereinander aus über die Frage, welche Deutung oder Interpretation der Ereignisse wir vornehmen können und welche (uns) am besten passt.

Dabei treffen individualpsychologische / tiefenpsychologische Erklärungsmodelle auf lösungsorientiert / systemische und historische Erklärungsmodelle, und die Herausforderung besteht für uns darin, die für das Team kontraproduktive Haltung "Wer hat Recht mit seiner Interpretation" aufzugeben und die Beteiligten anzuregen, eine Geschmeidigkeit in der Betrachtung der Situation zu gewinnen und diese zu stabilisieren, damit sich im Verlauf des Prozesses die Einsicht etabliert, dass mehrere Wahrheiten nebeneinander existieren und als Chance genutzt werden können, so dass sie einen Gewinn für das Team darstellen.

Erklärungen des Teams, wie es zu der verfahrenen Situation gekommen ist
Die individualpsychologische / tiefenpsychologische Perspektive ist die eigentlich wirkmächtigste, um Bilder zu erzeugen. Sie läuft darauf hinaus, die Schwierigkeiten als unterschiedliche persönliche Führungsstile zu identifizie-

ren und das Verhalten der Leitung allein auf ihre Sozialisation zurückzuführen. Die Mitglieder des Teams fordern für sich partizipative Mitwirkung, Anerkennung ihrer individuellen Leistungen und einen hierarchiefreien Handlungs- und Entscheidungsraum.

Auch die Führung beschreibt die alte Struktur als tragfähiger im Vergleich zur neuen, sie verorten die Verantwortung für die negative Entwicklung, für den Mangel an Kooperationsbereitschaft allein auf Seiten der Mitarbeiterinnen.

Beide Ebenen sprechen von Stillstand, beide fühlen sich ohnmächtig und empfinden das Arbeitsklima als "ätzend".

Über die historische Perspektive werden die bisherigen Erfahrungen mit Führung in der Erziehungsberatungsstelle beschrieben und bewertet und mit dem neuen Führungsmodell verglichen. Als besonders erschwerendes Moment wird die Zusammenführung der beiden Konfessionen in Gestalt der Doppelspitze benannt. Hier werden unterschiedliche Wertvorstellungen derart zu einer gebündelt, dass die religiösen und historisch gewachsenen Identitäten zu verschwimmen drohen. Das Modell Ökumene wird nicht per se abgelehnt, auch Chancen, die in der Struktur einer Doppelspitze liegen, werden wahrgenommen. Was bei den Mitarbeiterinnen jedoch keinen Zuspruch findet, ist das konkrete Führungsverhalten.

Unser Angebot einer lösungsorientiert-systemischen Perspektive auf das Geschehen verlor in der Diskussion schnell an Bedeutung. Es gelang nicht, den gesamten Kontext ins Blickfeld zu nehmen; die systemische Perspektive erschöpfte sich im Hochhalten gegenseitiger Wertschätzung. Interessant war, dass in diesem professionellen sozialpädagogischen und psychologischen Kontext emotionale Äußerungen, wie eine laute Stimme oder ein Wutausbruch, als Zeichen von "Unprofessionalität" interpretiert wurden.

Wie erklären wir uns die Situation?

Unsere Hypothesen zur Erklärung entwickeln wir aus unterschiedlichen theoretischen Perspektiven.

Gruppendynamische Perspektive

In dem System gibt es keine Rollenflexibilität. Jeder und jede ist so mit seiner Rolle identifiziert, dass eine hierarchieübergreifende Rollenklärung aktuell nicht möglich ist. Ein Austausch über Erwartungen und Befindlichkeiten zwischen Team und Leitung, z.B. über Feedback, findet nicht statt. Das Team befindet sich (wieder) in der Anfangsphase und verfügt nicht über Kraft und Ideen, diese aufzulösen und in die Phase der Rollen- und Normklärung zu kommen. Dem Team ist nicht klar, was die Führung von ihm erwartet und umgekehrt. Eine angemessene, offene und wertschätzende Auseinandersetzung, um in eine konstruktive Autoritätskrise zu gehen und diese gemeinsam durchzustehen und zu bewältigen, gelingt nicht.

Aus dieser Perspektive stellen wir die Fragen:

o In welcher Phase befindet sich das Team?
o Wer nimmt welche Rolle ein?
o Was wäre, wenn die Rollen flexibel gestaltet werden würden?
o Wie könnte eine Feedback-Kultur implementiert werden?

Systemtheoretisch-funktionale / soziologische Perspektive

Im vorliegenden Fall werden Informationen nicht mehr verstanden, weil die systemrationalen Verarbeitungsprozesse unabhängig von der Umwelt operieren, jeder und jede interpretiert die Situation selbstreferenziell über den eigenen Wahrnehmungsfilter. Da die Beteiligten Gefühle von Ohnmacht und Enttäuschung äußern, schließen wir, dass die Regeln und Werte, die sich in der Vergangenheit als angemessene Grundlage für Entscheidungen bewährt haben, in dieser Situation keine tragfähigen mehr sind für eine Problemlösung. Vertrautes Wissen – die Wahrnehmungs-, Entscheidungs- und Kommunikationsmuster – bedarf einer Überprüfung hinsichtlich seiner Wirksamkeit. Um den Lernprozess der Selbststeuerung anzuregen, der einen Perspektivenwechsel ermöglicht, bedarf es einer schrittweisen Integration von neuem Wissen.

Das Team hat sich ausdifferenziert in zwei Subsysteme mit jeweils unterschiedlichen Wertvorstellungen der konfessionellen Träger: Ein katholisches und ein evangelisches, deren gemeinsamer Sinnzusammenhang die

Ökumene ist. Diese bildet sich auch in der hierarchischen und rollenspezifischen Organisationsstruktur ab. Die Konflikte aber, ausgelöst durch den Führungswechsel, haben die Akteure dazu veranlasst, in ihre "alten" Identitäten zu flüchten und primäre Unterschiede zu betonen – mit dem Ergebnis des "no go's". Zwei religiöse Sinnsysteme, die unvereinbar erscheinen und eine Kooperation verhindern, prallen aufeinander.

Die Beratungsstelle steht im Spannungsfeld des Systems der ökumenischen Bewegung; man könnte sagen, das Team spielt Ökumene, denn die ökumenische Bewegung repräsentiert innerhalb der Kirchen ein umstrittenes Ziel. Damit ist diese Erziehungsberatungsstelle ein Arbeitgeber, der seine Mitarbeiter per se in ein Spannungsfeld einlädt, sie gleichzeitig aber nicht mit den dazu notwendigen strukturellen Ressourcen versorgt.

Hinzu kommt, dass das Vertrauen der Mitarbeiterinnen in die Führung gestört ist, sie verweigern ihr die Gefolgschaft: Sie spielen nicht mehr mit. Die Leitung erfüllt nicht mehr die Erwartungen des Teams, eine Verbindung zwischen Informationslücken und Wissensgrenzen zur Verfügung zu stellen, und erhöht damit die Komplexität und das Risiko, statt es zu reduzieren. Die Konsequenzen werden sichtbar als Einschränkungen des Erlebens und Handelns mit der Folge von Frust und Verweigerung. Im Beratungsprozess muss der Faktor Vertrauen bzw. Vertrauensverlust berücksichtigt werden, um über die Transparenz der gegenseitigen Erwartungen stabile Strukturen etablieren zu können im Sinne einer produktiven Kooperation.

Unsere Fragen an das Team basieren auf diesen Hypothesen.
In Bezug auf historisches, bewährtes Wissen im Team fragen wir:
   o Welche Werte und Regeln waren in der Vergangenheit wichtig – vor dem Führungswechsel –, und wie wurden diese gelebt?
   o Wie wurden Probleme und Konflikte bearbeitet und gelöst?
   o Welches Wissen hat sich bewährt?
   o Was war früher besser als heute?

Zu Reaktivierung von Selbststeuerungsressourcen fragen wir:

o Was ist das Problem jetzt? Wie können wir verstehen, was da geschieht?

o Was würden Sie gern lernen?

o Brauchen wir neues Wissen, wenn ja, wie können wir das in unser System einbinden?

Bezugnehmend auf die Annahme der Existenz zweier Subsysteme mit unterschiedlichen Werten fragen wir:

o Gibt es Unterschiede zwischen den evangelischen und den katholischen Werten in der Beratungsstelle?

o Welche sind allen gemeinsam, und welche sind nicht vereinbar?

o Welche Werte sind für welches System (ev. und kath.) identitätsstiftend?

o Welche Werte sind im Leitbild der Organisation festgeschrieben?

o Wie könnten die Unterschiede akzeptiert und unter dem Label Ökumene gelebt werden?

Mit dem Ziel der Vertrauensbildung fragen wir:

o Was müsste passieren, dass das Team der Führung vertraut?

o Was müsste das Team tun, dass die Führung dem Team vertraut?

o Welche Informationen braucht das Team, welche nur die Führung? (Komplexitätsreduktion)

o Wer ist für was verantwortlich?

o Wie können diese Erwartungen strukturell verankert werden?

Ontologisch-bedürfnisorientierte Perspektive

Die Bedürfnisse und Wünsche aller Akteure wie Harmonie, Kollegialität, fachlicher Austausch und Produktivität bleiben in der derzeitigen Situation auf der Strecke. Das Team erlebt einen Spannungszustand nicht befriedigter Bedürfnisse und legitimer Wünsche.

Ein harmonisches Miteinander war in der Vergangenheit nur möglich, weil normative Differenzen, hierarchische Positionen und Strukturen in der Wahrnehmung vernachlässigt wurden und so eine informelle Struktur entstehen konnte, die Kooperation ermöglichte. Durch den Führungswechsel hat sich das geändert. Dieser negativ erlebte Zustand könnte sich positiv verändern, wenn das Team ein angemessenes Selbstverständnis findet, in dem die gesamte Organisationsstruktur des Verbandes, die (unterschiedlichen) Werte und Ziele der Ökumene, die interne Positionsstruktur, das Aufgabenprofil und die individuellen Kompetenzen aller berücksichtigt werden.

Folgende Fragen sollen diese Sichtweise anregen:

o Welche Erwartungen haben die beiden Führungskräfte voneinander?
o Welche Erwartungen haben die Führungskräfte an das Team?
o Welche Wünsche und Bedürfnisse haben die Fachkräfte untereinander, und welche haben sie an die Führungskraft?
o Wie könnten diese erfüllt werden, was braucht es dazu?
o Welche Werte verfolgt die Erziehungsberatungsstelle, was sind gemeinsam geteilte Werte, welche unterscheiden sich voneinander, insbesondere bezogen auf religiöse?
o Was müsste passieren, dass das Team die Führung anerkennt und sich führen lässt?
o Welche Kompetenzen können gelebt werden, welche nicht und warum nicht?

Welche Hypothesen zum beraterischen Handel ergeben sich aus den Erklärungsansätzen?

1. Wir suchen den kleinsten gemeinsamen Nenner bezogen auf das Klientel, um nicht zu viel Irritation auszulösen, so dass die Fachkräfte ihre Beratungsdienste für die Klientel weiterhin anbieten, ihren Arbeitsauftrag erfüllen und die Qualität sicherstellen können.

2. Wir überlegen: Was würde passieren, wenn die Führungskräfte keine externe Beratung angefordert hätten? Die Führungskräfte würden den Kontakt zum Team gänzlich verlieren und die Kommunikation würde sich auf das Notwendigste beschränken. Jeder würde sich mehr und mehr mit dem eigenen konfessionellen Träger identifizieren und die Positionskämpfe an Schärfe zunehmen. Kommunikation würde immer

unwahrscheinlicher werden, und keiner würde mehr verstehen, was der andere mitteilen will. Das Team würde sich in Nischen zurückziehen und seine Energie auf die Suche nach kleinen Handlungsspielräumen und Freiheiten konzentrieren, unterhalb der Organisation. Vielleicht würden sich informelle Teilsysteme ausbilden, die auch gegeneinander kämpfen (ein Spiegel der höheren Hierarchieebene), vielleicht käme es zu inneren und äußeren Kündigungen, Krankheitsfällen, sicher aber auf Dauer zu Qualitätseinbußen.

3. Die Kommunikation stockt und ist aufgrund der verschiedenen Systemlogiken nicht anschlussfähig.

4. Es gibt verschiedene Perspektiven – keine ist wahr – alle sind wahr. Alle erzeugen Bilder, die das Erleben und Handeln der Beteiligten motivieren.

5. Gelingt es eine Geschmeidigkeit im Einnehmen der Perspektiven bei den Beteiligten zu erzeugen, würde das zu einem neuen Erleben führen und damit zu neuen Handlungsmöglichkeiten. Zentral ist hierbei die Fähigkeit, zwischen sich selbst als Person und den strukturellen Wirkungen des Systems Beratungsstelle zu unterscheiden. Wenn diese Unterscheidung getroffen werden kann, führt das zu einer Erleichterung und Entlastung, dann können Entscheidungen, wie hier der Führungswechsel, der Organisation zugeschrieben werden und haben nichts mit der Person Mitarbeiterin zu tun.

6. Damit ist Richtung und Ziel der beraterischen Intervention klar: Sensibilität aufbauen, mit deren Hilfe die Unterschiede zwischen Struktur, Rolle, Funktion und persönlicher Befindlichkeit erlebt, beschrieben und bewertet werden können.

Wir möchten hier nicht den Ablauf des gesamten Beratungsprozesses vorstellen, sondern nur eine Intervention kurz beschreiben, die für den weiteren Prozess quasi wie eine Initialzündung wirkte.

In der Literatur finden sich viele Übungsvarianten zum Perspektivenwechsel oder zur Rollenklärung. Im Praxisfall 2 haben wir die Rollenklärung

(S. 175) ausführlich vorgestellt, ebenso die Einführung in einen Dialog (S. 201), den wir auch in dieser Teamberatung vorgestellt haben.

Einladung zum Perspektivenwechsel, um die Selbststeuerungsfähigkeit des Teams wieder in Gang zu setzen:
Eine Übung, die die Perspektiven von den Personen trennte: Die Perspektiven mit ihren Deutungen und Interpretationen befinden sich in Gestalt von Flipcharts im Raum, und die Teilnehmer wandern umher und probieren die jeweiligen Sichtweisen für sich aus. Sie beschäftigen sich mit inneren Fragen wie "Angenommen, ich würde diese Perspektive einnehmen – welchen Gewinn hätte ich, welchen Preis müsste ich zahlen? Was würde es mir leicht machen und was schwer?" Zum Abschluss der Übung stellt sich jeder wieder auf seinen Ausgangspunkt und berichtet von seinen Erfahrungen.

Mit dieser Übung, für die wir uns viel Zeit nahmen – inklusive Reflexion einen Vormittag – konnten wir eine Bewegung in den Wahrnehmungsmustern der Mitarbeiterinnen erzeugen, die zu einer schrittweisen Auflösung gegenseitiger Schuldzuschreibungen führte und die Kommunikation wieder in Gang setzte.

Weitere Interventionen im Prozess
1. Coaching der Führungskräfte
2. Moderation der alljährlichen gemeinsamen Konzeptionstage: Mit den klassischen Moderationsmethoden wurden die strategisch wichtigen und inhaltlich notwendigen Themen zu einem gemeinsamen Ergebnis geführt, das von allen akzeptiert und getragen wurde.
3. Moderation des strategischen Reflexionsworkshops im Folgejahr. In Kleingruppen wurde die Frage "Angenommen, die Träger wären unter dem Dach der Ökumene eigenständig – was wäre dann gut, was wäre dann nicht gut?" mithilfe der SWOT-Analyse[8] bearbeitet.

---

[8] Wir verzichten auf eine detaillierte Darstellung der SWOT-Analyse und verweisen auf die Literatur (vgl. hierzu Mentzel 2008; Danoci 2009).

Erfolgsfaktoren der Beratung in diesem Fall waren folgende:
Aufgrund des aktuell angespannten Zustandes im Team und dem Respekt vor den vorhandenen religiösen Wertesystemen verzichten wir in der Anfangsphase des Beratungsprozesses darauf, die unterschiedlichen Werte zu thematisieren und konzentrieren uns darauf, auf ein gegenseitiges Verstehen hinzuwirken.

Das Team war durch die ergebnislose Suche nach einer Lösung aus seinem Dilemma erschöpft. Von der Beraterin wurde unausgesprochen erwartet, dass sie die Kompetenz hat, das Team aus der Starre zu führen, nach dem Motto "Jetzt wird es gut werden". Dieser Falle begegnen wir offen, insbesondere dann, wenn eine Situation aussichtslos erscheint. In solchen Fällen ist es ratsam, sich fragend dem Team zur Verfügung zu stellen, damit gleich von vorneherein die Akteure in die Verantwortung kommen.

Und wie ging es aus?
Ein für alle gangbarer Weg lag am Schluss nicht in der Verbesserung der kooperativen Fähigkeiten untereinander, nicht im "Verstehen" der jeweils anderen Seite, sondern in der Erlaubnis zu mehr Distanz, in einer deutlicheren Betonung der Unterschiede und im Sich-Besinnen auf die jeweils eigenen Werte (ev. und kath.) und ihrer Besonderheiten. Von dieser Basis aus wurde dann Kooperation mit dem jeweils anderen Träger als eine Möglichkeit betrachtet und nicht mehr als Zwang bzw. Notwendigkeit.

Dieses Beispiel zeigt, dass sich hinter dem offiziellen Thema der Teamberatung – Herstellung der Kooperation zwischen Führung und Team – ein struktureller Widerspruch verbarg. Die unterschiedlichen ethischen, religiösen Identitäten schienen unter dem Dach Ökumene bedroht. Das Team und die Leitung gleichermaßen reagierten aufgrund der Nichtunterscheidung mit Verunsicherung: Das Team erkannte die Führung nicht an, die Führung verweigerte die Verantwortung, indem es nicht in Führung ging. Dieses Verhalten haben wir nicht verurteilt, sondern versucht, den Sinn und Nutzen für die Beteiligten herauszufiltern, indem wir zirkuläre und ressourcenorientierte Fragen stellten, über die die tatsächlich vorhandenen Unterschiede wahrgenommen und benannt werden konnten. Der Schlüssel für eine zukünftige

Kooperation lag zum einen in der entlastenden Unterscheidung zwischen Umwelt und System (ev. und kath.) und in der Wertschätzung ihres Verhaltens und Erlebens, denn jede Form der Kommunikation folgt einem Sinn.

Das Beispiel zeigt, wie wichtig es in einer Beratung ist, genau hinzuschauen, sich nicht vom vordringlichen, auf den ersten Blick dringlich erscheinenden Anlass verführen zu lassen. Denn dieser war nur ein Symptom des strukturellen Wertekonflikts, der sich hinter der Kooperationsverweigerung verbarg.

Wir möchten dieses Buch nicht mit einer Zusammenfassung oder einem pathetischen Schlusswort beenden, vielmehr mit einem jüdischen Witz:
Die drei großen Religionen sehen eine Sintflut auf sich zukommen. Die eine beginnt zu beten, die andere ruft zur Rückbesinnung auf die Tradition auf, die letzte sagt: Lasst uns schwimmen lernen.
Zu entscheiden wer wer ist, überlassen wir unseren geneigten Lesern und Leserinnen.

Literaturverzeichnis

Abels, H. (2004): Einführung in die Soziologie. Bd. 1: Der Blick auf die Gesellschaft. 2. überarb. und erweiterte Auflage. Wiesbaden (VS Verlag).

Antons, K. (1976): Praxis der Gruppendynamik. Übungen und Techniken. Göttingen u.a.(Hogrefe). [Neufaufl. (2000): Göttingen u.a. (Hogrefe).]

Argyris, Ch. (1997): Wissen in Aktion. Eine Fallstudie zur lernenden Organisation. Stuttgart (Klett-Cotta). [am. Orig. (1996): Knowledge for Action. A Guide to Overcoming Barriers to Organizational Change. San Francisco (Jossey-Bass).]

Baecker, D. (1999): Die Form des Unternehmens (Suhrkamp-Taschenbuch Wissenschaft, 1453). Frankfurt a. M. (Suhrkamp).

Bandler, R. u. J. Grinder (1985): Reframing. Ein ökologischer Ansatz in der Psychotherapie (NLP). (Reihe innovative Psychotherapie und Humanwissenschaften, Bd. 28). Paderborn (Junfermann). [Neuaufl. (1992): Paderborn (Junfermann).] [am. Orig. (1982): Reframing. Moab/Utah (Real People Press).]

Bardmann, Th. M. u. T. Groth (Hrsg.) (2001): Zirkuläre Positionen 3. Organisation, Management und Beratung. Wiesbaden (Westdeutscher Verlag).

Bateson, G. (1981): Ökologie des Geistes. Anthropologische, psychologische, biologische und epistemologische Perspektiven (Suhrkamp-Taschenbuch Wissenschaft, 571). Frankfurt a. M. (Suhrkamp). [am. Orig. (1972): Steps to an Ecology of Mind. Collected Essays in Anthropology, Psychiatry, Evolution and Epistemology. (Chandler).]

Beck, R. u. G. Schwarz (2000): Konfliktmanagement (Schwerpunkt Management). Augsburg (ZIEL). [Neuaufl. (2000): Augsburg (ZIEL).]

Beck, U. (1986): Risikogesellschaft. Auf dem Weg in eine andere Moderne (Edition Suhrkamp, 1365/Neue Folge, Bd. 365). Frankfurt a. M. (Suhrkamp).

Beck, U. (1997): Was ist Globalisierung? Irrtümer des Globalismus – Antworten auf Globalisierung. Edition Zweite Moderne Herausgegeben von Ulrich Beck. Frankfurt a.M. (Suhrkamp).

Beck, U. (2010): Nachrichten aus der Weltinnenpolitik. Berlin (edition suhrkamp).

Baecker, D. u.a. (2010): Luhmann Lektüren. Berlin (Kulturverlag Kadmos).

Berg, I. K. u. P. de Jong (2008): Lösungen (er-)finden. Das Werkstattbuch der lösungsorientierten Kurztherapie. 6. verbesserte und erw. Aufl. Dortmund (Verlag Modernes Lernen).

Berghaus, M. (2003): Luhmann leicht gemacht. Eine Einführung in die Systemtheorie. Köln u.a. (Böhlau).

Bergmann, U. (1998): Erfolgsteams – der ungewöhnliche Weg, berufliche und persönliche Ziele zu erreichen. MvG Verlag im Verlag moderne Industrie AG Landsberg am Lech.

Bernstein, S. u. L. Lowy (Hrsg.) (1969): Untersuchungen zur sozialen Gruppenarbeit. Freiburg (Lambertus).

Blanchard, K. u.a. (1992): Der Minuten Manager schult Hochleistungsteams. Reinbek b. Hamburg (Rowohlt). [am. Orig. (1991): The One Minute Manager Builds High Performing Teams. New York (William Morrow and Company).]

Bohm, D. (1998): Der Dialog. Das offene Gespräch am Ende der Diskussion. Stuttgart (Klett-Cotta). [Neuaufl. (2002): Stuttgart (Klett-Cotta).] [Orig. (1996): On Dialogue. London/New York (Routledge).]

Brändle-Ströh, M. (2001): Teamarbeit. *Züricher Beiträge zu Theorie und Praxis Sozialer Arbeit* 2001 (2), S. 33-59.

Breuer, I. u.a. (1996): Welten im Kopf. Profile der Gegenwartsphilosophie (Rotbuch, 1045). Bonn (Rotbuch).

Buber, M. (Hrsg.) (1910): Reden und Gleichnisse des Tschuang-Tes. Leipzig (Insel). [Neuaufl. (1979): Zürich (Manesse).]

Buber, M. (1948): Der Weg des Menschen nach der chassidischen Lehre (Pulvis Viarum, Bd. 5). Amsterdam (Allert de Lange)/Köln/Berlin (Kiepenheuer). [Neuaufl. (1986): Heidelberg (Lambert Schneider).]

Buber, M. (1996): Hundert chassidische Geschichten. Zürich. (Manesse).

Bunge, M. (1979): A World of Systems. Ontology II, Vol. 4 of Treatise on Basic Philosophy. Dordrecht (Reidel).

Bunge, M. (1990). Instant Autobiography. In: P. Weingartner & G.J. W. Dorn (Eds.). Studies on Mario Bunge's Treatise. (S. 677-681). Amsterdam (Rodopi).

Bunge, M. u. M. Mahner (2004): Über die Natur der Dinge. Materialismus und Wissenschaft. Stuttgart (Hirzel).

Bunge, M. (1989): Ethics. The Good and the Right (Vol. 8 of Treatise on Basic Philosophy). Dordrecht (Reidel).

Claessens, D. (1992): Macht und Herrschaft. In H. Korthe u. B. Schäfers: Einführung in die Hauptbegriffe der Soziologie (Bd. 1). Opladen (Leske + Budrich), S. 115-125. [Neuaufl. (1998): Opladen (Leske + Budrich).]

Comelli, G. (1985): Training als Beitrag zur Organisationsentwicklung. (Handbuch der Weiterbildung für die Praxis in Wirtschaft und Verwaltung, Bd. 4). München/Wien (Hanser).

Danoci, J. (2009): SWOT-Analyse. München (Grin).

Dörner, D. (1989): Die Logik des Mißlingens. Strategisches Denken in komplexen Situationen. Reinbek b. Hamburg (Rowohlt). [Neuaufl. (2002): Reinbek b. Hamburg (Rowohlt).]

Doppler, K. u. Ch. Lauterburg (1994): Change Management. Den Unternehmenswandel gestalten. Frankfurt (Campus). [Neuaufl. (2008): Frankfurt a. M./New York (Campus).]

Eidenschink, K. (2004): Warum Führung Stress verursacht. Verfügbar unter: http://www.eidenschink.de/Download/index_download.html [02.10.2005].

Endress, M. (2002): Vertrauen. Bielefeld (tanscript).

Endruweit G. u. G. Trommsdorff (Hrsg.) (1989): Wörterbuch der Soziologie (UTB für Wissenschaft, 2232). Stuttgart (Lucius & Lucius). [Neuaufl. (2002): Stuttgart (Lucius & Lucius).]

Engelhardt, H. D. (1995): Organisationsmodelle. Ihre Stärken, ihre Schwächen (Schwerpunkt Management). Augsburg (ZIEL). [Neuaufl. (1999): Augsburg (ZIEL).]

Engelhardt, H. D. (2001): Total Quality Management. Konzept – Verfahren – Diskussion (Schwerpunkt Management). Augsburg (ZIEL).

Engelhardt, H. D. u.a. (1996): Organisationsentwicklung (Schwerpunkt Management). Alling (Sandmann). [Neuaufl. (2000): Augsburg (Ziel).]

Engelke, E. (2003): Die Wissenschaft Soziale Arbeit. Werdegang und Grundlagen. Freiburg (Lambertus).

Flacke, R. , A. Summerer, E. Vanhoefer (1992) persönliche Mitteilung

Fatzer, G. u. H.-H. Jansen (1980): Die Gruppe als Methode. Gruppendynamische und gruppentherapeutische Verfahren und ihre Wirksamkeit. Weinheim/Basel (Beltz).

Fatzer, G. (2004): Organisationsentwicklung für die Zukunft. 3. Aufl. Bergisch Gladbach.

Fischer, M. u. P. Graf (1998): Coaching. Ein Fernworkshop (Schwerpunkt Management). Alling (Sandmann). [Neufaufl. (2000): Augsburg (ZIEL).]

Foerster, H. von (1993): Über das Konstruieren von Wirklichkeiten. In: Ders.: Wissen und Gewissen. Versuch einer Brücke. Frankfurt am Main, S. 25-49.

Gassmann, L. (1984): Gruppendynamik. Hintergründe und Beurteilung (Tagesfragen, Bd. 5). Neuhausen-Stuttgart (Hänssler).

Geiser, K. (2000): Probleme- und Ressourcenanalyse in der Sozialen Arbeit. Eine Einführung in die Systemische Denkfigur und ihre Anwendung. Luzern (Interact)/(Lambertus). [Neuaufl. (2004): Luzern (Interact)/(Lambertus).]

Geiser, K. (2005): Referat – Auftaktveranstaltung zur Einführung der Sozialpädagogischen Diagnose, München 17./18. Oktober 2005.

Geiser, K. (2002): Zu den Dimensionen Sozialer Arbeit - Fünf Aspekte des allgemeinen Professionswissens Sozialer Arbeit. In: Hochschule für Soziale Arbeit Zürich: Themen der Sozialarbeitswissenschaft und ihre transdisziplinäre Verknüpfung. Dokumentation Dienstag, 5. März 2002. (Unveröff. Manuskript), S. 58-65.

Geiser, K. (2005): Sozialpädagogische Diagnose - Systemische Denkfigur - W-Fragen bzw. Wissensformen. Zürich/München (Unveröffentl. Manuskript f. Ausbildungsteilnehmer).

Geißler, K. A. u. F.-M. Orthey (1998): Beobachten, Nichtverstehen und Intervenieren. In: K. Schattenhofer u. W. Weigand (Hrsg.): Die Dynamik der Selbststeuerung. Beiträge angewandter Gruppendynamik. Opladen/Wiesbaden (Westdeutscher Verlag), S. 53-74.

Glasl, F. (1980): Konfliktmanagement. Ein Handbuch für Führungskräfte und Berater (Organisationsentwicklung in der Praxis, Bd. 2). Bern (Haupt)/Stuttgart (Freies Geistesleben). [Neuaufl. (1994): Bern (Haupt)/Stuttgart (Freies Geistesleben).]

Graf, P. u. M. Fischer (1998): Coaching. Ein Fernworkshop (Schwerpunkt Management). Alling (Fachverlag Dr. Sandmann).

Graumann, C.-F. (Hrsg.) (1981): Kurt-Lewin-Werkausgabe (Wissenschaftstheorie, Bd. 1). Bern (Huber)/Stuttgart (Klett-Cotta).

Groth, T. (1999): Wie systemtheoretisch ist "Systemische Organisationsberatung"? Neuere Beratungskonzepte für Organisationen im Kontext der Luhmannschen Systemtheorie (Soziologie, Bd. 24). Münster (LIT). [Neuaufl. (1999): Münster (LIT).]

Grubitzsch, S. u. K. Weber (Hrsg.) (1998): Psychologische Grundbegriffe. Ein Handbuch (Rowohlt Enzyklopädie, 55588). Reinbek b. Hamburg (Rowohlt).

Gumin, H. u. H. Meier (Hrsg.) (1985): Einführung in den Konstruktivismus. Mit Beiträgen von Heinz von Foerster, Ernst von Glasersfeld, Peter M. Heijl, Siegfried J. Schmidt und Paul Watzlawick. München (Oldenbourg). [Neuaufl. (1992): (Serie Piper, Bd. 5). München/Zürich (Piper).]

Habermas, J. (1971): Theorie der Gesellschaft oder Sozialtechnologie? Eine Auseinandersetzung mit Niklas Luhmann. In: J. Habermas u. N. Luhmann: Theorie der Gesellschaft oder Sozialtechnologie - was leistet die Systemforschung? (Theorie-Diskussion) Frankfurt a. M. (Suhrkamp) , S. 142-290. [Neuaufl. (1974): Frankfurt a. M. (Suhrkamp).]

Hagn, J. u.a. (Hrsg.) (2012): Modernisierung der kommunalen Sozialverwaltung. Soziale Arbeit unter Reformdruck? Neu-Ulm (AG Spak)

Heimburg, Y. von u. G. F. Radisch (2001): Virtuelle Teams erfolgreich führen. Ein Team, eine Aufgabe, verschiedene Standorte. Landsberg (Verlag Moderne Industrie).

Heiner, M. u.a. (1994): Methodisches Handeln in der Sozialen Arbeit. Freiburg (Lambertus). [Neuaufl. (1998): Freiburg (Lambertus).]

Hennen, M.: Systemtheorie (1989). In: G. Endruweit u. G. Trommsdorff (Hrsg.): Wörterbuch der Soziologie (UTB für Wissenschaft, 2232). Stuttgart (Lucius & Lucius), S. 587-590. [Neuaufl. (2002): Stuttgart (Lucius & Lucius).]

Hollstein-Brinkmann, H. u. S. Staub-Bernasconi (Hrsg.) (2005): Systemtheorien im Vergleich. Was leisten Systemtheorien für die Soziale Arbeit? Versuch eines Dialogs. Wiesbaden (VS)/(GWV).

Katzenbach, J. R., D. K. Smith u. McKinsey & Company, Inc. (1993): Teams. Der Schlüssel zur Hochleistungsorganisation. München (Heyne).1998. [am. Orig. (1993): The Wisdom of Teams. Boston (Harvard Business School).]

Katzenbach, J. R. u. D. K. Smith (2001): The Discipline of Teams. A mindbook-workbook for delivering small group performance. New York u.a. (Wiley & Sons).

Keupp, H. u. a. (1999): Identitätskonstruktionen. Das Patchwork der Identitäten in der Spätmoderne (Rowohlts Enzyklopädie, 55634). Reinbek b. Hamburg (Rowohlt).

Kieser, A. u. H. Kubicek (1976): Organisation. (De-Gruyter-Lehrbuch). Berlin/New York (De Gruyter). [Neuaufl. (1983): Berlin/New York (De Gruyter).]

Klein, N. (2001): No Logo! Der Kampf der Global Players um Marktmacht. Ein Spiel mit vielen Verlierern und wenigen Gewinnern. o.O. (Bertelsmann). [Neuaufl. (2002): München (Riemann).] [am. Orig. (2000): No Logo. Canada (Alfred A. Knopf).]

Klassen, M. (2004): Was leisten Systemtheorien in der Sozialen Arbeit? Ein Vergleich der systemischen Ansätze von Niklas Luhmann und Mario Bunge. Bern u.a. Haupt).

Kleinbeck, U. (1996): Arbeitsmotivation. Entstehung, Wirkung und Förderung. Weinheim (Juventa).

Kleve, H. u.a. (Hrsg.) (2003): Differenz und Soziale Arbeit. Sensibilität im Umgang mit dem Unterschiedlichen (Praxis – Theorie – Innovation. Berliner Beiträge zur Sozialen Arbeit und Pflege, Bd. 1). Berlin u.a. (Schibri).

Kleve, H. (2003): Soziale Arbeit – Arbeit an und mit Differenz. In: H. Kleve u.a. (Hrsg.): Differenz und Soziale Arbeit. Sensibilität im Umgang mit dem Unterschiedlichen (Praxis – Theorie – Innovation. Berliner Beiträge zur Sozialen Arbeit und Pflege, Bd. 1). Berlin u.a. (Schibri), S. 36-56.

Kneer, G. u.a. (Hrsg.) (1997): Soziologische Gesellschaftsbegriffe. Konzepte moderner Zeitdiagnosen, (UTB für Wissenschaft, 1961). München (Fink). [Neuaufl. (2000): München (Fink)

Kneer, G. u. A. Nassehi (1993): Niklas Luhmanns Theorie sozialer Systeme. Eine Einführung (UTB für Wissenschaft, 1751). München (Fink). [Neuaufl. (2000): München (Fink).]

König, E. u. G. Volmer (1993): Systemische Organisationsberatung. Grundlagen und Methoden (System und Organisation, Bd. 1). Weinheim (Deutscher Studien Verlag).

Königwieser, R. u. A. Exner (1998): Systemische Intervention. Architekturen und Designs für Berater und Veränderungsmanager. Stuttgart (Klett-Cotta). [Neuaufl. (1999): Stuttgart (Klett-Cotta).]

Königswieser, R. (2002): Wie lernen Organisationen? Verfügbar unter: http://www.koenigswieser.net/dfra_wir.htm [02.02.2002].

Kopp, S. B. (1978): Triffst du Buddha unterwegs. Frankfurt a. M. (Fischer). [engl. Orig. (1974): If you meet Buddha on the road, kill him!. London (Sheldon).]

Korthe, H. u. B. Schäfers (Hrsg.) (1992): Einführung in die Hauptbegriffe der Soziologie (Bd. 1). Opladen (Leske + Budrich). [Neuaufl. (1998): Opladen (Leske + Budrich).]

Korthe, H. (2001): Soziologie im Nebenfach. Eine Einführung. Konstanz (UVK).

Krieger, W. (Hrsg.) (2010): Systemische Impulse. Theorieansätze, neue Konzepte und Anwendungsfelder systemischer Sozialer Arbeit. Stuttgart (ibidem).

Lambers, H. (2010): Systemtheoretische Grundlagen Sozialer Arbeit. Opladen/Farmington Hills. (Barbara Budrich UTB).

Langmaack, B. u. M. Braune-Krickau (1985): Wie die Gruppe laufen lernt. Anregungen zum Planen und Leiten von Gruppen. Ein praktisches Lehrbuch. Weinheim (Beltz). [Neuaufl. (1995): Weinheim (Beltz).]

Leigh, A. a. M. Maynard (1995): Leading Your Team. How to Involve and Inspire Teams. London (Brealey).

Löw, W. (Hrsg.) (2009): Geschlecht und Macht. Analysen zum Spannungsfeld von Arbeit, Bildung und Familie. Wiesbaden (VS).

Luhmann, N. (1975): Macht. Stuttgart (Enke). [Neuaufl. (1988): Stuttgart (Enke)].

Luhmann, N. (1987): Soziale Systeme. Grundriss einer allgemeinen Theorie (Wissenschaft, 666). Frankfurt a. M. (Suhrkamp).

Luhmann, N. (1988): Ökologische Kommunikation. Kann die moderne Gesellschaft sich auf ökologische Gefährdungen einstellen? Opladen (Westdeutscher Verlag). [Neuaufl. (1990): Opladen (Westdeutscher Verlag).]

Luhmann, N. (1989): Vertrauen. Ein Mechanismus der Reduktion von Komplexität. Stuttgart (Enke)

Luhmann, N. (1996): Die Selbstbeobachtung des Systems. Ein Gespräch mit Niklas Luhmann. In: I. Breuer u.a.: Welten im Kopf. Profile der Gegenwartsphilosophie (Rotbuch, 1045). Bonn (Rotbuch), S. 169-180.

Luhmann, N. (1997): Die Gesellschaft der Gesellschaft 2 (Wissenschaft, 1360). Frankfurt a. M. (Suhrkamp).

Luhmann, N. (2001): Niklas Luhmann. Aufsätze und Reden. Herausgegeben von O. Jahraus. Stuttgart (Reclam).

Luhmann, N. (2002): Niklas Luhmann: Einführung in die Systemtheorie. Herausgegeben von D. Baecker. Heidelberg (Carl-Auer-Systeme).

Luhmann, N. (2006): Organisation und Entscheidung. 2. Aufl. Wiesbaden (VS).

Lumma, K. (1994): Die Teamfibel. Oder: Das Einmaleins der Team- & Gruppenqualifizierung im sozialen und beruflichen Bereich. Ein Lehrbuch zum Lebendigen Lernen. Hamburg (Windmühle). [Neuaufl. (2000): Hamburg (Windmühle).]

Maturana, H. (1982): Erkennen: Die Organisation und Verkörperung von Wirklichkeit. Braunschweig/Wiesbaden (Viehweg).

Mentzel, K. (2008): Basiswissen Unternehmensführung: Methoden - Instrumente - Fallstudien. Witten (W3L).

Merten, R. (Hrsg.) (2000): Systemtheorie Sozialer Arbeit. Neue Ansätze und veränderte Perspektiven. Opladen (Leske + Budrich).

Miller, T. (1999): Systemtheorie und Soziale Arbeit. Ein Lehr- und Arbeitsbuch (Dimensionen Sozialer Arbeit, Bd. 2). Stuttgart (Enke). [Neuaufl. (2001): Systemtheorie und Soziale Arbeit. Entwurf einer Handlungstheorie (Dimensionen Sozialer Arbeit und Pflege, Bd. 2). Stuttgart (Lucius & Lucius.]

Neumann-Wirsig, H. u. H. J. Kersting (Hrsg.) (1993): Systemische Supervision oder: Till Eulenspiegels Narreteien (Schriften zur Supervision, Bd. 4). Aachen (Kersting).

Obrecht, W. (1996): Sozialarbeitswissenschaft als integrative Handlungswissenschaft. Ein metawissenschaftlicher Bezugsrahmen für eine Wissenschaft der Sozialen Arbeit. In: R. Merten u.a. (Hrsg.): Sozialarbeitswissenschaft – Kontroversen und Perspektiven. Neuwied u.a. (Luchterhand), S. 121-160.

Obrecht, W. (1999): Umrisse einer biopsychosozialen Theorie menschlicher Bedürfnisse. Geschichte, Probleme, Struktur, Funktion. Typoskript. "4. Interdisziplinärerer Universitätslehrgang für Sozialwissenschaft, Management und Organisation sozialer Dienste (ISMOS)" der Wirtschaftsuniversität. Wien.

Obrecht, W. (2000): Soziale Systeme, Individuen, Soziale Probleme und Soziale Arbeit. Zu den metatheoretischen, sozialwissenschaftlichen und handlungstheoretischen Grundlagen des "systemischen Paradigmas" der Sozialen Arbeit. In: Merten, R.

(Hrsg.): Systemtheorie Soziale Arbeit. Neue Ansätze und veränderte Perspektiven. Opladen (Leske + Budrich), S. 207-223.

Obrecht, W. (2001): Das Systemtheoretische Paradigma der Disziplin und der Profession der Sozialen Arbeit. Eine transdisziplinäre Antwort auf das Problem der Fragmentierung des professionellen Wissens und die unvollständige Professionalisierung der Sozialen Arbeit. *Züricher Beiträge zur Theorie und Praxis Sozialer Arbeit* 2001 (4).

Obrecht, W. (2002): Umrisse einer biopsychosozialen Theorie sozialer Probleme. Ein Beispiel einer integrativen Theorie. In: Züricher Beiträge zur Theorie und Praxis Sozialer Arbeit. (Hrsg.) Hochschule für Soziale Arbeit Zürich. Druck: 17. April 2002

Obrecht, W. (2002a): Umrisse einer biopsychosozialen Theorie sozialer Probleme als Beispiel einer integrativen Theorie. In: Hochschule für Soziale Arbeit Zürich: Themen der Sozialarbeitswissenschaft und ihre transdisziplinäre Verknüpfung. Dokumentation Dienstag, 5. März 2002. (Unveröff. Manuskript), S. 48-56.

Obrecht, W. (2005): Ontologischer, sozialwissenschaftlicher Systemismus. Ein integratives Paradigma der Sozialen Arbeit. In: Hollstein-Brinkmann, H.; Staub-Bernasconi, S. (Hrsg.): Systemtheorien im Vergleich – Versuch eines Dialogs. Wiesbaden (VS).

Pennecke, Ch. (1998): Geleitete Selbstorganisation – ein Paradox. In: K. Schattenhofer u. W. Weigand (Hrsg.): Die Dynamik der Selbststeuerung. Beiträge zur angewandten Gruppendynamik. Opladen/Wiesbaden (Westdeutscher Verlag), S. 173-184.

Pfeffer, Th. (2001): Das "zirkuläre Fragen" als Forschungsmethode zur Luhmannschen Systemtheorie. Heidelberg (Carl-Auer-Systeme).

Pfeifer-Schaupp, H.-U. (1995): Jenseits der Familientherapie. Systemische Konzepte in der sozialen Arbeit. Freiburg (Lambertus).

Popitz, H. (1986): Phänomene der Macht. Tübingen (Mohr). [Neuaufl. (1992): Tübingen (Mohr).]

Reese-Schäfer, W. (1992): Luhmann zur Einführung. Hamburg (Junius). [Neuaufl. (1999): Niklas Luhmann. Zur Einführung (Zur Einführung, 205). Hamburg (Junius).]

Reifarth, W. (1988): Grenzüberschreitungen – zur Praxis und Theorie selbsterfahrungsbezogener Lernprozesse. Sonderveröffentlichung im Eigenverlag des Deutschen Vereins für öffentliche und private Fürsorge. Frankfurt a. M. (Deutscher Verein f. öffentl. u. priv. Fürsorge).

Rosenberg, M. B. (2001): Gewaltfreie Kommunikation. Aufrichtig und einfühlsam miteinander sprechen. Neue Wege in der Mediation und im Umgang mit Konflikten. Paderborn (Junfermann). [Neuaufl. (2003): Paderborn (Junfermann).] [am. Orig. (1999): Nonviolent Communication. A Language of Compassion. Del Mar (Puddle-Dancer).]

Rosenkranz, H. (1990): Von der Familie zur Gruppe zum Team: Familien- und gruppendynamische Modelle zur Teamentwicklung. Paderborn (Junfermann-Management).

Sagebiel, J. B. (1994): Persönlichkeit als pädagogische Kompetenz in der beruflichen Weiterbildung (Europäische Hochschulschriften Reihe XI Pädagogik, Bd. 584). Frankfurt a. M. u.a. (Lang).

Sagebiel, J. B. (1994a): Die Persönlichkeit des Dozenten in der Erwachsenenbildung. Nachrichtendienst des Deutschen Vereins für öffentliche und private Fürsorge. Frankfurt am Main. 74. Jahrg. Nr. 6, S. 220-225.

Sagebiel, J. B. (2003): Systemtheorie im Plural – Identität der Sozialen Arbeit zwischen zwei Theorieperspektiven. Fachtagung: Themen der Sozialarbeitswissenschaft in Theorie, Lehre und Praxis. Zürich 31. Oktober und 1. November 2003.

Satir, V. (1975): Selbstwert und Kommunikation. München (Pfeiffer). [Neuaufl. (2002): Stuttgart (Klett-Cotta).]

Satir, V. (1987): Selbstwert und Kommunikation. Familientherapie für Berater und zur Selbsthilfe. München (Pfeiffer) (am. Original 1972: Peoplemaking, Science and Behaviour Books, Paolo Alta/CA).

Schattenhofer, K. u. W. Weigand (Hrsg.) (1998): Die Dynamik der Selbststeuerung. Beiträge zur angewandten Gruppendynamik. Opladen/Wiesbaden (Westdeutscher Verlag).

Schlippe, A. von u. J. Schweitzer (1996): Lehrbuch der systemischen Therapie und Beratung. Göttingen (Vandenhoeck & Ruprecht).[Neuaufl. (1998): Göttingen (Vandenhoeck & Ruprecht).]

Schwarz, G. (1990): Konfliktmanagement. Konflikte erkennen, analysieren, lösen. Wiesbaden (Gabler). [Neuaufl. (1999): Wiesbaden (Gabler).]

Schürmann, E. (2002): Soziale Arbeit hat zu tun mit Liebe, Fürsorglichkeit und Macht SOCIAL management 2002 (1).

Schuldt, Ch. (2003): Systemtheorie (Wissen 3000). Hamburg (Europäische Verlagsanstalt)/(Sabine Groenewold Verlage, Hamburg, 2003).

Senge, P. M. (1996): Die fünfte Disziplin. Kunst und Praxis der lernenden Organisation. Stuttgart (Klett-Cotta). [Neuaufl. (1996): Stuttgart (Klett-Cotta).] [am. Orig. (1990): The Fifth Discipline. The art and practice of the learning organization. New York (Doubleday/Currency).]

Sennett, R. (1998): Der flexible Mensch. Die Kultur des neuen Kapitalismus. Berlin (Berlin). [Neuaufl. (2000): München (Goldmann).] [am. Orig. (1998): The Corrosion of Character. New York (W. W. Norton).]

Sennett, R. (1990): Autorität (Fischer Wissenschaft, 10254). Frankfurt a. M. (Fischer). [am. Orig. (1980): Authority. New York (Knopf).]

Sennett, R. (2000): Der flexibilisierte Mensch. Zeit und Raum im modernen Kapitalismus. In: P. Ulrich u. T. Maak (Hrsg.): Die Wirtschaft in der Gesellschaft. Perspektiven an der Schwelle zum 3. Jahrtausend (St. Galler Beiträge zur Wirtschaftsethik, Bd. 27). Bern u.a. (Haupt), S. 87-104.

Sennett, R. (2005): Die Kultur des Neuen Kapitalismus. Berlin (Berlin). [Neuaufl. (2005): Berlin (Berlin).] [am. Orig. (2006): The Culture of the New Captialism. New Haven/London (Yale University).]

Shazer, S. de (1996): "...Worte waren ursprünglich Zauber". Lösungsorientierte Therapie in Theorie und Praxis (Systemische Studien, Bd. 14). Dortmund (Verlag Modernes Lernen). [am. Orig. (1994): Words Were Originally Magic. New York/London (W. W. Norton).]

Shazer, S. de (2009): Das Spiel mit Unterschieden: Wie therapeutische Lösungen lösen. 6. Aufl. Heidelberg (Carl-Auer).

Soukup, C. (2001) : Wissensmanagement – Wissen zwischen Steuerung und Selbstorganisation. Wiesbaden (Gabler).

Sprenger, R. K. (1991): Mythos Motivation. Wege aus einer Sackgasse. Frankfurt a. M./New York (Campus). [Neuaufl. (1993): Frankfurt a. M./New York (Campus).]

Sprenger, R. K. (2000): Aufstand des Individuums. Warum wir Führung komplett neu denken müssen. Frankfurt a. M./New York (Campus).

Staub-Bernasconi, S. (1986): Soziale Arbeit als eine besondere Art des Umgangs mit Menschen, Dingen und Ideen. Zur Entwicklung einer handlungstheoretischen Wissensbasis Sozialer Arbeit. In: Sozialarbeit 10 (18), S. 2-71.

Staub-Bernasconi, S. (1995): Systemtheorie, soziale Probleme und Soziale Arbeit: lokal, national, international. Oder: Vom Ende der Bescheidenheit (Soziale Arbeit, Bd. 13). Bern u.a. (Haupt).

Staub-Bernasconi, S. (1999): Systemtheorien im Vergleich. Was leisten Systemtheorien für die Soziale Arbeit? Tagung des Arbeitskreises für Theorie- und Wissenschaftsentwicklung in der Sozialen Arbeit vom Oktober 1999 in Frankfurt/Main. *Deutsche Gesellschaft für Sozialarbeit. Forum für Wissenschaft und Praxis, Mitgliederrundbrief* September 2000.

Staub-Bernasconi, S. (2000): Machtblindheit und Machtvollkommenheit Luhmannscher Theorie. In: Merten, R. (Hrsg.): Systemtheorie Sozialer Arbeit. Neue Ansätze und veränderte Perspektiven. Opladen (Leske + Budrich), S. 225-242.

Staub-Bernasconi, S. (2002): Vom transdiziplinären wissenschaftlichen Bezugswissen zum professionellen Handlungswissen am Beispiel der Empowerment-Diskussion. In: Hochschule für Soziale Arbeit Zürich: Themen der Sozialarbeitswissenschaft und ihre transdisziplinäre Verknüpfung. Dokumentation Dienstag, 5. März 2002. (Unveröff. Manuskript), S. 35-47.

Staub-Bernasconi, S. (2002b): Soziale Arbeit und soziale Probleme. Eine disziplin- und professionsbezogene Bestimmung. In: W. Thole (Hrsg.): Grundriss Soziale Arbeit (Ein einführendes Handbuch). Opladen (Leske + Budrich), S. 245-258.

Staub-Bernasconi, S. (2005): Spezielle Handlungstheorie: Umgang mit Machtquellen und Machtstrukturen als Arbeitsweise der Sozialen Arbeit. Unveröff. Arbeitspapier, Berlin/Zürich, April 2005 (Workshop an der Fachhochschule München, Fachbereich Sozialwesen, April 2005).

Staub-Bernasconi, S. (2007): Soziale Arbeit als Handlungswissenschaft. Bern u.a, (Haupt UTB).

Süddeutsche Zeitung: Die Stunde der Jägerin. 16. Dezember 2011. Nr. 290 / S. 19.

Tuckman, B. W. (1965): Developmental Sequence in Small Groups. *Psychological Bulletin*, 63. Auflage, S. 384-399.

Ulrich P. u. T. Maak (Hrsg.) (2000): Die Wirtschaft in der Gesellschaft. Perspektiven an der Schwelle zum 3. Jahrtausend (St. Galler Beiträge zur Wirtschaftsethik, Bd. 27.). Bern u.a. (Haupt).

Watzlawick, P. u.a. (1969): Menschliche Kommunikation. Formen, Störungen, Paradoxien. Bern u.a. (Huber). [Neuaufl. (1974): Bern u.a. (Huber).] [am. Orig. (1967): Pragmatics of Human Communication. A Study of International Patterns, Pathologies, and Paradoxes. New York (W. W. Norton & Company).]

Watzlawick, P. u.a. (1974): Lösungen. Zur Theorie und Praxis menschlichen Wandels. Bern u.a. (Huber). [Neuaufl. (1992): Bern u.a. (Huber).] [am. Orig. (1974): Change. Principles of Problem Formation and Problem Resolution. New York (W. W. Norton & Company).]

Watzlawick, P. (1992): Datei 14,1 S. 21 => Watzlawick, P. u.a. (1974): Lösungen. Zur Theorie und Praxis menschlichen Wandels. Bern u.a. (Huber). [Neuaufl. (1992): Bern u.a. (Huber).] [am. Orig. (1974): Change. Principles of Problem Formation and Problem Resolution. New York (W. W. Norton & Company).]

Weber, M. (1921): Soziologische Grundbegriffe. Tübingen (Mohr). [6., erneut durchges. Aufl. (1984): Tübingen [UTB für Wissenschaft]; 541.

Weigand, W. (1998): Was frag-würdig ist und ambivalent macht. In: K. Schattenhofer, Karl u. W. Weigand (Hrsg.): Die Dynamik der Selbststeuerung. Beiträge zur angewandten Gruppendynamik. Opladen/Wiesbaden (Westdeutscher Verlag), S. 75-102.

Wellhöfer, P. R. (1993): Gruppendynamik und soziales Lernen. Theorie und Praxis der Arbeit mit Gruppen. Stuttgart (Enke). [Neuaufl. (2001): (UTB für Wissenschaft, 2192). Stuttgart (Lucius & Lucius).]

Willke, H. (1987): Systemtheorie I. Grundlagen - Eine Einführung in die Grundprobleme sozialer Systeme (UTB für Wissenschaft, 1161). Stuttgart/New York (Fischer). [Neuaufl. (2000): Stuttgart (Lucius & Lucius).]

Willke, H. (1994): Systemtheorie II. Interventionstheorie – Grundzüge einer Theorie der Intervention in komplexe Systeme (UTB für Wissenschaft, 1800). Stuttgart (Lucius & Lucius). [Neuaufl. (1999): Stuttgart (Lucius & Lucius).]

Willke, H. (1998): Systemtheorie III. Steuerungstheorie: Grundzüge einer Theorie der Steuerung Komplexer Sozialsysteme (UTB für Wissenschaft, 1840). Stuttgart (Lucius & Lucius). [2. Aufl. (1998): Stuttgart (Lucius & Lucius).]

Willke, H. (2001): Wissen ohne Gewissheit. In: Th. M. Bardmann u. T. Groth (Hrsg.): Zirkuläre Positionen 3. Organisation, Management und Beratung. Wiesbaden (Westdeutscher Verlag), S. 145-165.

Wimmer, R. (2001): Organisationsberatung – eine 'unmögliche' Dienstleistung. In: Th. M. Bardmann u. T. Groth (Hrsg.): Zirkuläre Positionen 3. Organisation, Management und Beratung. Wiesbaden (Westdeutscher Verlag), S. 197-220.

Wimmer, R. u.a. (Hrsg.) (2009): Praktische Organisationswissenschaft. Lehrbuch für Studium und Beruf. Heidelberg (Carl-Auer).

Wöhrle, A. (2002): Change Management. Organisationen zwischen Hamsterlauf und Kulturwandel (Schwerpunkt Management). Augsburg (Ziel).

Wohlfart, N. (2012): Auswirkungen des Neuen Steuerungsmodells auf die Arbeits- und Beschäftigungsverhältnisse der Sozialen Arbeit. In: Hagn, J. u.a. (Hrsg.) (2012): Modernisierung der kommunalen Sozialverwaltung. Soziale Arbeit unter Reformdruck? Neu-Ulm (AG Spak).

Wolf, P. u. H. Hilse (2009): Wissen und Lernen. In: Wimmer, R. u.a. (Hrsg.): Praktische Organisationswissenschaft. Lehrbuch für Studium und Beruf. Heidelberg (Carl-Auer), S. 118-143.

Abonnement

Hiermit abonniere ich die Reihe **Systemische Impulse für die Soziale Arbeit**
(ISSN 2191-1835), herausgegeben von Prof. Dr. Wolfgang Krieger,

❏   ab Band # 1
❏   ab Band # ___
    ❏   Außerdem bestelle ich folgende der bereits erschienenen Bände:
        #___, ___, ___, ___, ___, ___, ___, ___, ___, ___, ___

❏   ab der nächsten Neuerscheinung
    ❏   Außerdem bestelle ich folgende der bereits erschienenen Bände:
        #___, ___, ___, ___, ___, ___, ___, ___, ___, ___, ___

❏   1 Ausgabe pro Band   ODER   ❏   ___ Ausgaben pro Band

Bitte senden Sie meine Bücher zur versandkostenfreien Lieferung innerhalb Deutschlands an folgende Anschrift:

Vorname, Name: _____

Straße, Hausnr.:   _____

PLZ, Ort: _____

Tel. (für Rückfragen):   _____ *Datum, Unterschrift:* _____

Zahlungsart

❏   *ich möchte per Rechnung zahlen*

❏   *ich möchte per Lastschrift zahlen*

bei Zahlung per Lastschrift bitte ausfüllen:

Kontoinhaber: _____

Kreditinstitut: _____

Kontonummer: _____ Bankleitzahl: _____

Hiermit ermächtige ich jederzeit widerruflich den ***ibidem*-Verlag,** die fälligen Zahlungen für mein Abonnement der Reihe **Systemische Impulse für die Soziale Arbeit** von meinem oben genannten Konto per Lastschrift abzubuchen.

Datum, Unterschrift: _____

Abonnementformular entweder **per Fax** senden an: **0511 / 262 2201** oder 0711 / 800 1889
oder als **Brief** an: *ibidem*-Verlag, Leuschnerstr. 40, 30457 Hannover oder
als e-mail an: ibidem@ibidem-verlag.de

ibidem-Verlag

Melchiorstr. 15

D-70439 Stuttgart

info@ibidem-verlag.de

www.ibidem-verlag.de
www.ibidem.eu
www.edition-noema.de
www.autorenbetreuung.de

3022778R00137

Printed in Great Britain
by Amazon.co.uk, Ltd.,
Marston Gate.